JN050322

児童発達支援のための個別支援計画の作成と実践

―『児童発達支援ガイドライン』に沿ったポーテージプログラムの活用―

監修 大塚　晃
清水 直治

はじめに

−障害のある一人ひとりの子どもの「合理的配慮」を実現するために−

認定NPO法人日本ポーテージ協会　会長　**清水　直治**

平成24（2012）年4月に、障害のある子どもたちへの支援が強化された「改正児童福祉法」が施行されました。それによって、障害のある子どもが身近な地域で適切な支援が受けられるようになるとともに、年齢や障害の特性に応じて専門的な支援が提供されるように質の確保が図られました。それまで障害の種別で分けられていた障害児施設を、「障害児通所支援（児童発達支援等）」と「障害児入所支援（障害児入所施設）」にそれぞれ一元化し、障害児通所支援は、児童発達支援と医療型児童発達支援と、さらに新たに加えて「放課後等デイサービス」として学齢期の子どもを対象にしたサービス、および障害があっても保育所等の利用ができるような訪問サービスとして「保育所等訪問支援」が制度化されました。

こうして児童発達支援は児童福祉専門施設（事業）として、「児童発達支援センター」とそれ以外の「児童発達支援事業」の２類型に分けられ、通所を利用する障害のある子どもへの支援だけでなく、障害のある地域の子どもやその家族を対象とした支援や、保育所等の施設に通う障害のある子どもに対して施設を訪問して支援するなど、地域支援に対応できるようになりました。

そして平成26（2014）年4月に、厚生労働省・文部科学省事務連絡『児童福祉法等の改正による教育と福祉の連携の一層の推進について』が通知され、児童発達支援センターや児童発達支援事業所などの障害児通所支援事業所等においては、児童発達支援管理責任者と教員等が連携を図るとともに、学校における「個別の教育支援計画」や「個別の指導計画」と障害児通所支援事業所等で作成する「個別支援計画」を、親（保護者）の了解を得ながら、密接に連絡調整をして作成することが求められました。

さらに同年7月には、『今後の障害児支援の在り方について（報告書）〜「発達支援」が必要な子どもの支援はどうあるべきか〜』が発出され、地域社会へのインクルージョンの推進と「合理的配慮」、および障害のある本人の最善の利益の保障と家族支援の重視が、障害のある子どもの発達支援の基本理念として提言されました。そして、地域における「縦横連携」を進めるための体制づくりとして、児童発達支援センターを中心とする重層的な支援体制（各センターによる保育所等訪問支援・障害児相談支援の実施等）の構築や保育所等訪問支援等の充実などが挙げられました。それとともに、強度行動障害支援者養成研修の推進や家族支援の充実なども指摘されています。

こうしたなかで平成29（2017）年7月に、『児童発達支援ガイドライン』（厚生労働省「児童発達支援に関するガイドライン策定検討会」座長 大塚晃）が発出されました。これは障害児通所支援の一つで、主に乳幼児の発達支援を行う児童発達支援について、その支援の質の確保およびその向上を図り、障害のある子ども本人のための発達支援を提供していくためのガイドラインです。児童発達支援が提供すべき支援の内容を示し、支援の一定の質を担保するための全国共通の枠組みとして策定されました。

そこで児童発達支援は、障害のある子どものニーズに応じて、「発達支援」、「家族支援」および「地域支援」を総合的に提供していくものであり、児童発達支援センターなどにおいて、一人ひとりの子どもに個別の児童発達支援計画を作成し、それにもとづき支援の提供を行います。適切な支援を提供するためには、児童発達支援計画の見直しなどを適時に行う一連の流れであるＰ（計画）Ｄ（実行）Ｃ（評価）Ａ（改善）サイクルが重要であるとされています。

認定NPO法人日本ポーテージ協会は、障害のある乳幼児に対する早期からの発達支援がいまだ盛んではなかった1980年代に、アメリカ合衆国ウィスコンシン州ポーテージで1972年に最初に開発された『ポーテージ早期教育ガイド（Portage Guide to Early Education：PGEE)』を翻案して、『ポーテージ乳幼児教育プログラム』（1983年）を完成し、広く日本全国だけでなく、アジア地域を中心とする発展途上国・低開発国のCBR活動のなかで普及させるための国際協力を行ってきました。その後2005年に『新版ポーテージ早期教育プログラム』として改訂し、令和2（2020）年5月には、さらに時代の要請に合わせて改訂したリニューアル版『ポーテージ早期教育プログラム－0歳から家庭でできる発達支援ガイド－』を出版しました。

1980～90年代には、世界の数多くの国・地域で各国版が作成され、活用されるようになりました（これらを総称して、ポーテージプログラムといいます)。それは、家庭における親（保護者)・家族中心プログラム（ポーテージモデルといいます）という特徴が、CBR活動に合致していたからだと言えるでしょう。

ポーテージプログラムは、親（保護者）が家族の協力のもとで、家庭や日常の生活場面で子どもの発達を促すことで、親に子どもの発達を見る目と発達支援の力を付ける親をエンパワメントするプログラムです。そして、子どもの発達の状態と障害の特徴を、平均発達を示す子どもの発達を標準としてアセスメントを行い（発達的アプローチといいます）、そのアセスメント情報をもとに個別の指導計画を作成し、選び出した課題（行動目標といいます）を、科学的に実証された応用行動分析の原理を適用して達成を目指すというPDCAサイクルにもとづき、設定した行動目標を短期間に合理的に獲得させようとするエビデンスベースト・アプローチによる０歳からの発達支援プログラムです。

ポーテージプログラムは、もともとは早期から対応するための心理教育プログラムですが、近年ではとくに児童発達支援において多く活用されるようになってきました。こうした状況を受けて、平成27（2015）年度から３年間にわたって、東洋大学人間総合研究所特別研究として「発達臨床における相談員の研修と相談支援活動」に関する研究を行い、児童発達支援に関わって子どもの発達相談を担う相談員の研修と、ポーテージプログラムを中心とする個別支援計画の作成とその効果の評価について、全国７カ所（東京、大阪、富山、福岡、佐賀、名古屋、盛岡）で研修会を開催しました。その間に、『児童発達支援ガイドライン』や『放課後等デイサービスガイドライン』が公示され、その後はこれらのガイドラインにもとづき、地域を拠点とする児童発達支援が実践できる相談員の養成と関連する機関の増加を目指して、地域における研修会を実施してきました。平成30（2018）年度には、さらに拠点となる２カ所（愛媛、山口）で研修セミナーを行いました。

本書は、このような研修セミナーにおける話題提供や協議の内容も含めて、福祉分野で障害のある子どもの福祉サービスに関わった経験や施設の状況、制度も踏まえて、個別支援計画の作成・実施にポーテージプログラムを用いた事例を紹介しています（なお、第３章で取り上げた実践事例ではすべて『新版ポーテージ早期教育プログラム』（2005年）を用いています。リニューアル版『ポーテージ早期教育プログラム－０歳から家庭でできる発達支援ガイド－』は第２章で紹介しますが、両プログラムの理念、構成、指導の進め方は同一です)。

障害のある子どもの福祉サービスの全体である「サービス等利用計画」は相談支援専門員が作成し、個別支援計画はサービス等利用計画を受けて、障害福祉サービス事業所のなかで実際の取り組みとして、サービス管理責任者が作成します。そこでの子どもの状況を把握するアセスメントは、今日では本人や環境の強み・長所を見出そうとするストレングスアセスメントと、それを活かしたパーソンセンタード・プランニング(本人中心計画)が強調されています。

また、認定NPO法人日本ポーテージ協会が開発した『インクルージョン保育のためのグループ指導カリキュラム』(2015年)も紹介しています。障害のある子どもと障害のない子どもがグループで行う遊び活動において、多層水準指導にもとづく活動が展開できます。さらに、親(保護者)や支援者が日常の生活場面のなかでしばしば悩まされ苦闘する行動障害について、その理解のしかたと「適切行動支援」により罰を使わないで行動障害を低減・消去させようとするアプローチを取り上げました。

障害のある一人ひとりの子どものニーズに応じた詳細な個別支援計画の設計と実践を通してこそ、子ども一人ひとりの「合理的配慮」が実現できるでしょう。本書が、障害のある子どもたちの「豊かでしあわせな人生」の構築へとつながる「合理的配慮」を行うツールの一助になれば幸いです。

もくじ

第3章　実践事例

第１章

児童発達支援と『児童発達支援ガイドライン』

1 児童発達支援の概要

（１）障害児支援の理念

わが国は、平成６（1994）年に「子どもの権利条約」を批准しました。子どもの権利条約の内容は、大きく分けて、人権としての大人と共通のものと子どもに特有の固有な権利に分けられます。子どもに特有な権利とは、子どもは発達途上にある、未成熟な存在であるために特別な保護や援助を必要とする特質があり、原則的・原理的な権利条項として、最善の利益原則、生存・発達の保障、健康・医療への権利、教育への権利等を重要視するものです。子どもの意見表明権（12条）は、子ども自身に影響する問題の決定に関して、子ども自身の意思を尊重し、その決定に参加させることを求めるものです。特別な状況に置かれた子どもの権利条項として、障害児の権利等が規定されていると理解できます。児童発達支援とは、子どもが発達支援を受けることが権利であることを保障するものです。児童発達支援センターや放課後等デイサービスにおける支援においても、発達保障は子どもの権利であることを共通の認識としましょう。

障害者権利条約は、障害者の人権及び基本的自由の享有を確保し、障害者の固有の尊厳の尊重を促進することを目的として、障害者の権利の実現のための措置等について定める条約です。障害者権利条約は、「『障害に基づく差別』を禁止するとともに、また、『合理的配慮』を規定しています。それは、障害者が他の者との平等を基礎として全ての人権及び基本的自由を享有し、又は行使することを確保するための必要かつ適当な変更及び調整であって、特定の場合において必要とされるものであり、かつ、均衡を失した又は過度の負担を課さないものをいう」とされています。今後は、児童発達支援における障害のある子どもへの合理的配慮がそれぞれの場面において、ますます問われるようになるでしょう。障害のある子どもについて、合理的配慮の規定とともに、児童発達支援センター（児童発達支援事業を含む）や放課後等デイサービスのそれぞれの支援場面において個別的に配慮された支援を提供する意味は大きいものです。子どもの権利条約においても述べられている大人とは異なる「最善の利益」の保障や「意見表明権（意思決定支援と結びつくものと考えるが)」などに対する合理的配慮が、単なる理念にとどまらない、それぞれの子ども

の個別的な状況において検討される可能性が生まれました。障害者権利条約第７条（障害のある児童）における、

1　締約国は、障害のある児童が他の児童との平等を基礎として全ての人権及び基本的自由を完全に享有することを確保するための全ての必要な措置をとる。

2　障害のある児童に関する全ての措置をとるに当たっては、児童の最善の利益が主として考慮されるものとする。

3　締約国は、障害のある児童が、自己に影響を及ぼす全ての事項について自由に自己の意見を表明する権利並びにこの権利を実現するための障害及び年齢に適した支援を提供される権利を有することを確保する。この場合において、障害のある児童の意見は、他の児童との平等を基礎として、その児童の年齢及び成熟度に従って相応に考慮されるものとする。

という規定です。また、子どもの権利条約の理念の実現を後押しするものとして、平成28(2016)年度よりわが国においては、「障害者差別解消法」が施行されています。子ども、女性、高齢者などへの差別禁止や合理的配慮が、大きな課題となっています。

このように障害児を取り巻く状況が大きく変化するなかで、障害児福祉の枠組みを変えていくことが必要です。従来の枠組みを継続しつつも、今までとは異なる子ども本位の枠組みを構築するための幾つかの視点があります。ウェルフェア（welfare）は、一般には福祉と訳されてきましたが、子どものウェルフェアは、子どもを保護することに重点を置いた言葉であるという指摘がなされてきました。子どもは、長い間、保護されるべき対象として（客体として）位置づけられてきました。このような保護的な福祉観あるいはそのための施策や福祉サービスに対して、子どもの自発性・主体性を重要視するウェルビーイング（well-being）という言葉が使われるようになってきました。子ども家庭サービスの時代にあっては、子どもはサービスを利用する主体として、すなわちサービスを受ける客体から利用する主体への変革を求めるものであります。子どもの主体を大切にすることは、障害児は、「障害をもつ子ども」と捉える前に、「子ども」と捉えることが重要でしょう。

（2）障害児支援の経過

「障害者自立支援法」３年後の見直しにおいて、障害児支援のあり方の全体についても検討がなされ、『障害児支援の見直しに関する検討会報告書』が出されました。報告書によれば、障害児は子どもとしての育ちを保障するとともに、障害についての専門的な支援を図っていくことが必要であるとされました。今後の障害児支援の基本的な視点として、①本人の将来の自立を見据えた発達支援、②障害児本人の支援のみならず家族を含めたトータルな支援、③子どものライフステージに応じた一貫した支援、④身近な地域における支援の４つを柱とする改革の方向性が示されました。

このような報告書や社会保障審議会の意見を受け、平成22（2010）年に障害者自立支援

法等の一部改正が行われました。障害児施設については、これまで肢体不自由児通園施設、知的障害児通園施設、難聴幼児通園施設の通所サービスと肢体不自由児施設、知的障害児施設、重症心身障害児施設等の入所サービスに大きく分かれていましたが、平成 22（2010）年 12 月の児童福祉法の改正により、それぞれ障害児通所支援と障害児入所支援（それぞれ医療型と福祉型がある）となり、平成 24（2012）年度から施行されています。障害児通所支援では、日常生活における基本的な動作の指導、知識技能の付与、集団生活への適応訓練等を行う児童発達支援センター、授業の終了後又は休業日に生活能力の向上のために必要な訓練、社会との交流の促進を行う放課後等デイサービス、保育所等を訪問し、当該施設における障害児以外の児童との集団生活への適応のための専門的な支援を行う保育所等訪問支援などが新たな児童福祉サービスとして児童福祉法に位置づけられました。

障害児施策の大きな変化と連動するかたちで障害児相談支援も変わりました。障害児支援利用援助により障害児支援利用計画（案）の作成が義務付けられ、継続障害児支援利用援助（モニタリング）が必要に応じて実施され、障害者ケアマネジメントが本格的に動き出しています。福祉サービスを利用するすべての障害児について、平成 24（2012）年度から３年の間に、相談支援専門員により、障害児支援利用計画（案）を作成するものでした。

（３）児童発達支援の内容（発達支援、家族支援、地域支援）

地域において障害児を支援していくためのサービスとして児童発達支援センターや児童発達支援事業、保育所等訪問支援事業等が法律に位置づけられましたが、具体的にどのような支援を行うのかは、明らかになりませんでした。一般的には、障害児個々の態様が変化し、ニーズも多様になった変化に対応して、支援者に求められるものは、発達支援、家族支援、地域支援の３つが挙げられます。

①　発達支援

発達支援については、正確なアセスメントと支援計画が必須なものとなります。子どもには、身近な人や自然等との関わりのなかで、主体的に学び、行動し、様々な知識や技術を習得するとともに、自己の主体性と人への信頼感を形成していく故に、自己肯定感の醸成による支援が必要となります。これらの支援を専門家だけで行うことは困難なので、家族との協働による子育てが重要になってくるでしょう。そのためには、母子保健で実施されている１歳半や３歳の健診（健康診査）やその後のフォローのための親子教室と障害児サービスを利用しつつ子育てを見守るシステムが必要になります。また、従来の限られた専門家らによる完結的な支援から、身近な地域の多くの人々による、障害児それぞれのニーズに合った支援を協働して行っていくことを意味しています。そのためには、障害児個々のニーズをアセスメントし、到達目標を設定し、適宜のモニタリングにより確かなものとなる個別支援計画による支援こそが科学的な支援方法と言えるでしょう。このようなエビデンスにもとづく支援は、障害児支援の分野においてはまだ体系だったものとなっておらず端緒についたばかりの状況であり、福祉分野においてもますます重要になるでしょう。

② 家族支援

障害児支援に当たっては、障害のある子どもたちの「子育て」の支援という考え方がクローズアップされてきています。従来、家族支援（family support）が、母親の障害をもった子どもへの「受容」問題として長らく取り扱われてきましたが、むしろ「子育て」への支援として位置づけられるべきです。従来であれば、障害児本人に、特にその「障害」に視線が行きがちでありました。しかし、そのようなアプローチだけでは障害児の育ちには不十分であり、家族全体をトータルに支援することが障害児自身の育ちに効果があるといわれてきています。また、障害児が地域で生活し続けることを考えると、親のみならず兄弟姉妹などを含めた家族をトータルに支援していくことが重要です。

具体的な家族への支援のためのプログラム、例えば「ペアレントトレーニング（parent training)」や「ペアレントプログラム（parent program)」などの活用は、今後の家族支援を考える上で重要です。ペアレントトレーニングは、障害受容を含めた親自身を対象としたさまざまな具体的な支援プログラムとして発展してきています。それは、支援者にとっては親への受動的な支援から、能動的・具体的・現実的な支援への転換という形となっています。

③ 地域支援

障害児への支援を行うことは、地域で生活する障害児を支援することです。また、地域支援の意味は、自らの事業所を利用する障害児のみならず地域には困難を抱える子どもたちが存在します。そのような子どもたちに対して、関係者と連携して支援のネットワークを構築していくことも意味しています。地域のサービス資源は整ってきたとはいえ、すべての障害児が安心して生活できる地域であると言い切れる状況にはありません。それぞれの地域が課題を抱えながらもう一歩前進させようと努力している状況があります。そんな障害児のための地域作りに参加することこそ、障害児の支援に係わる者に課せられた使命です。

（4）教育分野等との連携

障害児については、乳児期、学齢期、成人期と成長していきます。こうしたライフステージに応じて、医療、保健、福祉、教育及び労働などの関係機関が連携して支援していくことが求められています。これまでも各地域の取り組みでは、障害児施設の療育の内容が学校に伝わらず、障害児本人が困難に直面する例があります。このように、保育所から学校へ、学校から働く場へなどの移行期の支援を連携によりスムーズなものとしていくことも、地域支援の大きな課題だと言えるでしょう。その際に、情報をどのように共有していくかなどが課題となります。この意味で、個別支援計画は、異なる領域の関係者が共通言語として支援できる多職種の異分野協働（interdisciplinary）の連携アプローチとなるでしょう。地域における関係機関とのさらに複合的な連携としてのネットワークの構築は、医療、保健、福祉、教育、雇用など分野横断的施策の実現のために不可欠なものです。個別支援計画こそ、関係者の地域における一貫した支援を可能にするための科学的支援方法として有効なツールとなります。

特に、福祉と教育との関係においては、平成 19（2007）年度より施行されている特別支援教育が、「障害のある子どもの発達段階に応じて、関係機関が適切な役割分担の下に、一人一人のニーズに対応して適切な支援を行う計画（個別の支援計画）を策定して効果的な支援を行う」となりました。その範囲は、「障害のある子どもやそれを支える保護者に対する乳幼児期から学校卒業後まで一貫した効果的な相談支援体制の構築を図る」とされ、幼児期から学校卒業後までの支援とは乳幼児期の発達支援、学齢期の教育、卒業前後の就労支援を含め、福祉、教育、雇用分野に及ぶものです。現在、福祉の相談支援専門員、教育の特別支援教育コーディネーター、労働の雇用カウンセラー等がそれぞれの分野において個別支援計画を作って支援している状況があります。今後は、本人を中心として協働して、より質の高い個別支援計画を統合して支援を行っていく必要があります（図１参照）。

児童福祉法等の改正による教育と福祉の連携の一層の推進について（概要）

（平成24年4月18日付厚生労働省社会・援護局障害保健福祉部障害福祉課、文部科学省初等中等教育局特別支援教育課連名事務連絡）

◆ 趣旨

学校と障害児通所支援を提供する事業所や障害児入所施設、居宅サービスを提供する事業所（以下「障害児通所支援事業所等」という。）が緊密な連携を図るとともに、学校等で作成する個別の教育支援計画及び個別の指導計画（以下「個別の教育支援計画等」という。）と障害児相談支援事業所で作成する障害児支援利用計画及び障害児通所支援事業所等で作成する個別支援計画（以下「障害児支援利用計画等」という。）が、個人情報に留意しつつ連携していくことが望ましい。

◆ 留意事項

1　相談支援

障害児支援利用計画等の作成を担当する相談支援事業所と個別の教育支援計画等の作成を担当する学校等が密接に連絡調整を行い、就学前の福祉サービス利用から就学への移行、学齢期に利用する福祉サービスとの連携、さらには学校卒業に当たって地域生活に向けた福祉サービス利用への移行が円滑に進むよう、保護者の了解を得つつ、特段の配慮をお願いする。

2　障害児支援の強化

（1）　保育所等訪問支援の創設

このサービスが効果的に行われるためには、保育所等訪問支援の訪問先施設の理解と協力が不可欠であり、該当する障害児の状況の把握や支援方法等について、訪問先施設と保育所等訪問支援事業所、保護者との間で情報共有するとともに、十分調整した上で、必要な対応がなされるよう配慮をお願いする。

（2）　個別支援計画の作成

障害児通所支援事業所等の児童発達支援管理責任者と教員等が連携し、障害児通所支援等における個別支援計画と学校における個別の教育支援計画等との連携を保護者の了解を得つつ確保し、相乗的な効果が得られるよう、必要な配慮をお願いする。

図１　教育と福祉の連携の推進について

障害児相談支援においては、児童を含めた障害者すべてに個別支援計画であるサービス等利用計画が作成されることになります。平成19（2007）年度からスタートした特別支援教育の実施においても、個別の教育支援計画の作成が位置づけられています。今後は、福祉分野や労働分野が作成する個別支援計画と教育分野が作成する個別支援計画の整合性が求められています。平成24（2012）年4月18日付けで、厚生労働省社会・援護局障害保健福祉部障害福祉課と文部科学省初等中等教育局特別支援教育課の連名で出された通知「児童福祉法等の改正による教育と福祉の連携の一層の推進について」は、個別支援計画を協力して作成することも求めるもので、現場における連携の推進を後押しするものと言えるでしょう。児童発達支援センター（児童発達支援事業を含む）、放課後等デイサービス、保育所等訪問支援は相談支援と協働するとともに、学校等とも連携して子どもを支援していくことが求められています。

2 『児童発達支援ガイドライン』とは

平成 24（2012）年の児童福祉法改正において、障害のある子どもが身近な地域で適切な支援が受けられるように、従来の障害種別に分かれていた施設体系が一元化されました。その際、児童発達支援は、主に未就学の障害のある子どもを対象に発達支援を提供するものとして位置づけられました。この後、平成 26（2014）年７月に取りまとめられた障害児支援の在り方に関する検討会報告書『今後の障害児支援の在り方について』において、「障害児支援の内容については、各事業所において理念や目標に基づく独自性や創意工夫も尊重されるものであるとされました。その一方で、支援の一定の質を担保するための全国共通の枠組みが必要であるため、障害児への支援の基本的事項や職員の専門性の確保等を定めたガイドラインの策定が必要」との提言を受けました。これを受けて、平成 27（2015）年４月に、提供される支援の内容が多種多様で、支援の質の観点からも大きな開きがあるとの指摘がなされている状況にあった放課後等デイサービスについて、『放課後等デイサービスガイドライン』が策定されました。

その後、児童発達支援についても、支援の質の確保及びその向上を図り、障害のある子ども本人のための発達支援を提供していく必要があり、このため、児童発達支援が提供すべき支援の内容を示し、支援の一定の質を担保するための全国共通の枠組みを示すために、『児童発達支援ガイドライン』が策定され、平成 29（2017）年７月、全国に発出されました。

（1）目的と適用

『児童発達支援ガイドライン』は、児童発達支援について、障害のある子ども本人に対して質の高い発達支援を提供するため、児童発達支援センター及び児童発達支援事業所（以下、「児童発達支援センター等」という）における児童発達支援の内容や運営及びこれに関連する事項を定めるものです。各児童発達支援センター等は、本ガイドラインにおいて規定される児童発達支援の内容等に係る基本的な事項等を踏まえ、各児童発達支援センター等の実情に応じて創意工夫を図り、その機能及び質の向上を図らなければなりません。そのためには、以下の障害児支援の基本理念を理解することが重要です。

①　障害のある子ども本人の最善の利益の保障

児童福祉法第１条において、「全て児童は、児童の権利に関する条約の精神にのっとり、適切に養育されること、その生活を保障されること、愛され、保護されること、その心身の健やかな成長及び発達並びにその自立が図られること、その他の福祉を等しく保障される権利を有する」と規定されています。児童福祉法第２条第１項において、「全て国民は、児童が良好な環境において生まれ、かつ、社会のあらゆる分野において、児童の年齢及び発達の程度に応じて、その意見が尊重され、その最善の利益が優先して考慮され、心身ともに健やかに育成されるよう努めなければならない」と規定されています。このように、障害のある子どもの支援を行うに当たっては、その気づきの段階から、障害の種別にかかわらず、子ども本人の意思を尊重し、子ども本人の最善の利益を考慮することが必要です。

②　地域社会への参加・包容（インクルージョン）の推進と合理的配慮

障害者権利条約では、障害を理由とするあらゆる差別（「合理的配慮」の不提供を含む）の禁止や障害者の地域社会への参加・包容（インクルージョン）の促進等が定められており、障害のある子どもの支援に当たっては、子ども一人ひとりの障害の状態及び発達の過程・特性等に応じ、合理的な配慮が求められています。

また、地域社会で生活する平等の権利の享受と、地域社会への参加・包容（インクルージョン）の考え方に立ち、障害の有無にかかわらず、全ての子どもが共に成長できるようにしていくことが必要です。

障害のある子どもへの支援に当たっては、移行支援を含め、可能な限り、地域の保育、教育等の支援を受けられるようにしていくとともに、同年代の子どもとの仲間作りを図っていくことが求められています。

③　家族支援の重視

障害のある子どもへの支援を進めるに当たっては、障害のある子どもを育てる家族への支援が重要です。障害のある子どもに対する各種の支援自体が、家族への支援を意味していますが、子どもを育てる家族に対して、障害の特性や発達の各段階に応じて子どもの「育ち」や「暮らし」を安定させることを基本に置いて丁寧な支援を行うことは、子ども本人にもよい影響を与えることが期待できます。

④　障害のある子どもの地域社会への参加・包容（インクルージョン）を子育て支援において推進するための後方支援としての専門的役割

障害のある子どもの地域社会への参加・包容（インクルージョン）を進めるため、障害のない子どもを含めた集団の中での育ちをできるだけ保障する視点が求められています。このため、専門的な知識・経験にもとづく障害のある子どもに対する支援を、一般的な子育て支援をバックアップする後方支援として位置づけ、保育所等訪問支援等を積極的に活用し、子育て支援における育ちの場において、障害のある子どもの支援に協力できるような体制づくりを進めていくことが必要です。

また、障害のある子どもの健やかな育成のためには、子どものライフステージに沿って、地域の保健、医療、障害福祉、保育、教育、就労支援等の関係機関が連携を図り、切れ目の無い一貫した支援を提供する体制の構築を図る必要があります。

児童発達支援の具体的な役割とは、ガイドラインによれば以下のようになります（図２参照）。

・児童発達支援は、児童福祉法第６条の２の２第２項の規定に基づき、障害のある子どもに対し、児童発達支援センター等において、日常生活における基本的な動作の指導、知識技能の付与、集団生活への適応訓練、その他の便宜を提供するものです。

・児童発達支援センター等は、児童福祉法等の理念に基づき、障害のある子どもの最善の利益を考慮して、児童発達支援を提供しなければなりません。

・児童発達支援センター等は、主に未就学の障害のある子ども又はその可能性のある子どもに対し、個々の障害の状態及び発達の過程・特性等に応じた発達上の課題を達成させていくための本人への発達支援を行うほか、子どもの発達の基盤となる家族への支援に努めなければなりません。また、地域社会への参加・包容（インクルージョン）

ガイドラインの構成
「児童発達支援ガイドライン」の概要
○ 第1章から第6章及び別添の構成で、児童発達支援センター及び児童発達支援事業所（以下「児童発達支援センター等という。）における児童発達支援の内容や運営及びこれに関連する事項を記載している。
○ 児童発達支援センター等は、ガイドラインを踏まえ、それぞれの実態に応て創意工夫を図り、その機能及び質の向上を図る。
第1章　総則
1. 目的
2. 障害児支援の基本理念
3. 児童発達支援の役割
4. 児童発達支援の原則
5. 障害のある子どもへの支援
第2章　児童発達支援の提供すべき支援
1. 発達支援
（1）本人支援　□健康・生活　□運動・感覚
□認知・行動　□言語・コミュニケーション
□人間関係・社会性
（2）移行支援
2. 家族支援
3. 地域支援
※児童発達支援計画に必要な支援内容を設定
第3章　児童発達支援計画の作成及び評価
1. 相談支援との連携
2. 児童発達支援計画の作成及び評価
第4章　関係機関との連携
1. 母子保健や医療機関等との連携
2. 保育所や幼稚園等との連携
3. 他の児童発達支援センターや児童発達支援事業所等との連携
4. 学校や放課後等デイサービス事業所等との連携
5. 協議会等への参加や地域との連携
第5章　児童発達支援の提供体制
1. 職員配置及び職員の役割
2. 施設及び設備
3. 定員
4. 衛生管理、安全対策
5. 適切な支援の提供
6. 保護者との関わり
7. 地域に開かれた事業運営
8. 秘密保持等
第6章　支援の質の向上と権利擁護
1. 支援の質の向上への取り組み
2. 権利擁護
【別添】事業所全体の自己評価の流れ
［ステップ1］職員による自己評価
（事業所職員向け児童発達支援自己評価表）
［ステップ2］保護者等による評価
（保護者等向け児童発達支援評価表）
［ステップ3］事業所全体による自己評価
［ステップ4］自己評価結果の公表
（事業所の自己評価及び保護者等の評価結果の表）
［ステップ5］支援の改善

図２　「児童発達ガイドライン」の概要

を推進するため、保育所、認定こども園、幼稚園、小学校、特別支援学校（主に幼稚部及び小学部）等（以下「保育所等」という）と連携を図りながら支援を行うとともに、専門的な知識・経験に基づき、保育所等の後方支援に努めなければなりません。

・特に、児童発達支援センターは、地域における中核的な支援機関として、保育所等訪問支援や障害児相談支援、地域生活支援事業における巡回支援専門員整備や障害児等療育支援事業等を実施することにより、地域の保育所等に対し、専門的な知識・技術に基づく支援を行うよう努めなければなりません。

・児童発達支援の目的を達成するため、専門性を有する職員が、保護者や地域の様々な社会資源との緊密な連携のもとで、障害のある子どもの状態等を踏まえて支援を行うよう努めなければなりません。

（２）個別支援計画の作成と実施

児童発達支援センターには、サービス管理責任を行う者として児童発達支援管理責任者が配置されています。児童発達支援管理責任者の役割は、個別支援計画である「児童発達支援計画」を作成することです。その際、障害児支援利用計画との整合性のある児童発達支援計画の作成と発達支援の実施（障害児相談支援事業所との連携）が重要です。

児童発達支援センター等による発達支援の適切な実施に当たっては、障害のある子どもや保護者の生活全般における支援ニーズとそれにもとづいた総合的な支援方針等を把握した上で、具体的な支援内容を検討し実施する必要があります。そのためには、障害児相談支援事業者と連携し、障害児支援利用計画との整合性のある児童発達支援計画の作成と発達支援の実施が重要です。なお、障害児支援利用計画と児童発達支援計画は、個々の子どもの支援における合理的配慮の根拠となるものです。

具体的な個別支援計画を見てみましょう（表１参照)。個別支援計画作成において重要なことは、児童発達支援に共通する、発達支援（本人支援・移行支援)、家族支援、地域支援（連携を含める）をそれぞれのケースに応じて考慮することです。それぞれのケースのニーズをアセスメントして、計画を作成する際には、ポーテージプログラムの活用が考えられます。(具体的な活用方法については、５ 児童発達支援とポーテージプログラム 参照)

（３）関係機関との連携

障害のある子どもの発達支援は、子ども本人が支援の輪の中心となり、様々な関係者や関係機関が関与して行われる必要があり、これらの関係者や関係機関は連携を密にし、情報を共有することにより、障害のある子どもに対する理解を深めることができます。

このため、児童発達支援センター等は、日頃から市町村の障害児支援担当部局、母子保健や子ども･子育て支援、社会的養護等の児童福祉担当部局、保健所･保健センター、病院･

表１　個別支援計画

個別支援計画 （ガイドライン項目の記載例）

子どもの名前　K・Y　さん

作成年月日：　29年　2月　21日

○目標

長期目標	気持ちをサインやことばで表現し、みんなと一緒の活動を楽しみながら、保育所への移行を準備しよう。
短期目標	食事や着替などがスモールステップできるようになり、「できた」という経験を増やしていきましょう。

○具体的な目標及び支援計画等

項　目	具体的な目標	支援内容		支援期間（頻度・時間・期間等）	サービス提供機関（提供者・担当者等）	優先順位
		内容・留意点等	ガイドライン項目			
発達支援【健康・生活】	食事、衣類の着脱などをが自分ででき、「できた」たという達成感をえましょう。	お昼時、使いやすい食具を用意し、姿勢を保持しながら食事ができるように支援します。来所・通所時の着替えの際、衣類に前後の目印を付けるなど工夫して、シャツ、ズボンなどの着脱にスモールステップで取り組みます。	本人支援の（ア）健康・生活のb-（d）	3か月（週3日）	担当スタッフ ○○ ○○	1
発達支援【言語・コミュニケーション】	自分の気持ちを、少しずつことばサインで伝えていきましょう。	午後の個別活動の際、身振りなどで意思の伝達ができるように支援します。絵カードなどを通して、言葉で伝えることができるようにスモールステップで支援します。	本人支援の（エ）言語・コミュニケーションのb-（b）、（c）	6か月（週3日）	担当スタッフ ○○ ○○	1
発達支援【人間関係・社会性】	友だちと仲良く遊びながら、みんなで活動を楽しみましょう。	午前の集団活動の中で、友だちとのやりとり遊びを設定します。友だちとの手つなぎや役割のある遊びや活動などを通じて、集団を意識できるよう支援します。	本人支援の（オ）人間関係・社会性のb-（c）、（e）	6か月（週3日）	担当スタッフ ○○ ○○	2
移行支援	Y・Kくんの今後の目標など、月に1回程度併行通園先の保育所の先生と一緒に話し合います。	併行通園先の保育所と、定期的に、本人の状況や支援内容等の情報を共有します。また、ケース会議やモニタリングの際には、併行通園先の保育所の先生にも参加いただくことにしています。	移行支援の（イ）-（e）、（f）	6か月	児童発達支援管理責任者、担当スタッフ○○、保育所の担当先生	1
家族支援	Y・Kくんについて3月に1回、話し合う機会をもちます。	保護者面談の時間を3か月に1回に設け、当所での様子を丁寧に伝えるとともに、家庭での様子を聞き取り、情報を交換するとともに、親御さんの心配ごとへの助言を行います。	家族支援の（イ）-（ア）、（イ）	6か月	児童発達支援管理責任者、担当スタッフ○○、お母さん	3

事業所における総合的な支援方針

食事、衣類の着脱などをが自分ででき、「できた」という喜びを味わえるようにします。また、遊びを通した友だちとの交流により、かかわりや表現することの楽しさを味わえるように支援し、通園が楽しみの場になることを目指します。

診療所、訪問看護ステーション、発達障害者支援センター、障害児相談支援事業所、保育所、認定こども園、幼稚園、小学校、特別支援学校（幼稚部及び小学部）、児童委員や主任児童委員等の関係機関と連携を図り、児童発達支援が必要な子どもと保護者が、円滑に児童発達支援の利用につながるとともに、その後も、子どもの支援が保育所や学校等に引き継がれていくことが必要です。

また、子ども本人が中心となった支援の輪の中において、児童発達支援センター等に期待される役割を認識し、子どもに対し適切な支援を提供することが必要です。これを「本人を中心とした支援」と言います。さらに、障害のある子どもが健全に発達していくためには、地域社会とのふれあいが必要であり、そうした観点からは児童発達支援センター等が地域社会から信頼を得ることが重要です。そのためには、地域社会に対して、児童発達支援に関する情報発信を積極的に行うなど、地域に開かれた事業運営を心がけることが求められています。このような地域で障害のある子ども支える体制を構築していくことが重要です。

3 保育所等訪問支援とは

保育所等訪問支援とは、平成 24（2012）年の児童福祉法の改正において第二種社会福祉事業に位置づけられたサービスです。改正児童福祉法では、「保育所等訪問支援とは、保育所その他の児童が集団生活を営む施設として厚生労働省令で定めるものに通う障害児につき、当該施設を訪問し、当該施設における障害児以外の児童との集団生活への適応のための専門的な支援その他の便宜を供与することをいう」としています。児童発達支援や放課後等デイサービスと同じ「障害児通所支援」の一類型ですが、訪問すなわちアウトリーチにおいてサービスを提供することに特色があります（図３参照）。

障害のある子どもについても大人と同様に、住み慣れた地域で、障害のある子どもが障

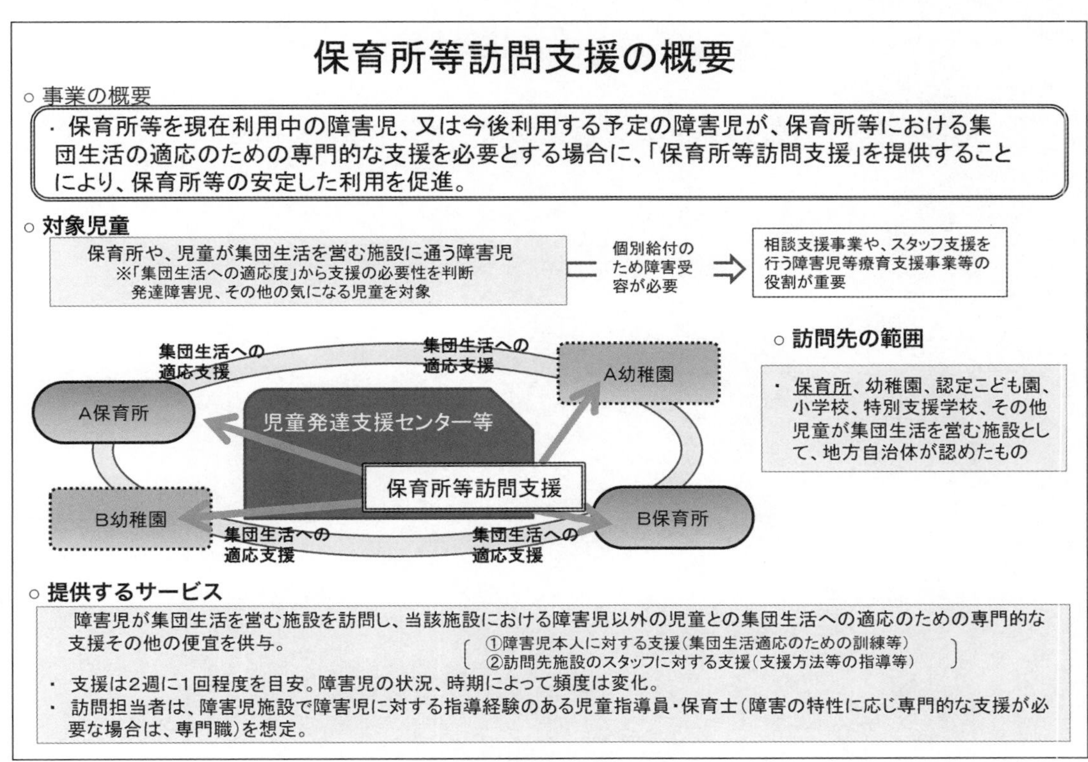

図３　保育所等訪問支援について

害のない子どもとともに暮らす共生社会の実現が目標に掲げられています。『児童発達支援ガイドライン』にもあるように、児童発達支援センター等は、子どもを施設にいつまでも留めておくこととなってはいけません。『児童発達支援ガイドライン』においては、積極的な「移行支援」が規定されました。

『障害児支援の見直しに関する検討会報告書』（2008 年）では、障害のある子どもの地域社会への参加・包容（インクルージョン）を推進するためには、①保育所等においては障害のある子どもの受入れを促進していくこと、②障害児通園施設等に通っていた子どもが円滑に保育所等に移行し、保育所等が本来子どもが過ごす場所となることが求められています。

その後、障害者総合支援法の見直しにおいては、保育所等訪問支援の対象を乳児院や児童養護施設に入所している障害児に拡大し、障害児本人に対して他の児童との集団生活への適応のための専門的な支援を行うとともに、当該施設の職員に対して障害児の特性に応じた支援内容や関わり方についての助言等を行う保育所等訪問支援の支援対象の拡大が行われています。また、重度の障害等の状態にあり、障害児通所支援を利用するために外出することが著しく困難な障害児に発達支援が提供できるよう、障害児の居宅を訪問して発達支援を行うサービスである、「居宅訪問型児童発達支援」が新たに創設されています。

4 『放課後等デイサービスガイドライン』

昭和 47（1972）年、市町村が設置する療育事業として始まったのが心身障害児通園事業です。もっぱら通園施設のないところにおいて療育を補う目的で、設立されたものです。平成２（1990）年の福祉八法の改正においては、児童デイサービスとして児童福祉法に位置づけられました。平成 15（2003）年度に施行された支援費制度においては、児童デイサービス事業として契約制度のもとでスタートしたものです。

平成 18（2006）年度、「障害者自立支援法」に位置付けられましたが、従来の療育を行うものと放課後の預かりを行う内容に分かれ、報酬の設定も異なっていました。その後、障害者自立支援法の３年後の見直しの議論において、平成 20（2008）年、国においては『障害児支援の見直しに関する検討会』の報告書が出されました。それによれば、障害児通園施設や児童デイサービスの機能については、地域への支援の役割を強化していく観点から拡充していくとされました。子どもの発達に必要な訓練や指導など療育的な事業を実施するものについては、放課後等デイサービスとして、新たな枠組みで事業を実施していくことを検討していくべきとされました。

平成 24（2012）年度からの新しい障害児支援の制度では、従来の障害種別で分かれていた肢体不自由児通園施設や知的障害児通園施設などの通園施設体系が再編されて、「児童発達支援」となりました。同時に、放課後型のサービスとして「放課後等デイサービス」が、児童福祉法に位置づけられました。

放課後等デイサービスは、平成 24（2012）年４月に「児童福祉法」に位置づけられた新たなサービスであり、その提供が開始されてから間もないこともあって、利用する子どもや保護者のニーズは様々で、行われている支援の内容は多種多様であり、提供されるサービスの質の観点からも大きな開きがありました。このような状況を踏まえて、平成26（2014）年７月にとりまとめられた報告書『今後の障害児支援の在り方について』において、「支援の一定の質を担保するための全国共通の枠組みが必要であるため、障害児への支援の基本的事項や職員の専門性の確保等を定めたガイドラインの策定が必要」、「特に、平成 24 年度に創設した放課後等デイサービスについては、早期のガイドラインの策定が望まれる」との提言がなされました。これを受けて、『放課後等デイサービスガイドライン』が作成され、平成27（2015）年４月１日に、全国に通知されました（図４参照）。

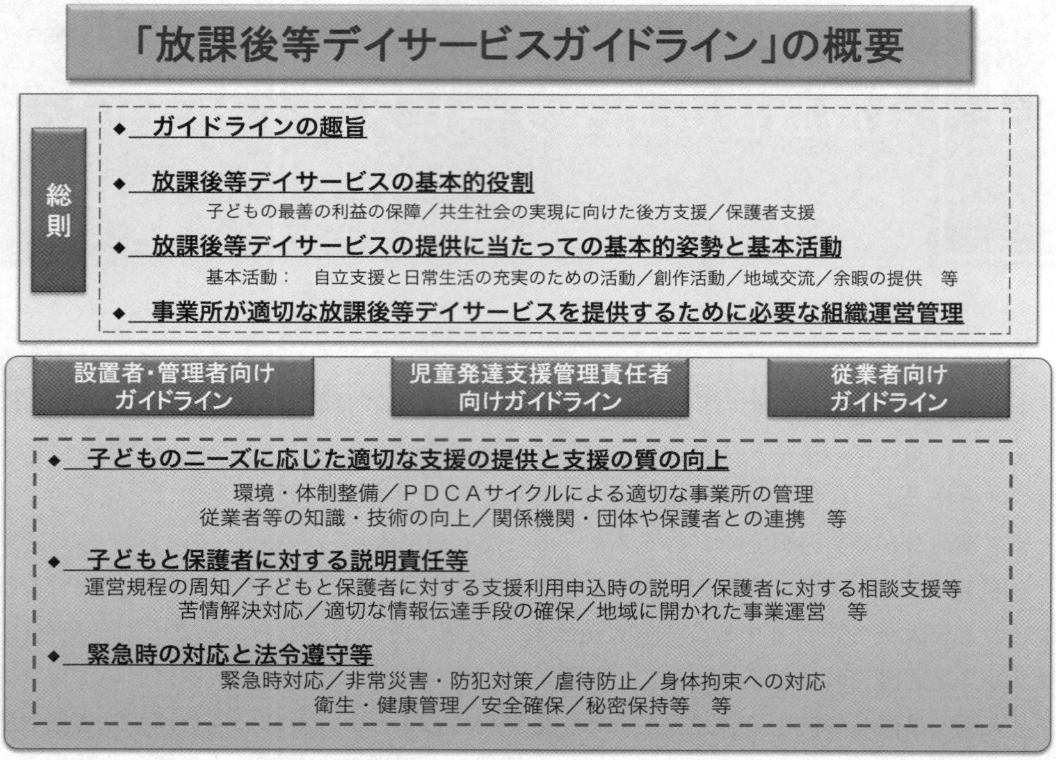

「放課後等デイサービスガイドライン」の概要

総則

◆ **ガイドラインの趣旨**

◆ **放課後等デイサービスの基本的役割**
子どもの最善の利益の保障／共生社会の実現に向けた後方支援／保護者支援

◆ **放課後等デイサービスの提供に当たっての基本的姿勢と基本活動**
基本活動：　自立支援と日常生活の充実のための活動／創作活動／地域交流／余暇の提供　等

◆ **事業所が適切な放課後等デイサービスを提供するために必要な組織運営管理**

設置者･管理者向けガイドライン　｜　児童発達支援管理責任者向けガイドライン　｜　従業者向けガイドライン

◆ **子どものニーズに応じた適切な支援の提供と支援の質の向上**
環境・体制整備／ＰＤＣＡサイクルによる適切な事業所の管理
従業者等の知識・技術の向上／関係機関・団体や保護者との連携　等

◆ **子どもと保護者に対する説明責任等**
運営規程の周知／子どもと保護者に対する支援利用申込時の説明／保護者に対する相談支援等
苦情解決対応／適切な情報伝達手段の確保／地域に開かれた事業運営　等

◆ **緊急時の対応と法令遵守等**
緊急時対応／非常災害・防犯対策／虐待防止／身体拘束への対応
衛生・健康管理／安全確保／秘密保持等　等

図４　『放課後等デイサービスガイドライン』の主な内容

（１）目的と適用

『放課後等デイサービスガイドライン』の目的は、放課後等デイサービスを提供する形態が多様であることは否定されないものの、提供されるサービスの形態は多様であっても、障害のある学齢期の子どもの健全な育成を図るというサービスの根幹を共通化することです。ガイドラインは、放課後等デイサービスを提供する事業所が、そのサービスの質の向上のために留意しなければいけない基本的事項を定めたものです。

ガイドラインは、放課後等デイサービス事業を実施するに当たって必要となる基本的事項を示すものであり、各事業所は、本ガイドラインの内容を踏まえつつ、各事業所の実情や個々の子どもの状況に応じて不断に創意工夫を図り、その提供するサービスの質の向上に努めなければならないとされています。

特に、ガイドラインは、放課後等デイサービス事業所における自己評価の際に活用されることを想定しており、各事業所は自己評価の結果を踏まえて、事業運営の改善を図るとともに、結果についても利用者や保護者等に向けて公表するよう努めなければならないとされています（図５参照）。

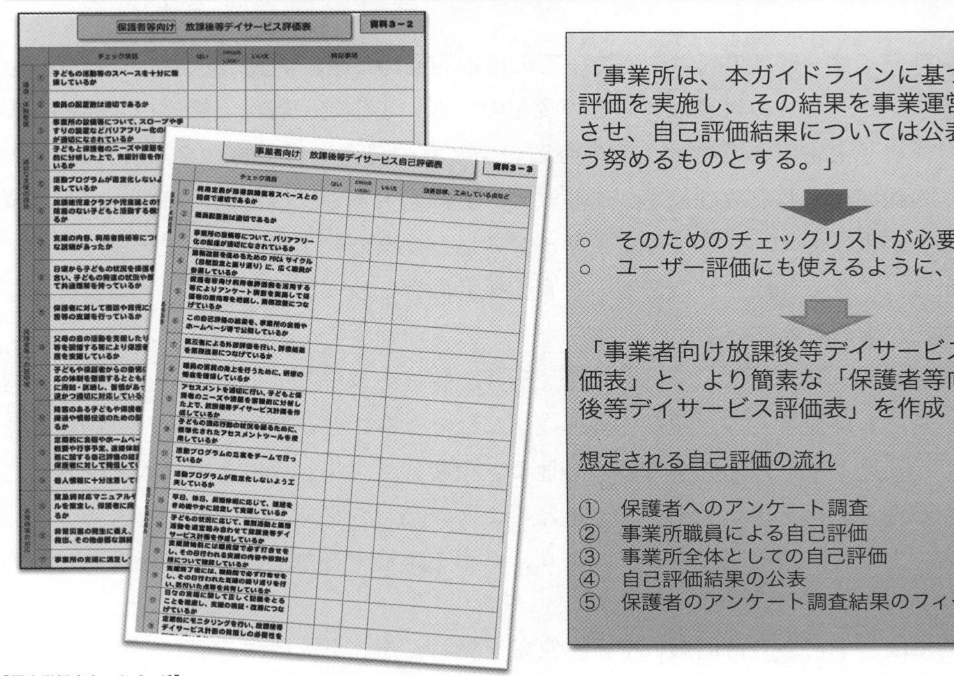

【厚生労働省ホームページ】
トップページの分野別施策「福祉・介護　障害者福祉」→障害者福祉の「施策情報　障害児支援施策」→障害児支援施策の「3. 放課後等デイサービスガイドライン

図5　放課後等デイサービスガイドラインに基づく自己評価等

①　放課後等デイサービスの基本的役割

放課後等デイサービスは、「児童福祉法」（昭和22年法律第164号）第6条の2第4項の規定に基づき、「学校（幼稚園及び大学を除く）に就学している障害児に、授業の終了後又は休業日に、生活能力の向上のために必要な訓練、社会との交流の促進その他の便宜を供与するもの」とされています。

放課後等デイサービスは、支援を必要とする障害のある子どもに対して、学校や家庭とは異なる時間、空間、人、体験等を通して、個々の子どもの状況に応じた発達支援を行うことにより、子どもの最善の利益の保障と健全な育成を図るものです。また、保護者が子どもを育てることを社会的に支援するものであり、この支援によって保護者が子どもに向き合うゆとりと自信を回復することも、子どもの発達に好ましい影響を及ぼすものです。

放課後等デイサービスの提供に当たっては、子どもの地域社会への参加・包容（インクルージョン）を進めるため、他の子どもも含めた集団の中での育ちをできるだけ保障する視点が求められています。放課後等デイサービス事業所においては、放課後児童クラブや児童館等の一般的な子育て支援施策を専門的な知識・経験に基づきバックアップする「後方支援」としての位置づけが期待されています。また、必要に応じて放課後児童クラブ等との連携を図りながら、適切な事業運営を行うことが求められています（図５参照）。

②　放課後等デイサービスの提供に当たっての基本的姿勢と基本活動

放課後等デイサービスの対象は、心身の変化の大きい小学校や特別支援学校から高等学校等にかけての子どもであるため、その時期の子どもの発達過程や特性を理解した上で、一人ひとりの状況に応じた放課後等デイサービス計画（＝個別支援計画）に沿って発達支援を行うことが重要です。放課後等デイサービスは、授業の終了後等の支援を図るものであることから、学校で作成される個別の教育支援計画等と放課後等デイサービス計画を連動させることが求められています。

放課後等デイサービスでは、子どもの発達過程や特性を理解している者による発達支援を通して、子どもが他者との信頼関係の形成を経験できることが必要であり、この経験を起点として、友達とともに過ごすことの心地よさや楽しさを味わうことで、人と関わることへの関心が育ち、コミュニケーションをとることの楽しさを感じることができるように支援します。また、友達と関わることにより、葛藤を調整する力や、折り合いをつける力が育つことを期待して支援するものです。

基本活動には、子どもの自己選択や自己決定を促し、それを支援するプロセスを組み込むことが求められます。また、日常的な子どもとの関わりを通して、保護者が子どもの発達に関して気兼ねなく相談できる場になるよう努めることが重要であり、以上のような基本的姿勢を踏まえた上で、下記の基本活動を複数組み合わせて具体的な支援を行うことが求められています。

ア　自立支援と日常生活の充実のための指導・訓練

子どもの発達に応じて必要となる基本的生活習慣や自立生活を支援するための訓練を行います。訓練に際しては、子どもが意欲的にプログラムに関われるように遊びを通して行い、成功体験の積み増しにより、自己肯定感を育めるように支援します。将来の自立や地域生活を見据えた訓練等を行う場合には、子どもが通う学校で行われている教育活動をふまえ、方針や役割分担等を共有できるように学校との連携を図りながら支援を行います。

イ　創作活動

創作活動では、のびのびと自由な表現をさせ、表現する喜びを体験できるようにします。日頃からできるだけ自然に触れる機会を設け、季節の変化に興味を持てるようにし、豊かな感性を培えるよう支援します。

ウ　地域交流の機会の提供

障害があるがゆえに子どもの社会生活や経験の範囲が制限されてしまわないように、子どもの社会経験の幅を広げていきます。他の社会福祉事業や地域住民との連携、ボランティアの活用等により、積極的に地域との交流を図っていきます。

エ　余暇の提供

自由な時間の中で、本人がやりたい活動を自己選択して取り組む経験を積んでいくために、多彩な活動プログラムを用意し、ゆったりとした雰囲気の中で行えるように工夫します。

以上の４つが、放課後等デイサービスが提供すべきサービスとなっています。放課後等デイーサイビス事業所が、塾や習い事の場をうたっている事例がみられますが、放課後等デイサービスの存立を危うくするものと認識すべきでしょう。

（２）個別支援計画の作成と実施

放課後等デイサービスにおいては、サービス管理責任を行う者として児童発達支援管理責任者が配置されています。児童発達支援管理責任者の専らの役割は、個別支援計画である「放課後等デイサービス計画」を作成すことです。『放課後等デイサービスガイドライン』は、この計画を作成するプロセスであるＰＤＣＡ（計画→実施→チェック→改良）という一連の流れを示しています。その流れの要点を見てみましょう。

ＰＤＣＡサイクルにより不断に業務改善を進めるためには、児童発達支援管理責任者及び従業者も参画して、複数のサイクル（年間のほか月間等）で事業所としての業務改善の目標設定とその振り返りを行うことが望まれます。年間の振り返りに当たっては、本ガイドラインに基づく自己評価を実施し、その結果を事業運営に反映させ、自己評価結果については事業所の会報やホームページ等で公表するよう努めるものとします。可能な場合には、第三者による外部評価を導入して、事業運営の一層の改善を図っていきます。

ＰＤＣＡサイクルによる業務改善を進める上で、支援を利用する子ども及び保護者の意向や満足度を把握することが必要であり、例えば、アンケート調査を実施して意向等を把握することが考えられるとされています。資料２にもある評価表を用いて、子ども及び保護者の意向等を踏まえて行うこととした業務改善への取り組みについては、子ども及び保護者に周知することが望ましいとされています（pp.284 － 289 参照）。

具体的な、個別支援計画を見てみましょう（表２参照）。個別支援計画作成において重要なことは、児童発達支援に共通する、発達支援、家族支援、地域支援（連携を含める）を、それぞれの事例に応じて入れることです。その際、放課後等デイサービスの法的規定である「学校に就学している障害児に、授業の終了後または休業日に、生活能力の向上のために必要な訓練、社会との交流の促進その他の便宜」、及び、国の例示において示されている、①自立と日常生活の充実のための指導・訓練、②創作活動、③地域交流の機会の提供、④余暇の提供等を念頭において、本人のニーズをアセスメントして、計画を作成することになります。これら支援内容については、具体的な支援内容が規定された、『児童発達支援ガイドライン』が参考になるでしょう。

表２　個別支援計画表

個別支援計画表

利用者名　O·A さん

○支援の主目標　コミュニケーションが積極的に図れることの支援を行うことにより、遊びや勉強の課題等の達成感を数多く体験し、自分はできるだんという意識をもっていいただきたい。その際、家族、学校、相談支援事業者と密に連携していく。

個別支援計画　2015年7月26日作成

項　目	目　標	支　援　内　容	期　間	優先順位
発達支援 （ADL）	多くの人とコミュニケーションを積極的に図りたい	自分から、こうやってほしいという意思を伝える支援を行う。特に、遊びの導入とおやつの時間。具体的には代替コミュニケーション手段として写真やカードを適時活用する	6カ月	**1**
発達支援 （運動・認知） （家族支援）	友達をたくさんつくりたい。子育てを楽しみたい	視線の使い方と、体の動きについては、作業療法士を中心に現状の評価と課題となることについて検討。 集団への参入は入りやすい環境の設定と友達との関係を考慮して行う。成長のペースと特質についてお母さんと具体的に話し合い、家庭でできることを明らかにし、子育てに協力していく	3カ月	**1**
家族支援	家族が仲良く暮らしたい（お母さんの子育ての負担感の和らげる）	お母さんとは、時折デイサービスに子どもを送迎してもらい、様子を見ながら子育てについて話す機会をもつ。相談支援専門員Tさんと連絡を密にとってお母さんを支えていく	3カ月	**2**
地域支援	地域の子ども会に参加したい	将来、地域の一員として生活できるよう活動に積極的に参加。子ども会の参加に際しては、役員や父兄の方々に本人の特性やパニック時の対応などの情報を伝える	1年	**3**
学校・相談支援事業所との連携	学校・相談支援事業所との密な連携体制を構築してほしい	B特別支援学校のCコーディネータとの定期的な打ち合わせ及び連絡手帳を用いた情報の交換。T相談支援専門員とAさんについて定期的に打ち合わせ。家族支援については常なる情報交換	1年	**2**

（３）学校等との連携

『放課後等デイサービスガイドライン』においては、相談支援事業者、学校、医療機関などの関係機関や保護者との連携が強調されています。

特に、学校との連携、その前提となる相談支援事業者との連携について説明します。障害児相談支援事業所が作成する障害児支援利用計画は、相談支援専門員が総合的な援助方針や解決すべき課題を踏まえ、最も適切なサービスの組み合わせ等について検討し、作成するものです。放課後等デイサービス事業所の放課後等デイサービス計画は、児童発達支援管理責任者が、障害児支援利用計画における総合的な援助方針等を踏まえ、当該事業所が提供するサービスの適切な支援内容等について検討し、作成するものです。両計画が連動して機能することによって、子どもに対する支援がよりよいものとなっていきます。設置者・管理者はこの連動性の重要性を認識しておく必要があります。

そのため、障害児相談支援事業所の相談支援専門員が開催するサービス担当者会議の招集に対し、設置者・管理者は従業者あるいは児童発達支援管理責任者のうち、当該子どもの状況に精通した最もふさわしい者を参画させなければなりません。サービス担当者会議は、障害児支援利用計画案に位置付けられた福祉サービス等の担当者が、障害児支援利用計画案の内容について、専門的な見地からの意見を述べるものです。サービス担当者会議に参画する担当者は、障害児支援利用計画案に位置づけられた放課後等デイサービス事業所として期待される役割を確認するとともに、障害のある子どもが、他の子どもや地域社会から安易に隔離されないための配慮など、子どもの最善の利益の観点から意見を述べることが重要です。障害児支援利用計画のモニタリング時には、その時点までの放課後等デイサービスの提供状況を踏まえて、課題への達成度や気づきの点等の情報を積極的に述べることが大切です。

学校との連携については、子どもの生活、発達支援の連続性を確保するために、学校との連携を積極的に図る必要があります。年間計画や行事予定等の交換、子どもの下校時刻の確認等、学校との間で情報を共有しておく必要もあります。特に、送迎を行う場合には、子どもの安全確保に留意することは当然ですが、特に学校の授業終了後の迎えに当たっては、他の事業所の車両の発着も想定されることから、事故等が発生しないよう細心の注意を払う必要があります。このため、設置者・管理者は、送迎時の対応について学校と事前に調整しておくことが必要です。下校時のトラブルや子どもの病気・事故の際の連絡体制について、事前に学校と調整し、児童発達支援管理責任者や送迎を担当する従業者に対し徹底しておく必要もあります。

学校との間で支援内容の整合性や相互理解を深めるために、

①学校に置かれている外部との関係機関との調整の役割を担っている特別支援教育コーディネーター等から個別の教育支援計画等についての情報提供を受けるとともに、放課後等デイサービス事業所の放課後等デイサービス計画を特別支援教育コーディネーター等へ提供する。

②学校の行事や授業参観へ児童発達支援管理責任者と分担して積極的に参加するなどの対応をとることが望ましい。

とされています。

「改正発達障害者支援法」においては、教育に関して、「発達障害児が、その年齢及び能力に応じ、かつ、その特性を踏まえた十分な教育を受けられるようにするため、可能な限り発達障害児が発達障害児でない児童と共に教育を受けられるよう配慮することを規定するとともに、支援体制の整備として、個別の教育支援計画の作成（教育に関する業務を行う関係機関と医療、保健、福祉、労働等に関する業務を行う関係機関及び民間団体との連携の下に行う個別の長期的な支援に関する計画の作成をいう）、及び個別の指導に関する計画の作成の推進（中略）、その他の支援体制の整備を行うこと、その他必要な措置を講じる」とされています。新たな仕組みのなかでは、放課後等デイサービスにおいて児童を適切に支援していくためには、学校との連携が不可欠です。相談支援においては、児童を含めた障害者すべてに対してサービス等利用計画の作成が義務づけられました。また、平成19（2007）年度からスタートした特別支援教育の実施においても、個別の教育支援計画の作成が位置づけられています。福祉分野が作成する個別支援計画と教育分野が作成する個別支援計画の整合性が求められています（図６参照）。

放課後等デイサービスの事業者は、学校等の間で相互の役割の理解を深めるために、保護者に同意を得て、事業所の児童発達支援管理責任者等が、学校の特別支援教育コーディネーターから個別の教育支援計画等についての情報を受けるとともに、逆に、事業所の児童発達支援管理責任者は、放課後等デイサービス計画（個別支援計画）を特別支援教育コーディネーターに提供することが重要です。それによりお互いが子どもの状況や支援の目標をよく理解し合い、摺り合わせて事業所や学校の現場にフィードバックさせれば、子どもの支援や教育によい効果が現れることが期待されます。例えば、学校において毎週水曜日が体育等の授業でアクティブな活動であれば、その日の放課後等デイサービスにおける支援はアクティブな活動は避けるなどの調整が可能となります。これは、子どもに必要な支援を行う上で、福祉と教育が役割分担を明確にして連携して支援していく一つの形であり、障害者差別解消法が規定する合理的配慮です。放課後等デイサービス計画は、相談支

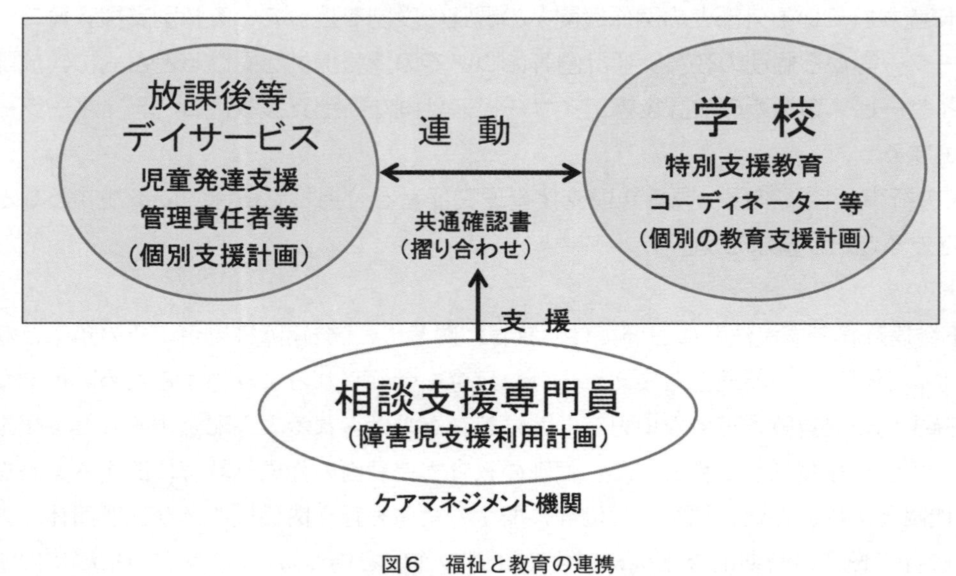

図６　福祉と教育の連携

援専門員が作成する障害児支援利用計画における総合的な援助方針等を踏まえて作成するもので、児童発達支援管理責任者と特別支援教育コーディネーターが、お互いの計画を擦る合わせるとき、相談支援専門員がそれを調整します。相談支援専門員が企画・運営するサービス担当者会議に児童発達支援管理責任者と特別支援教育コーディネーターを招いて擦り合わせることも考えられます。

相談支援専門員、児童発達支援管理責任者、特別支援教育コーディネーター、そして保護者が同じテーブルにつく支援会議において、調整を図っていくことが重要です。そうすれば、本人を中心に関係者があつまり、建設的対話及び合意という共通理解された支援が可能となる機会が生まれ、児童を適切に支援していく体制が構築されていくでしょう。

5　児童発達支援とポーテージプログラム

児童発達支援の目標は、本人支援、家族支援、地域支援を子どもや家族の状況に応じて、適切に提供していくことです。ポーテージプログラムは、以下のようにこれら３つの要素を適切に提供していくための支援です。

ポーテージプログラムには、図７に示すような、①発達的アプローチを行う個別プログラム、②親・家族支援のための家庭中心アプローチ、③応用行動分析の原理を用いた発達支援に特徴があります。特に、『ポーテージ早期教育プログラム』は、①マニュアル・活動カード、②チェックリスト、③記録シートセット、④発達経過表から成り、本人の発達のアセスメントと提供すべき具体的な支援がセットになっていることに特色があります。これにより、児童発達支援センターや放課後等デイサービスの児童指導員や保育士が、活用可能な支援ツールになっています。『放課後等デイサービスガイドライン』における発達支援（本人支援）の□健康・生活、□運動・感覚、□認知・行動、□言語、コミュニケーション、□人間関係・社会性の５つの要素は、ポーテージプログラムの子どもの発達アセスメントの５つの発達領域を参考にしたものです。これら５つの要素については、資料２『児童発達支援ガイドライン』（pp.184 − 289）を参照してください。

ポーテージプログラムについては、第２章で紹介します。

ポーテージプログラムの特徴

特　徴

① 一人ひとりの子どもの発達に応じたアプローチをする個別プログラムである。
② *親が指導の中心となって,主に家庭などで日常生活の中で指導を行う。*
③ 応用行動分析の原理を用いて,指導の目標や結果を正確に記録しながら,行動目標の達成を目指す。

親支援

ポーテージプログラムの指導は,三つの部分から構成されています。一つは,チェックリストを使ったアセスメントにもとづいて選びだされた行動目標の指導。 二つ目は,その行動目標を日常生活の場面で応用(般化)し、維持し定着させる指導。三つ*目は,親に家庭での指導が円滑に行えるように援助をする指導。ポーテージ相談員は親がかかえている問題にも積極的にかかわりながら相談を行います。*

地域における「本人・家族の支援」

図７　ポーテージプログラムの特徴

第２章

ポーテージプログラムによる０歳からの発達支援

1 ポーテージプログラムとは

（1）ポーテージプログラムの誕生と発展

1972年に、アメリカ合衆国ウィスコンシン州ポーテージで作られた発達遅滞乳幼児のための早期教育プログラムが『ポーテージ早期教育ガイド（Portage Guide to Early Education：PGEE）』（初版1972年、改訂版1976年）です。この『ポーテージ早期教育ガイド』は世界各地で活用され、日本では昭和58（1983）年に、厚生省（当時）からの助成金を得て、ポーテージプログラムの適用に関する研究が進められました。日本語の体系や社会状況、子育て事情などにも配慮して、同年に『ポーテージ乳幼児教育プログラム』として翻案・出版しました。その後の20年余りの臨床経験や社会状況をふまえて、平成17（2005）年に『新版ポーテージ早期教育プログラム－０歳からの発達チェックと指導ガイド－』を刊行し、さらに令和２（2020）年には、社会状況や育児環境の変化を考慮して、それらを反映させた改訂を行い、リニューアル版『ポーテージ早期教育プログラム－０歳から家庭でできる発達支援ガイド－』を完成しました。（これらを総称して、ポーテージプログラムと言います）

昭和60（1985）年には、ポーテージプログラムを普及させるために日本ポーテージ協会を設立し、平成12（2000）年にはNPO法人として、そして平成24（2012）年には認定NPO法人として東京都から認定を受け、これまで35年以上にわたり日本の国内はもとよりアジア地域への普及を目指して、ポーテージ相談員の養成研修セミナーや親・家族支援に関するワークショップを開催してきました。

ポーテージプログラムを用いて、一人ひとりの乳幼児のニーズに応じた個別の発達支援と親・家族支援を行う活動を「ポーテージ相談」といい、それらポーテージ相談に従事する人を「ポーテージ相談員」と呼びます。そしてポーテージ相談員のなかで、ポーテージ相談の活動に関して一定の資格要件を満たした人を特に「ポーテージ認定相談員」と呼んでいます。それらのポーテージ相談員やポーテージ認定相談員が、保育所や幼稚園あるいは児童発達支援センター、児童発達支援事業所および放課後等デイサービスなどの児童発達支援に係る活動のなかで、ポーテージプログラムを活用したポーテージ相談を実践している事例が数多くあります。

（2）ポーテージプログラムの３つの特徴

ポーテージプログラムは総じて、応用行動分析の原理を適用して、親や家族の支援を家庭や日常生活の場面で行うという特徴があります。

一人ひとりの子どもの発達の状態と、置かれた環境のアセスメントを通して選び出した課題（「行動目標」と言います）をもとに、個別支援計画を作成し、行動目標の達成を目指して、行動の観察・記録を行いながら指導を実施する、エビデンスベースト・アプローチにもとづく０歳からの対応プログラムです。

次の３つの特徴があります。

①　親・家族支援と日常生活のなかでの指導

ポーテージ相談員は、親（保護者）や家族と定期的に面談し、日常生活における子育てを支援します。子育てのパートナーとして、悩みや心配事などのよい聞き手になり、何でも話し合える信頼関係をつくることが大切です。子育てに関することがらについて継続して話し合うことを通して、親（保護者）は日常生活の場面で子どもにどのように働きかければいいかが具体的に分かるようになります。選び出した課題を子どもが達成していく様子を観察しながら、子どもの発達の状態が正しく捉えられるようになり、それによって他の子どもと比較して焦ることや、不安に陥ることが少なくなります。

またポーテージプログラムは、親（保護者）や家族の子育て支援だけではなく、保育所や幼稚園、児童発達支援事業などにおいて、子どもの発達支援に携わっている人たちにも活用できます。保育所や幼稚園、児童発達支援事業の現場でも、家庭における親（保護者）や家族の子育て支援を念頭に置いて、個別支援計画の作成・実施について話合う必要があるでしょう。

②　一人ひとりの子どもの発達支援のための発達的アプローチ

子どもの発達を促すために、その子どもの現在の発達の状態をアセスメントしてどのような支援が必要かを調べ、その情報をもとに、その子どもだけのオーダーメイドの個別プログラムを作成し、その「個別の指導計画」（これが、児童発達支援における「個別支援計画」に相当します）をもとに指導を展開します。そこで選び出す行動目標は、発達の順次性・系列性にもとづいてもっとも適切な課題を設定することが重要です。これを「発達的アプローチ」と呼びます。障害の医学的な診断分類は、子どもの発達支援に当たって、必ずしも十分な情報をもたらすとは限りません。

③　子どもの指導に応用行動分析（ABA）の原理を適用

前に述べたように、子どもの行動の発達を促すために、指導の目標を行動目標として設定します。そしてその行動目標を達成するために、応用行動分析（Applied Behavior Analysis：ABA）の原理を適用します。行動目標は観察可能で測定可能な行動の用語で書き、指導の経過を決められた様式の記録シートに記述します。ポーテージ相談では、このように選び出した行動目標の達成を目指すだけではなく、後述するように、日常生活の様々な場面で起こる望ましくない行動や許しがたい行動（「行動障害」と言います）の低減や消去のためにも、応用行動分析の原理を適用します。そしてポーテージプログラムは、親（保護者）や家族に応用行動分析の原理を指導し、それらを子どもの行動の形成や修正に適時に適用するというペアレント・トレーニングを採用しています。

●引用文献

・日本ポーテージ協会（1983）『ポーテージ乳幼児教育プログラム』日本ポーテージ協会
・日本ポーテージ協会（2005）『新版ポーテージ早期教育プログラムー０歳からの発達チェックと指導ガイドー』日本ポーテージ協会
・日本ポーテージ協会（2020）リニューアル版『ポーテージ早期教育プログラムー０歳から家庭でできる発達支援ガイドー』日本ポーテージ協会

2　0歳から家庭でできる発達支援

（1）ポーテージプログラムの構成

リニューアル版『ポーテージ早期教育プログラム』は、①マニュアル・活動カード、②チェックリスト、③記録シートセット、④発達経過表で構成されています（図1参照）。

①　マニュアル・活動カード

マニュアルは、ポーテージプログラムの理念や作成の経緯、使用の手続きを述べています。

「活動カード」は、総数561項目の行動目標について、一つひとつの行動目標を達成するための手順や援助のしかた、教材・教具などの指導の示唆などを、必要な場合にはイラストを付けて作成したものです。1ページに2枚の「活動カード」を載せ、発達領域ごと

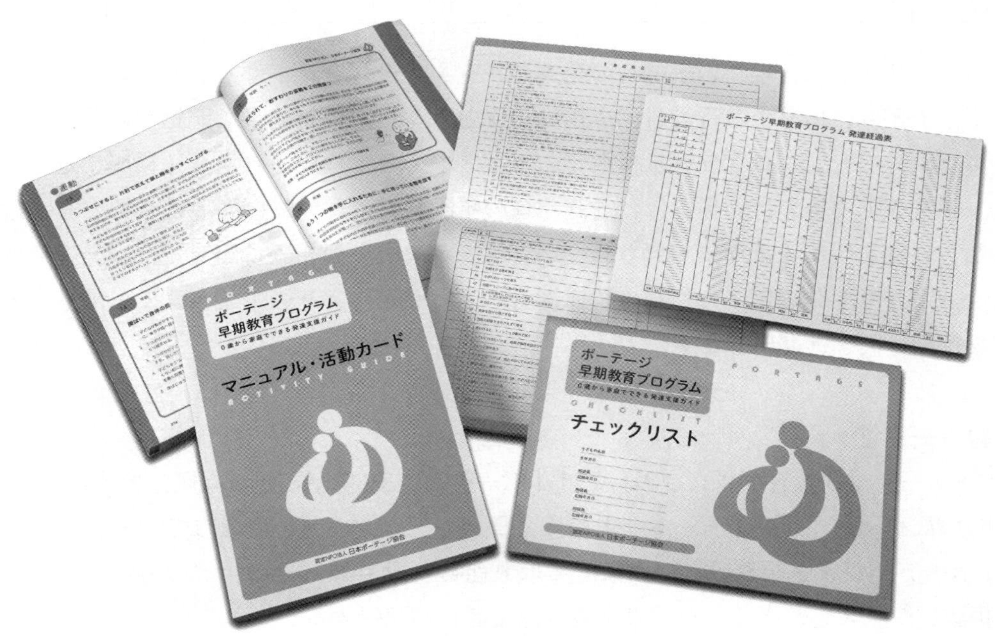

図1　リニューアル版『ポーテージ早期教育プログラム』セット

に色分けしたインデックスを付け、マニュアルと共に冊子にしました。

②　チェックリスト

チェックリストは、６つの発達領域ごとに達成が目指される指導の目標が行動目標としてあげられています。６つの発達領域と行動目標は、「乳児期の発達」45 項目、「社会性」85 項目、「言語」88 項目、「身辺自立」100 項目、「認知」110 項目、「運動」133 項目で、行動目標は総数 561 項目あります（表１参照）。

発達領域「乳児期の発達」には、生後６カ月までの発達が未分化な時期に達成される行動目標があげられていますが、その他の５つの発達領域には、平均発達を示す子どもにおいて０歳から６歳までに達成される行動目標が、発達の順次性・系列性に従って番号が付けられ配置されています。それらの行動目標は、観察可能で測定可能な行動の用語で書かれています。

表１　発達領域ごとの発達年齢段階別行動目標数

発達領域	乳児期の発達	社会性	言語	身辺自立	認知	運動	計
年齢段階	水色	灰色	薄緑色	黄色	薄桃色	薄朱色	
0ー６カ月	45						45
0ー1歳		28	14	14	16	45	117
1ー2歳		15	19	10	8	18	70
2ー3歳		8	21	23	18	15	85
3ー4歳		12	13	16	26	16	83
4ー5歳		8	10	21	20	15	74
5ー6歳		14	11	16	22	24	87
計	45	85	88	100	110	133	561

チェックリストは、現在の子どもの発達の状態をアセスメントするときに使用するだけでなく、子どもに指導する行動目標を選び出すときや指導した結果を記録するときにも使います。ポーテージプログラムは標準化の手続きをとって作成された発達検査ではありません。総数 561 項目の行動目標は、それぞれの年齢範囲において、指導の目標として設定するときの目安になるように配置されています。ポーテージ相談に際しては、発達領域の順次性・系列性や発達領域の相互の関連性も考慮しながら、その子どもにとってもっとも適切な行動目標を選び出します。

③記録シートセット

『ポーテージ早期教育プログラム』では、「ポーテージ家庭記録表」「課題分析過程シート」「課題分析シート」「活動チャート」という４種類の記録シートを用意しています。

ア．「ポーテージ家庭記録表」は、家庭で取り組む行動目標とその指導の方法をポーテージ相談員が記入し、指導した結果を親（保護者）が記録するシートです。

イ．「課題分析過程シート」は、ポーテージ相談員がチェックリストの行動目標を、必要に応じて、子どもにとって達成しやすい小さなステップ（「標的行動」）に細分するときに使用するシートです。

ウ.「課題分析シート」は、課題分析のステップ、指導場面、使用する教材・教具、指導上の留意点、強化の手続きなどを１枚にまとめたシートです。

エ.「活動チャート」は、家庭で取り組む行動目標、ステップの指導が順調に進んでいるかどうかをモニタリングするための記録シートです。

ポーテージ相談員は、個別の計画を作成して親（保護者）に渡し、家庭における指導の結果を記録することを親（保護者）に求め、その結果を確認するエビデンスベースト・アプローチを重視します。

記録の方法はマニュアルに示す様式にこだわる必要はなく、必要に応じて工夫して作成し、使用することをお勧めします。

④　発達経過表

６つの発達領域における総数561項目の行動目標の達成状態を確認するために、横軸に６つの発達領域、縦軸に０歳から６歳までの発達年齢を記し、１つの行動目標を１マスとして表したものです。初回のアセスメントで達成が確かめられ「最初の評定」に「○」が付いた行動目標に対応するマスを、例えば赤色で塗ります。そして一定期間の指導後のアセスメントごとに達成した行動目標を色を変えて塗り足していくことで、発達の経過が一覧できます。６つの発達領域の間での発達の違いや偏りなども確認できます。

表２　リニューアル版『ポーテージ早期教育プログラム』発達経過表

ポーテージ早期教育プログラム発達経過表

子どもの名前		
	初回アセスメント 歳 カ月	年 月
	歳 カ月	年 月
	歳 カ月	年 月
	歳 カ月	年 月
	歳 カ月	年 月
	歳 カ月	年 月

月齢	カード番号	乳児期の発達
6カ月	45, 40, 35, 30, 25, 20, 15, 10, 5	

年齢	カード番号	社会性	カード番号	言語	カード番号	身辺自立	カード番号	認知	カード番号	運動
3	50, 45		50, 45, 40, 35		45, 40, 35, 30, 25		40, 35, 30, 25		75, 70, 65	
2	40, 35, 30		30, 25, 20, 15		20, 15		20		60, 55, 50	
1	25, 20, 15, 10, 5		10, 5		10, 5		15, 10, 5		45, 40, 35, 30, 25, 20, 15, 10, 5	

年齢	カード番号	社会性	カード番号	言語	カード番号	身辺自立	カード番号	認知	カード番号	運動
6	85, 80, 75		85, 80		100, 95, 90, 85		110, 105, 100, 95, 90		130, 125, 120, 115, 110	
5	70, 65		75, 70		80, 75, 70, 65		85, 80, 75, 70		105, 100, 95	
4	60, 55		65, 60, 55		60, 55, 50		65, 60, 55, 50, 45		90, 85, 80	

子どもの発達についての変化が視覚的に一覧でき捉えやすいので、親（保護者）とポーテージ相談員との間で、あるいは保育所や児童発達支援事業の個別の相談支援や保育所等訪問支援などにおいても、積極的に活用できます（表２参照）。

（2）ポーテージプログラムによる指導の進め方：アセスメント－指導－評価の循環過程

ポーテージプログラムは、心理教育の観点を重視して早期対応を行う心理教育プログラムです。子どもの発達状態のアセスメントから得られた情報をもとに、指導－評価の過程を繰り返すことによって、選び出した行動目標の達成を目指します。

指導はまず、一人ひとりの子どもの発達の状態やニーズに応じた個別の指導計画を作成するための情報を集めます。現在の子どもの発達の状態を正しく捉えるために、チェックリストや、必要に応じて既存のアセスメント・ツールを用いてアセスメントをすることから始めます。チェックリストから得られた情報をもとに、子どものニーズに応じた行動目標を選び出し、オーダーメイドの指導計画を作成し、アセスメント－指導－評価の過程を繰り返します。その際に、子ども一人ひとりの障害の特徴や発達状態に応じた「合理的配慮」が求められています。

アセスメント－指導－評価の循環過程は、P（計画）D（実施）C（評価）A（改善）サイクルに準じる過程です。ポーテージプログラムによる指導の進め方として、①アセスメント、②行動目標の設定、③指導計画の作成、④家庭での指導、⑤評価と指導後のアセスメントについて、順を追って説明します（図２参照）。

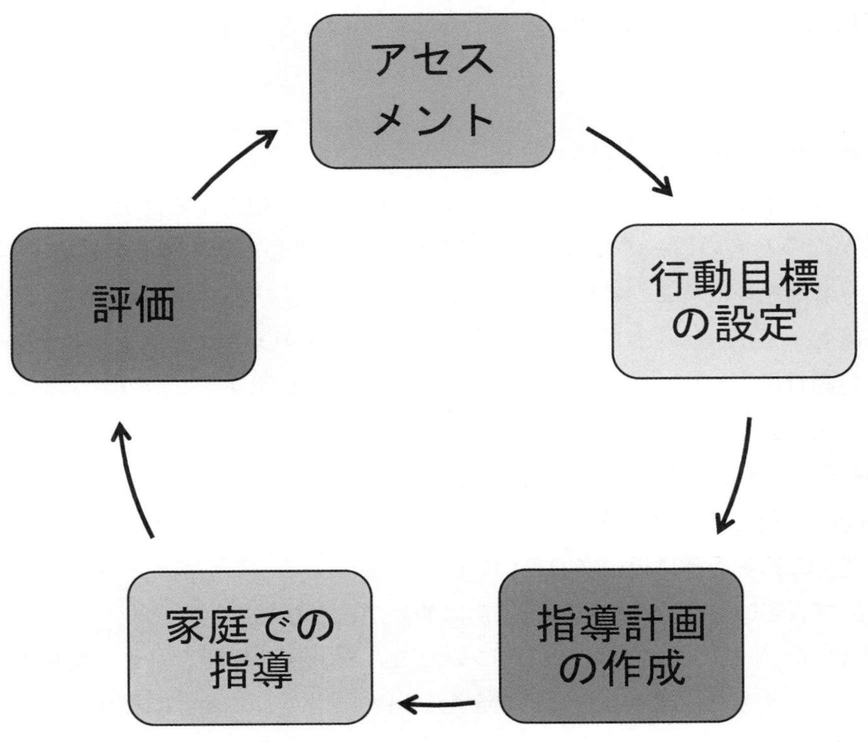

図２　ポーテージプログラムの指導の進め方

①　アセスメント

チェックリストを使って子どもの現在の発達の状態を把握するとともに、親（保護者）や関連する機関などから、指導計画を作成するために必要な情報を集めます。ポーテージ相談では、次のように多角的なアセスメントを行います。

ア．標準化された検査によるアセスメント

必要に応じて、既存の発達検査や知能検査などの標準化された検査を実施したり、関連する機関で標準化された検査をすでに受けているときは、必要に応じてそれらの結果も参照します。

イ．行動観察などによるアセスメント

子どもの行動を直接観察したり、親（保護者）から家庭での様子を聴き取り子どもの行動の特徴や学習のしかた、家族との関係などの情報を集めます。保育所や幼稚園、児童発達支援センターや事業所など子どもが通園している場所があれば、それらの通園先での子どもの様子も聴き取ります。そうして得られた情報は、子どもに合った指導環境の整備や適切な課題の設定、教材・教具の工夫など、一人ひとりの子どものニーズに応じた「合理的配慮」に生かすことができます。また、行動障害がある子どもについては、その行動障害が実際に起こる場面でアセスメントを行うことを通して、対処方略を見出すこともできます。

ウ．カリキュラムアセスメント

チェックリストを使って、子どもの現在の発達の状態を把握するアセスメントです。各発達領域から子どものニーズに合った行動目標を選び出し、その課題の達成を目指して、個別の指導計画を作成するためにアセスメントを行います。

親（保護者）とポーテージ相談員が相談をしながら、チェックリストの各発達領域のそれぞれの行動目標について達成の状況を判断して、その結果をチェックリストの「最初の評定」に、次のような記号でチェックをします。

○：現在その行動目標は達成されている。

△：２回に１回くらいできる。

－：現在その行動目標は達成されていない。

？：達成されているか分からない、またはやったことがない。

「備考」には、子どもを観察して気がついたことや、親（保護者）から聴取した情報を記入します。こうした情報も、行動目標を選び出すに当たって参考になります。

表３　チェックリストの記入例

年齢段階	カード番号	行動目標	最初の評定	目標達成年月日	生活年齢	備考
	61	片手を支えられて、階段をのぼる	○			
	62	腕を回して円を描くような動作をする	○			
	63	口の周りについた食べ物をなめる	○			
2－3	64	2分間で大きなビーズを4個通す	○			
	65	その場で両足跳びをする	○			
	66	後ろ向きに2mくらい歩く	○			
	67	片手を支えられて、階段をおりる	○			
	68	1.5mくらい離れた大人に、動かなくても取れるボールを投げる	○			
	69	積み木を6個積む	○			
	70	1ページずつ絵本をめくる	○			
	71	すべり台の階段をのぼり、1～2mすべる	○			
	72	まねをして、紙を半分に折る	－			
	73	ブロックなどを両手に持って、はめたりはずしたりする	○			
	74	びんのふたなどを回してはずす	－			少し回すがはずすことはない
	75	置いてあるボールを蹴る	○			
	76	親指、人さし指、中指でクレヨンを持つ	△			2回に1回は人さし指を使わない
	77	支えられて、でんぐり返しをする	－			いやがってやろうとしない
	78	正方形の紙を対角線に沿って三角形に1回折る	－			
3－4	79	5本のペグを木づちなどでたたいて入れる	?			このおもちゃがないのでやらせたことがない
	80	シールを台紙からはがして貼る	－			シールをはがすが指についてうまく貼れない

カリキュラムアセスメントは、発達検査や知能検査のように標準化された検査ではなく、子どもの現在の発達の状態を知ることによって、子どものニーズに応じた個別の指導計画を作成し、指導のより適切な出発点を見出すことが目的です。したがって、それぞれの行動目標の達成基準は子どもの発達状態や障害の特徴に応じて変更してもいいのですが、参考のために、それぞれの行動目標について、発達の順次性・系列性の観点から、平均発達を示す子どもを標準にした「行動目標達成基準」を準備しています。

チェックリストによる発達状態のアセスメントは、ポーテージ相談員と親（保護者）が子どもの発達状態や障害の特徴、親（保護者）や家族との関わり方など、様々に話し合いながら進めていきます。このアセスメントの過程は、ポーテージ相談の重要な部分です。

また561項目のすべての行動目標についてチェックをする必要はありません。「最初の評定」に10個くらい「－」が続いたらそこでいったんチェックをやめて、別の発達領域のチェックに進みます。ただし子どもの発達状態や障害の特徴によって、発達領域ごとの行動目標の達成に偏りが著しいときなどには、「－」が連続したあとでも、さらに高い年齢範囲にある行動目標に「○」が付くことがあります。発達状態のアセスメントは1回だけで終了するのではなく、とくに初回アセスメントは、1カ月くらいの間に何回かに分けて行うことによって、子どもの発達の全体像がより確かにチェックリストに反映されるようにします（表3参照）。

エ．指導途中のアセスメント

選び出した行動目標が、達成に向けて順調に進んでいるかどうかをモニタリングする指導途中のアセスメントを行います。課題分析によって細分化した行動目標の一つひとつのステップである標的行動の指導に関して、「活動チャート」を使って、指導のしかたや指導結果の記録のしかたなどを親（保護者）に伝えることを通して、選び出した行動目標を確実に達成させることを目指します（pp.51 － 56 参照）。これを「精密指導法」と呼びます。

また、家庭での指導の結果を記入する「ポーテージ家庭記録表」（p.48 参照）を使ったアセスメントを行います。このようにして、親（保護者）だけでなく、家族や通園している保育所や幼稚園、児童発達支援センターや事業所などの支援者とも情報を共有することができます。

②　アセスメントにもとづいた行動目標の設定

アセスメントから得られた情報をもとに、ポーテージ相談員は親（保護者）と相談しながら、親（保護者）が家庭で取り組む行動目標を選び出します。

子どもが興味を持っている遊びや活動、親（保護者）が子どもにしてほしいと思う行動、身に付けると子どもの生活に役立つと思われる技能など、子どもの発達状態や障害の特徴、親（保護者）の希望などを考慮して、親（保護者）にも子どもにも無理のない負担の少ない行動目標を、親（保護者）と相談しながら選ぶことが重要です。

親（保護者）がポーテージプログラムの使用に慣れてきたら、６つの各発達領域（あるいは、「乳児期の発達」の行動目標がすべて達成されている場合には、それを除く５つの発達領域）から、それぞれ１、２の行動目標を選び出すとよいでしょう。またときには、チェックリストには載っていない行動目標を、子どものニーズに応じて考案して設定することもあります。

③　指導計画の作成

親（保護者）が家族の協力のもとで家庭や日常生活の場面で取り組むために選び出した行動目標を実現するために、ポーテージ相談員は、子ども一人ひとりに応じた個別の指導計画（これが、「個別支援計画」に当たります）を立てます。子どもにとっては楽しく取り組め、まもなく達成できそうな課題であり、親（保護者）や家族にとっては「子どもにうまく教えられた」という充実感や達成感が得られる課題を取り入れ、参加動機づけを高めるような指導計画を立てることが大切です。

指導計画は具体的に書かれていることが重要です。曖昧で抽象的な言葉を使わずに、「いつ」「どこで」「誰が」「どのように」「どれくらい」「何をする」を踏まえて、できるだけ具体的に記述する必要があります。ポーテージ相談員と親（保護者）の間ではもとより、児童発達支援事業を担う保育所、児童発達支援センターや事業所などで個別支援計画として作成する場合は、職員間での共通理解を促し、また子どもが複数の機関を利用しているときは、それらの関連する機関が相互に共通理解がしやすい個別の指導計画の作成が求められます。

次のことに留意して、個別の指導計画を作成します。

ア．指導に使う教材・教具、援助のタイプや程度を決める

家庭や日常生活の場面で、親（保護者）や家族が無理なく取り組めるような行動目標（課題）を設定することが大切です。そのために、家庭や日常生活のなかで活動するためのヒントが書かれている「活動カード」が役に立ちます。「活動カード」には、その課題を行うに当たって、活動の場面や使う教材・教具とその提示のしかた、援助のタイプや程度など、円滑に課題を実行するための様々な示唆があげられています。

選び出した行動目標について、「いつ」「どこで」「だれと」「何を使って」「どの程度」「何をする」というように、できるだけ具体的に指導計画を立てます。それによって、一人ひとりの子どもの発達アセスメントをもとに選び出した行動目標の達成を目指す、オーダーメイドの個別の指導計画が作成できます。

イ．選び出した行動目標を子どもが達成しやすいように細かいステップに細分する「課題分析」を行う

発達に遅れや偏りのある子どもにとって、チェックリストにあげられた行動目標をそのまま指導目標にすると、取り組むことがむずかしく、なかなか達成されない場合があります。そのようなときには、選び出した行動目標を最終・長期の行動目標として、子どもの発達の状態に応じてさらに小さな目標からなる階段（スモールステップ）を作り、それを一段ごとに「やったね！できた」と子どもをほめながら無理なく昇って行けるようにします。このように最終・長期の行動目標を小さなステップ（「標的行動」と言います）に細分し、その１ステップごとを誤りなく達成させながら、最終・長期の行動目標を短期間に確実に達成させようとする手続きを「課題分析」と言います。

例えば、まだ１人で靴が脱げない子どもに「身辺自立21 靴を脱ぐ」（番号はチェックリストの行動目標の番号）を課題として教えようとするときは、“大人が子どもの手の甲を持ってかかとに導いて、いっしょに脱ぐ”という身体的援助からはじめ、しだいにその援助の量を減らしていくスモールステップに細分します。こうすることで親（保護者）も教えやすくなり、子どもが「身辺自立21 靴を脱ぐ」という行動目標を確実に達成することができるようになります。

他の発達領域についても、必要であれば同じように課題分析を行います。

ウ.「ポーテージ家庭記録表」に指導の目標を書いて親（保護者）に渡す

ポーテージ相談員は面談の際に、選び出した行動目標を行うときに親が子どもにどう接するか、どう教えようとするかを観察するために、まずは親（保護者）に、その課題をポーテージ相談員の目の前でやってもらいます。例えば、「身辺自立 21 靴を脱ぐ」であれば、親（保護者）が子どもにどのようにことばかけをしながら、どのように靴を脱がせようとするかなど、子どもとの関わり方を観察することを通して、親（保護者）の取り組み方に応じて具体的に助言をします。これを繰り返すことで、親（保護者）をエンパワメントします。すなわち、親に子どもの発達を見る目が養われ、子どもに合った課題を選び出し実行できるようになり、適切な子育てが行えるようになることを促します。

ポーテージ相談員は、行動目標を「ポーテージ家庭記録表」に書いて親（保護者）に渡します。この記録表には、家庭での課題の取り組み方と指導の結果について親（保護者）が記録する欄があります。「備考」には、親の意見や希望、願いなどが自由に記述できます（図３参照）。

子どもの名前　　健太

	社会性	言語	身辺自立	認知	運動
課題	40　健太は、おやつのヨーグルトのスプーンをお母さんがとりに行ってくるのを、食卓で10秒間、1日1回、座って待つ。	16　健太は、お母さんが絵本を読んだ後、「これでおしまい」と声をかけると、2回中2回、自分で本を閉じて終わりにする。	21　健太は、靴のかかとを指さすと、2回中2回、靴を脱ぐ。	21　健太は、ペグを4本さした後、お母さんが置いてあるペグを指さすと、3回中3回、5本目のペグをさす。	48　健太は、「こっちだよ！」とお父さんが両手を差し出し声をかけると、お父さんにボールを3回中3回、転がす。
家庭での様子					
備考					

図３　ポーテージ家庭記録表

エ.「活動チャート」を作って親（保護者）に渡す

課題分析をしたステップの一つの標的行動を指導するときに、「活動チャート」を使います（図４参照）。選び出した標的行動についての、指導途中のアセスメントです。まず、「誰が」「どんな条件のもとで」「どの程度じょうずに」「何をする」という４つの要素を含む標的行動を書きます。そして、その標的行動を指導するときの指導の方法（どこで、どんな教材・教具を使い、それをどう提示し、どんな援助のもとで、どの程度行い、達成したらどのようにほめるかなど）を書いて親（保護者）に渡します。親（保護者）は、次回の面談まで家庭や日常生活の場面で子どもを指導し、その指導の結果を決められた記号などで記録します。この「活動チャート」を使うことで、各ステップの標的行動を順番に、誤りなく達成させ、引いては最終・長期の行動目標を確実に達成させます。なお、選び出したステップの標的行動がなかなか観察されないときに、援助の量がもっと多い一つ前のステップに戻って課題を行う手続きを「修正手続き」と言います。こうすれば子どもはいつもステップを達成しながら、選び出した行動目標に取り組むことができます。

④　家庭での指導とその記録

ポーテージ相談では、選び出した行動目標の指導の方法や結果の記録のしかたをポーテージ相談員が口頭で説明するだけではなく、それらを「ポーテージ家庭記録表」や「活動チャート」に書いて親（保護者）に渡し、次回の面談のときまで家庭や日常生活の場面で記録をとりながら指導を進め、次回にそれを持参するように親（保護者）に求めます。面談ではこれらの記録をもとに話し合い、意思決定を行います。こうすることで、エビデンスベースト・アプローチが実践できます（図５参照）。

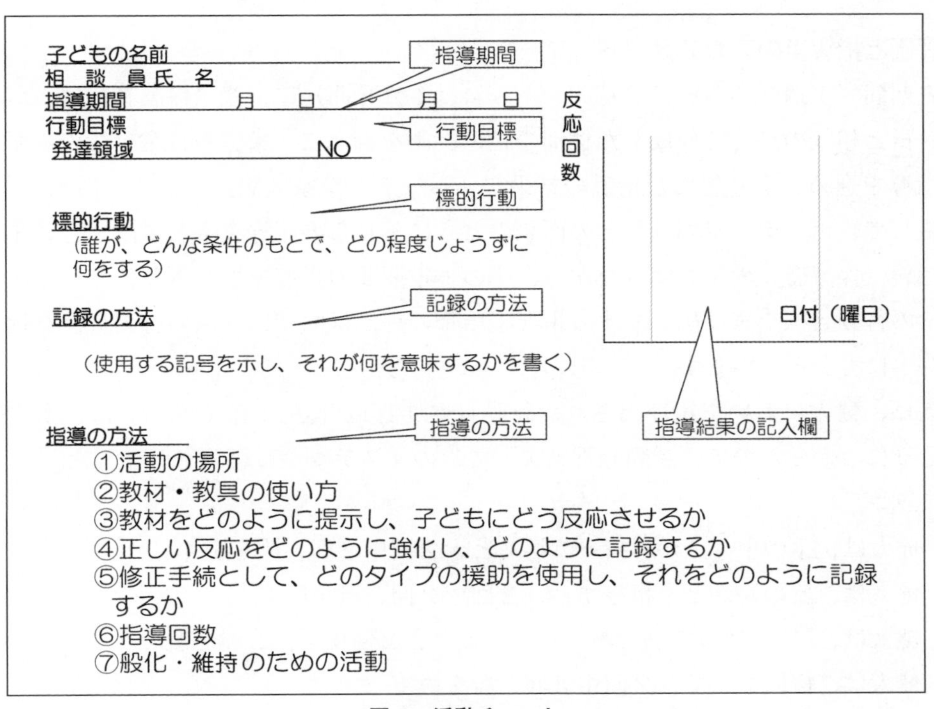

図４　活動チャート

ポーテージ家庭記録表

子どもの名前　健太　　　　　　　　　　　　20○○年9月22日～9月28日

	社会性	言語	身辺自立	認知	運動
課題	40　健太は、おやつのヨーグルトのスプーンをお母さんがとりに行ってくるのを、食卓で10秒間、1日1回、座って待つ。	16　健太は、お母さんが絵本を読んだ後、「これでおしまい」と声をかけると、2回中2回、自分で本を閉じて終わりにする。	21　健太は、靴のかかとを指さすと、2回中2回、靴を脱ぐ。	21　健太は、ペグを4本さした後、お母さんが置いてあるペグを指さすと、3回中3回、5本目のペグをさす。	48　健太は、「こっちだよ！」とお父さんが両手を差し出し声をかけると、お父さんにボールを3回中3回、転がす。
家庭での様子	9/23 「待っててね」と声かけをして急いで帰ってくるまで大きな声を出していましたが、5秒間は待っていられました。 9/25 今日は少しも待てずに、泣いていました。	9/23 本を投げて泣きながら別の本を持ってきたので、読んでやってしまいました。 9/27 今日は、終わりにできました。自分でも「・・・・まい」と言っていました。	9/23 朝はパパが靴のかかと指さすと靴を脱ぎましたが、夕方は機嫌が悪く、手の甲を上から持って導き脱ぎました。 9/25 ママのかばんのファスナーを開けようとしていました。	9/23 今日は怒ってペグを投げ始めたので、1回だけでやめました。 9/27 自分でペグを出して遊び始めたので、そばに行き、5本目は指さして援助をしました。さし終わると、笑顔で手をたたいていました。	9/24 いとこのお兄ちゃんも一緒にボールで遊んでくれて大喜び。声かけだけで、転がしていました。 9/26 ソファにひとりで登るようになってきました。
備考	9/25 風邪をひいて熱が出て、病院に行きました。　9/27療育センターでPTとOTの指導を受ける予定です。 このごろ、気に入らないと頭をごんごん床に打ちつける行動がみられることがあって、気になっています。				

図５　「ポーテージ家庭記録表」の記入例

⑤　評価と指導後のアセスメント

一定期間（１週間あるいは２週間、ときには１カ月間）に、親（保護者）は、ポーテージ相談員と相談のうえで作成した個別の指導計画をもとに、家庭や日常生活の場面で子どもの指導を進め、取り組んだ指導の結果を「ポーテージ家庭記録表」や「活動チャート」に記録して、ポーテージ相談員との面談のときにそれらの記録をもとに話し合います。そこでは親（保護者）の話を聞きながら、その一定期間の指導を振り返り、さらに次回の面談までの行動目標を選び出します。指導の結果の評価は同時に、次の行動目標を選ぶアセスメントにもなっています。

例えば、健太において選び出された行動目標「身辺自立21靴を脱ぐ」は、すぐに達成されそうになかったので、課題分析によって次の４ステップに細分されました。

■ステップ

1. 健太は、手の甲の上から持って導くと、２回中２回、靴を脱ぐ
2. 健太は、靴のかかとを指さすと、２回中２回、靴を脱ぐ
3. 健太は、「ひっぱって」と声かけをすると、２回中２回、靴を脱ぐ
4. 健太は、援助なしで、２回中２回、靴を脱ぐ

健太の母親は今回の面談まで、ステップ２「健太は、靴のかかとを指さすと、２回中２回、

靴を脱ぐ」を家庭で取り組みました。その結果、２回中２回靴を脱ぐ行動が健太に見られるようになり、それが「活動チャート」に記録され、ステップ２の達成が確認されたので、次にステップ３「健太は、『ひっぱって』と声をかけをすると、２回中２回、靴を脱ぐ」を、次回の面談までの行動目標に設定しました。

健太の指導はその後も順調に進み、ついにステップ４になり、援助がなくても靴を脱げるようになりました。こうして健太に選び出した行動目標「身辺自立21靴を脱ぐ」は、チェックリストの「評定」に「○」を記入し「目標達成年月日」にその日付を書き込むことで、達成が示されました。

行動目標の達成が順調に進まないときには、援助の方法や教材・教具、選び出した行動目標が適切だったかどうかを親（保護者）と話し合い、援助のタイプや量を変えたり、教材・教具を工夫することも大切です。また、ときにはその選び出した行動目標の指導を一時止めて別の行動目標に変えて様子を見てもいいでしょう。いずれにしても次の行動目標の決定は、健太の発達状態の記録を確認しながら、指導後のアセスメントにもとづいて行います。

（3）課題分析から「活動チャート」へ

課題分析と「活動チャート」について、もう少し説明を続けます。これらは、ポーテージプログラムによって発達支援を促す重要なツールだからです。

行動目標（「課題」と同じ意味で使います）は、子どもにとっても親（保護者）にとっても、無理なく進められるように設定する必要があります。子どもが小さなステップに細分された課題を順番に達成することで、最終・長期の行動目標に誤りなく短期間に確実に達成させようとする手続きを「課題分析」と呼びます。

①　課題分析とは

チェックリストから選び出した行動目標がすぐに達成されそうにないときに、その行動目標ができるだけ短期間に達成できるように、連続する小さなステップ（「標的行動」）に細分して指導を行います。

「身辺自立15　自分でスプーンを使って食べる」という行動目標を例に、説明をします。この行動目標について、“スプーンを使ってご飯を食べる”場面において、次のようなステップに細分しました。

■ステップ

1．健太は、大人がスプーンを持つ手の甲を上から持ってやると、ご飯をいっしょにすくって口に運び食べる。

2．健太は、一人でスプーンを持ち、ご飯をすくうときだけ大人がスプーンを持つ手の甲を上から持ってやると、ご飯をいっしょにすくい一人で口に運んで食べる。

３．健太は、一人でスプーンを使ってご飯を食べる。

この課題分析は、応用行動分析のプロンプト・フェイディングの手続きにもとづいています。すなわち、初めは援助（プロンプト）を最大限に与えてその行動を起こさせ、強化を得る機会を作ります。そしてしだいに援助を少なくしていき、最終的にはまったく援助がなくても、その行動が起こるようにする手続きです。

②　課題分析の過程

ア．行動目標の書き換え

課題分析を行うために、はじめにチェックリストから選び出した行動目標の書き換えを行います。

親（保護者）とポーテージ相談員が話し合って選び出した行動目標について、その達成基準を共通に理解し、誰が読んでも同じ指導ができるようにするためです。次の４つの要素を含む行動目標に書き換えます。行動目標の４つの要素とは、①「誰が」、②「どんな条件のもとで」、③「どの程度じょうずに」、④「何をする」です（図６参照）。

誰が	子どもの名前
どんな条件のもとで	指導場面
	教材・教具
	援助：「身体的援助」「視覚的援助」「言語的援助」
どの程度じょうずに	行動が獲得できたと判断できる最も低い達成の基準
何をする	観察可能で測定可能な行動の用語・動詞を使用

図６　行動目標の４つの要素

誰が：子どもの名前です。

どんな条件のもとで：どんな場面で指導するか、どんな教材・教具を使うか、どんな援助をするか（援助には「身体的援助」「視覚的援助」「言語的援助」の３つのタイプがあります。それぞれのタイプの援助において、援助の量が加減できます）などを書きます。

例えば、「ボタンをはめる」という行動目標では、“教材に直径1.5cmのボタンを使い、子どもの指先に大人が手を添える”などの身体的援助、“ボタンホールを大人が指さす”という視覚的援助、“「ひっぱって」と言うと”などの言語的援助を書きます。

また「靴を脱ぐ」という行動目標では、“かかとにリングをつけた靴を使う”などの教材の工夫、“子どもの手の甲を上から持ってやる”という身体的援助、“かかとを指さす”などの視覚的援助、“「ここを持って」と言う”などの言語的援助を書きます。

どの程度じょうずに：“3回中3回”（回数）、“80%”（割合）、“5秒以内に”（潜時）、“2分間”（持続時間）など、その行動が獲得できたと判断できるもっとも低い達成の基準を書きます。

何をする：観察可能で測定可能な行動の用語を使って、「〜する」というように書きます。「廊下を走らない」など「〜しない」は、行動の用語ではありません。また例えば、「赤を理解する」や「赤が分かる」も抽象的で適切ではありません。「廊下を歩く」や「『赤はどれ』と聞かれると、赤い色紙を指さす」などと書きます。

イ．課題分析の過程

健太の行動目標「身辺自立21 靴を脱ぐ」を例に、課題分析の過程を説明します。

ここで「何をする」は、健太の行動（「靴を脱ぐ」）で、「どんな条件のもとで」は健太が靴を脱ぐときに与える援助のタイプと量のことです。そして「どの程度じょうずに」は、健太が靴を脱ぐ課題を獲得できたと判断する最低の基準です。

課題分析ではまず、これらの4つの要素で書き出された事項をすべて掛け合わせてステップを作ります（図7参照）。次に、細分されたそれらすべてのステップ（標的行動）を、子どもにとって援助が大きく実行がやさしいステップから実行がむずかしいステップの順に並べると、課題分析のステップが完成します。

誰が	健太	1
どんな条件のもとで	・援助なしで ・「ひっぱって」と声かけをすると ・靴のかかとを指さすと ・手の甲を上から持って導くと	4
どの程度じょうずに	2回中2回	1
何をする	靴を脱ぐ	1
4つの要素で書き出された事項のすべてを掛け合わせる 「誰が」（1）×「どんな条件のもとで」（4）×「どの程度じょうずに」（1）×「何をする」（1）＝4項目		

図7　課題分析の過程（例：「身辺自立21 靴を脱ぐ」）

③　課題分析と「活動チャート」

ア．課題分析

指導では、援助の量がもっとも大きく子どもが容易に実行できるステップ1から始め、ステップ1が達成したら、それより援助の量が少ないステップ2に進み、次にもっと援助の量が少ないステップ3へと、しだいに大人の援助を減らしながら、ついには最終・長期の行動目標の「援助なしで靴を脱ぐ」まで進んでいきます。

1. 健太は、手の甲を上から持って導くと、2回中2回、靴を脱ぐ。
2. 健太は、靴のかかとを指さすと、2回中2回、靴を脱ぐ。
3. 健太は、「ひっぱって」と声かけをすると、2回中2回、靴を脱ぐ
4. 健太は、援助なしで、2回中2回、靴を脱ぐ。

図８　課題分析のステップ　ー健太の例：身辺自立 21「靴を脱ぐ」ー

しかし、想定した通りに指導が順調に進むとはかぎりません。例えばステップ２からステップ３へなかなか進まないことが起こるかもしれません。そのときには、ステップ２とステップ３の間にさらに細かなステップ（標的行動）を加える工夫が必要になってきます。あるいは順調にステップを進み、必要がないと判断されれば、次のステップを跳び越えてさらに先のステップに進むこともあります。指導途中のアセスメントにもとづいて、標的行動を臨機応変に修正していくことが大切です（図８参照）。

行動目標がその達成に向けてうまく進んでいるかどうかは、家庭における親（保護者）による子どもの行動の観察・記録が役に立ちます。

イ.「活動チャート」

課題分析によって細分したステップのうち指導しようとする標的行動について、指導の方法や結果の記録のしかたなどを書いた「活動チャート」を使って、指導途中のアセスメントを行います。

「活動チャート」は、ポーテージ相談員と親（保護者）が話し合って選び出した行動目標や、課題分析をした標的行動とその指導の方法を分かりやすく書いたものです。親（保護者）とポーテージ相談員の間で、行動目標や標的行動の指導の方法、記録のしかた、強化などについて共通理解をするために、家庭で子どもにその課題をどう指導すればいいか、指導の結果をどう記録すればいいかを具体的に書いて、親（保護者）に渡します。

親（保護者）は、「活動チャート」に書かれた指導の方法に従って、家庭や日常の生活場面で指導を繰り返し、その指導の結果を決められた記号で決められた欄に書き込みます。「活動チャート」が具体的に書かれていれば、親（保護者）はポーテージ相談員に会えない期間でも、指導の方法やその結果を自分で振り返りながら、指導が進められます。そして両者が会うたびに、子どもの行動発達の進歩の状況が、「活動チャート」によって親（保護者）からポーテージ相談員にフィードバックされるので、家庭や日常の生活場面における指導が無理なく成功しながら進んでいるかどうかを、モニタリングを通して指導計画の見直しや修正が適切に行えます。

「活動チャート」には、次のような事項を記入します（図９参照）。

項目	内容
指導期間	指導した期間を書く
行動目標	チェックリストの発達領域と行動目標の番号と行動目標を書く
標的行動	「誰が」「どんな条件のもとで」「どの程度じょうずに」「何をする」という4つの要素を含む課題分析をしたステップの一つを書く
記録の方法	指導の結果を記録するときに使う凡例とその意味を書く　標的行動が見られたら「○」印、1つ前のステップに戻るという「修正手続き」で標的行動が見られたら「△」を付ける。
指導の方法	①活動の場所 ②教材・教具とその使い方 ③教材をどのように提示し、子どもにどう反応させるか ④正しい反応をどのように強化し、どのように記録するか ⑤修正手続きとして、どのタイプの援助を使用し、それをどのように記録するか ⑥指導の回数 ⑦般化･維持のための活動

図９　「活動チャート」の記入のポイント

指導の方法⑤の修正手続きは、とても重要です。現在の援助のタイプや量で指導を行っても、子どもに標的行動が見られないときに、別のタイプの援助を使ったり、さらに大きな量の援助を与えて標的行動を起こさせて、子どもが強化を受ける機会を確保しようとする手続きです。

具体的には、現在指導中の標的行動のステップよりもさらに１つ前の援助の量がもっと大きなステップを子どもに実行させることで、子どもに確実にその標的行動を起こさせて、強化を与えます。

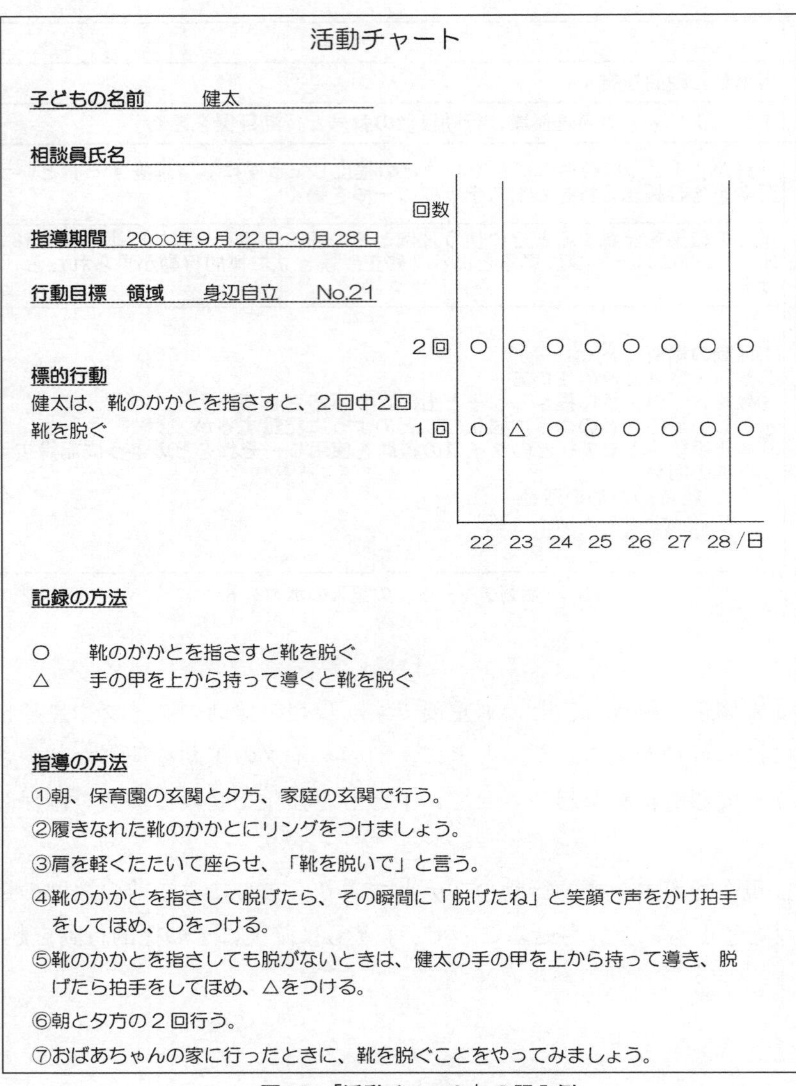
活動チャート

子どもの名前　健太

相談員氏名

指導期間　20○○年9月22日～9月28日

行動目標　領域　身辺自立　No.21

標的行動
健太は、靴のかかとを指さすと、２回中２回
靴を脱ぐ

回数							
２回	○	○	○	○	○	○	○
１回	○	△	○	○	○	○	○
/日	22	23	24	25	26	27	28

記録の方法

○　靴のかかとを指さすと靴を脱ぐ
△　手の甲を上から持って導くと靴を脱ぐ

指導の方法
①朝、保育園の玄関と夕方、家庭の玄関で行う。
②履きなれた靴のかかとにリングをつけましょう。
③肩を軽くたたいて座らせ、「靴を脱いで」と言う。
④靴のかかとを指さして脱げたら、その瞬間に「脱げたね」と笑顔で声をかけ拍手をしてほめ、○をつける。
⑤靴のかかとを指さしても脱がないときは、健太の手の甲を上から持って導き、脱げたら拍手をしてほめ、△をつける。
⑥朝と夕方の２回行う。
⑦おばあちゃんの家に行ったときに、靴を脱ぐことをやってみましょう。

図10　「活動チャート」の記入例

④　記録の重要性

ポーテージ相談の過程における記録は、とても重要です。客観的な事実にもとづく記録は、意思決定のために不可欠です。ポーテージプログラムではチェックリストや発達経過表、「ポーテージ家庭記録表」、「活動チャート」などの記録シートを用いますが、ポーテージ相談員と親（保護者）は、個人情報の取り扱いに十分に配慮してそれらを使用します（図10参照）。

親（保護者）に記録を求めるときには、過剰な負担がかからないように配慮することが大切です。保育所や幼稚園、児童発達支援センターや事業所および放課後等デイサービスなど児童発達支援事業においても、今日ではエビデンスに基づく個別支援計画の作成と実施、そして意思決定が重要視されています。

3 児童発達支援のなかでのポーテージプログラムの活用

ポーテージ相談員による家庭訪問指導や日本ポーテージ協会の支部を中心に行われているポーテージ相談の他に、今日では保育所や幼稚園、児童発達支援センターや事業所および放課後等デイサービスなどにおいても多くポーテージ相談が行われるようになり、療育場面での個別指導やグループ指導でのポーテージプログラムの活用は、これまで30年以上にわたり続いてきました。

日本ポーテージ協会ではそれらの実践を、『続・ポーテージで育った青年たち－輝いて今をいきいきと－』（清水, 2012）や小冊子『親・家族を支援するポーテージ相談 やったね、できた！－新版ポーテージ早期教育プログラムの相談の現場から－』（日本ポーテージ協会, 2011）、『やったね、できた！Ⅱ－児童発達支援、保育、教育現場のポーテージプログラムの実践－』（日本ポーテージ協会, 2018）に報告しています。

また、日本ポーテージ協会が昭和61（1986）年から平成26（2014）年まで毎年開催してきた「講演と研究発表会」のなかでも、ポーテージプログラムについて数多くの実践報告が行われ、『発達遅滞乳幼児の早期教育の発展－講演会・研究発表会資料・基礎論文集』（日本ポーテージ協会, 2005）にまとめられています。

児童発達支援事業のなかで、現在実践されているポーテージプログラムの活用事例は、第3章で紹介しています。ここでは、児童発達支援事業におけるポーテージ相談の役割と機能、ポーテージプログラムを活用する際の留意点について述べます。

（1）ポーテージ相談の役割と機能－発達支援、家族支援、地域支援－

ポーテージプログラムでは、子どもと親（保護者）とポーテージ相談員が、1週間に1回や月に1回など、ある一定期間ごとに面談をします。最近では、インターネットを使ったポーテージ相談も行われています。面談の日程は、子どもの年齢や発達状態、家庭の事情などによって決められます。面談の場所は家庭やポーテージ相談室、保育所や幼稚園、児童発達支援センターや事業所など様々ですが、1回あたり60分程度の時間をかけて面談をするのが一般的です。

通園する全員の子どもを対象にポーテージ相談を行っているという児童発達支援事業所

もあれば、希望者だけ行う、あるいは外来の療育相談における個別指導として行っている場合もあります。

児童発達支援の個別支援計画における「発達支援」「家族支援」「地域支援」の枠組みでみると、次のような関連が指摘できるでしょう。

①発達支援：子どものニーズに応じた行動目標を選び出し、その達成を目指す「アセスメントにもとづく活動」を行う

ポーテージ相談では、前に述べたように、チェックリストを使ったアセスメントによる行動目標の設定と指導計画の作成（P）、家庭での指導（D）、指導後の評価とアセスメント（C）、行動目標の変更（A）というPDCAのサイクルにしたがった活動を行います。

子どもの発達の状態を、６つの発達領域から成るチェックリストを使って把握するアセスメントを行います。親（保護者）の話をよく聴いて、家庭環境や親（保護者）の願いや悩みなどに関連して家庭を中心とする日常生活に生かせるような行動目標を設定します。ポーテージプログラムの行動目標は行動の用語で書かれているので、親（保護者）に説明しやすく、親（保護者）と一緒に確認することで家庭での生活の様子が分かりやすくなり、家庭でできることをより具体的・実践的に提案できるようになります。一人ひとりの子どもの行動目標を明確にして、配慮が行き届いた指導ができます。実現可能で実施しやすい個別支援計画が作成できます。

②発達支援：子どもが獲得した行動目標の日常の生活場面での実用を目指す「般化・維持活動」を行う

子どもが獲得した行動目標は、どんな場面でも適用できなければ実用的であるとはいえません。必要なときにいつでも実行できてこそ、指導した意味があります。次々と新しい課題の達成を目指すのではなく、身に付けたスキルや行動が場面や周囲にいる人が変わっても日常生活のなかでいつでも適用でき、時間が過ぎても消失しないように指導をすることが重要です。

子どもの日常の生活場面のなかに課題を見つけ、具体的に家庭でどの時間に何をどんなふうに教えればいいかを話し合い、親（保護者）が家庭で取り組みやすくすることが大切です。

選び出した課題を達成し獲得した行動を維持していくことによって、子どもの生活がよりいっそう豊かになり、生活の幅が広がります。

③家族支援：親（保護者）のニーズに応じた情報の提供やカウンセリングによる支援などを含む「親・家族活動」を行う

ポーテージ相談では、親のエンパワメントがもっとも重要なテーマです。さらに、子ど

もに時としてみられる困った行動（「行動障害」）を減らしたいと親（保護者）が願うときには、応用行動分析の原理を使って、その行動問題の解決に取り組みます。

ポーテージ相談における家族支援は、家族のダイナミズムを考えながら、家族全員を支援することを強調します。そして、きょうだいへの対応も、親（保護者）と話し合う大事な話題になります。

ポーテージ相談でのポーテージ相談員と親（保護者）との面談は、ポーテージ相談員にとって、日頃からの親（保護者）の悩みや子育ての心配や願いなどを一緒に考える親支援の場であり、同時にまた、子どもの成長を親（保護者）に寄り添いながら共に喜び合う、信頼関係を構築する場でもあります。

児童発達支援事業のなかでポーテージ相談を受けた経験がある親（保護者）たちは、次のような感想を述べています。

・「子どもの発達を一人ひとり丁寧にみてもらえ、実態を伝えてもらっている。家庭で課題を行うことで、自分が子どもの成長の手助けができてうれしい」
・「子どもの発達のレベルや変化が『活動チャート』や『発達経過表』で客観的に見られて、これからの見通しが立てられる」
・「日常生活のなかで負担なくできる課題であり、いつ、どこで、何を使って、どのように取り組むかを具体的にはっきり教えてもらえるのがよい」
・「課題を壁に貼っておき、家族が協力してくれるようになったし、保育園の先生方にも伝えて、子どもの発達が理解してもらえるようになった」
・「子育ての悩みや不安が聞いてもらえるし、育児のヒントも得られるので、子育てが楽しくなった」

④地域支援：地域の関係機関と連携して、情報交換をしながらポーテージ相談を行う

児童発達支援センターや事業所のなかには、ポーテージ相談員が保育所や幼稚園を訪問したり、関係機関や専門職員が集まる地域の担当者会議などに出席して、子どもの発達状態や親（保護者）に関する情報を相互に交換して共有しているところが数多くあります。そうした情報をもとに、一人ひとりの子どものニーズに応じた「合理的配慮」のもとでの、個別支援計画の作成と実施が希求されています。

教育と福祉との連携をいっそう深めるなかで、地域の医療や行政機関との連携を図りながら、総合的な子どもの発達支援と親（保護者）・家族支援を適切に実践することが、今日の児童発達支援事業に関する重要なテーマになっています。

（2）ポーテージプログラム活用のメリット

児童発達支援事業に係る職場で、例えば、職員の経験年数に差があり子どもの保育・教育に関する知識やスキルなどの資質に差異が見られたとしても、保育実践の現場では、子

どもを保育する職員の間では共通した指導計画のもとで統一した対応を行うことが求められます。しかしながら、新任の職員が経験豊富な職員と同じように子どもの発達を捉え、子どものニーズに合った適切な支援を行うことが困難な場面に、しばしば出会います。

このようなときにポーテージプログラムを活用すれば、子どもの発達が職員の間で共通して捉えられ、客観的に得られたその子どもの発達や障害に関する情報をもとに、子どものニーズに応じた個別支援計画の作成が可能になります。ときとして非科学的な、職員の経験知だけに頼った主観的な子どもや発達の見方、あるいは子どもとの関わり方による実践という弊害を免れることができるでしょう。平均発達を示す子どもの発達を標準にして、その子どもの発達の遅れや偏りをアセスメントする「発達的アプローチ」によれば、その子どもの「合理的配慮」を実現するための個別支援計画の作成に役立ちます。

また、ポーテージプログラムを使ったポーテージ相談では、３段階の多層アセスメント（「標準化された検査によるアセスメント」「行動観察によるアセスメント」「カリキュラムアセスメント」）を行いながら、子どもの行動の観察・記録をもとに意思決定を行う「エビデンスベースト・アプローチ」を採用しています。そして、P（計画）D（指導）C（評価）A（改善）サイクルに準じた「アセスメント－行動目標の設定－指導計画の作成－指導－評価」の循環過程を繰り返すことによって、子どもの課題として選び出した行動目標の達成を目指します。

ポーテージ相談ではさらに、選び出した行動目標がすぐに達成されそうにないときに、さらに小さなステップに細分して標的行動を設定する課題分析を行い、その標的行動を順番に達成させることで、短期間にその行動目標を達成させる手続きを用います。そして子どもの指導の目標は、観察可能で測定可能な行動の用語で表わされ、その行動目標の獲得には、科学的に有効性が実証されている応用行動分析の原理を適用するというメリットもあります。

総じてポーテージプログラムを使ったポーテージ相談の展開には、子どもの発達の可能性を引き出すメリットと、親（保護者）や家族に子どもを支える力を付けるメリットの両方が備わっていると考えます。

●参考文献

・日本ポーテージ協会（編）（2005）『発達遅滞乳幼児の早期教育の発展ー講演会・研究発表会資料・基礎論文集ー』日本ポーテージ協会
・日本ポーテージ協会（編）（2011）『親・家族を支援するポーテージ相談　やったね、できた！ー新版ポーテージ早期教育プログラムの相談の現場からー』日本ポーテージ協会
・清水直治（編著）（2012）『続・ポーテージで育った青年たちー輝いて今をいきいきとー』ジアース教育新社
・日本ポーテージ協会（編）（2018）『やったね、できた！Ⅱー児童発達支援、保育、教育現場のポーテージプログラムの実践ー』日本ポーテージ協会

4 児童発達支援事業における グループ指導の展開のために

認定NPO法人日本ポーテージ協会は、平成17（2005）年に、保育所や幼稚園、児童発達支援センターや事業所および放課後等デイサービスなどにおける様々な集団場面で、グループ指導を行う際に活用できる支援ツールとして『インクルージョン保育を展開するための幼児・グループ指導カリキュラム－「遊び単元」中心の多層水準指導－』を出版しました（日本ポーテージ協会，2005）。

その後、平成24（2012）年には改正児童福祉法が施行され、障害のある子どもの福祉の制度が大きく変わったことを受けて、平成27（2015）年に『インクルージョン保育のためのグループ指導カリキュラム－「遊びユニット」中心の多層水準指導－』（以下、『グループ指導カリキュラム』と言います）として、新たに出版しました（日本ポーテージ協会，2015）。そして同年には『放課後等デイサービスガイドライン』が発出され、平成29（2017）年には『児童発達支援ガイドライン』が公示されました。

『グループ指導カリキュラム』は、障害のある子どもの個別支援計画の作成や障害のある子どもを含む保育所や幼稚園の集団での遊び活動の設定に活用されています。また、発達水準や生活年齢、障害の特徴も多様な子どもたちのアセスメントツールとして活用している児童発達支援センターもあります。『グループ指導カリキュラム』を用いることで、スタッフ間での情報の共有はもとより、担当している子ども以外の子どもの発達状態が全員で共有できます。さらに、必要に応じて課題分析を行いながら、一人ひとりの子どものニーズに即した標的行動の設定や援助を準備することで、グループに属する全員の子どもを対象に同じテーマの活動や遊びが展開できます。また、親（保護者）や家族にも子どもの発達状態に関する情報を積極的に伝えることで、一緒に話し合って課題を選び出し、個別支援計画を作成することができます。

（1）『グループ指導カリキュラム』とは

『グループ指導カリキュラム』は、発達年齢が2歳未満の子どもを含めて6歳までの子どもから成るグループ指導に適用できます。「グループ指導チェックリスト」を使って、グループ全員の子どものアセスメントを実施し、その結果をもとに、グループに属する一人ひとりの子どもの発達水準やニーズを把握します。そして、「遊びユニット」を用いて、一人ひとりの子どもに選び出した行動目標の達成を目指して、多層水準指導によるグループ指導を行います。「日常生活の指導」のなかでも、同じように行動目標を指導します。

「遊びユニット」とは、一般的に“設定遊び”や“課題遊び”などと呼ばれる活動と同じです。本来、子どものごく自然な活動の展開を予想して作成するもので、前もって決定されたものではありません。保育所や児童発達支援センターや事業所などの事情や地域の特性なども考慮しながら、それぞれ独自の「遊びユニット」を構想することが大切です。「遊びユニット」は、臨機応変に変えられる柔軟な計画が望ましく、運動会や発表会のように、年間いつ頃何日くらい行うかが予想できるユニットもあれば、子どもたちの行動から予想外に展開するユニットもあるでしょう。「遊びユニット」の実際については、（３）の③（pp.65 − 67）に述べます。

「日常生活の指導」とは、衣服の着脱や食事、排泄などの身辺生活の処理に関係する指導、あいさつなど集団生活に必要なスキルの指導を言います。

グループで行う遊び活動は、グループで共通の目標に沿った活動を展開することに特徴があり、これを「多層水準指導」と呼びます。グループに属する一人ひとりの子どものアセスメントにもとづくニーズを的確に把握したうえで、一人ひとりの子どもに選び出した行動目標の達成を目標とするグループでの遊び活動の指導計画を作成します。

児童発達支援センターなどには、障害の重い子どもも通園しています。『グループ指導カリキュラム』のチェックリストの発達段階Ⅰには、発達年齢が２歳未満の行動目標が用意されていますが、発達年齢が低い場合には、個別指導を行うポーテージプログラムに発達年齢が０歳からの行動目標が用意されているので、個別支援計画を作成するときに参考になります。また、この『グループ指導カリキュラム』は、家庭や日常の生活場面で親（保護者）や家族による個別指導を行うポーテージプログラムと密接な関係があります。個別の指導からグループ場面の指導へと、子どもの発達状態に応じて移行することが重要です。

（２）『グループ指導カリキュラム』の構成

『グループ指導カリキュラム』は、グループ指導チェックリスト（以下、「チェックリスト」と言う）、行動目標一覧表、解説書で構成されています（図 11 参照）。

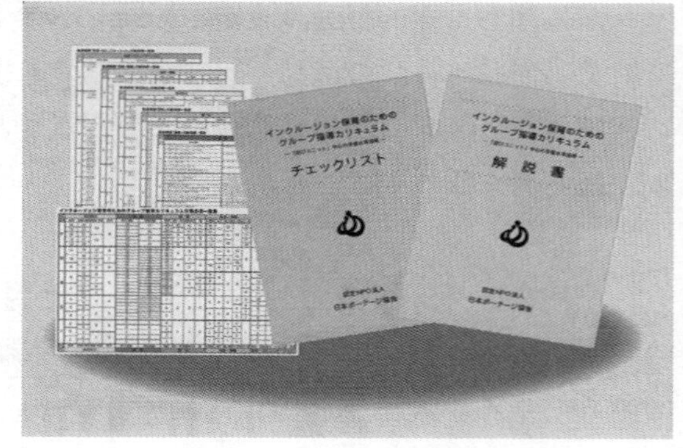

図 11　『グループ指導カリキュラム』セット

チェックリストは「身辺自立」、「運動」、「認知」、「社会・情緒」、「言語・コミュニケーション」の５つの発達領域において、発達年齢が２歳未満も含めて６歳までの総数 336 項目の行動目標が準備されています。各発達領域はさらに２～５の下位領域に分けられ、下位領域ごとに行動目標に番号が付けられ、発達の順次性・系列性にしたがって配置されています（表４参照）。

発達領域「身辺自立」…“食事”、“衣服の着脱”、“健康・清潔”、排泄”の4つの下位領域

発達領域「運動」…“粗大運動”、“微細運動”の2つの下位領域

発達領域「認知」…“概念”、“読み・書き”、“問題解決”、“数”の4つの下位領域。

発達領域「社会・情緒」…“人間関係”、“遊び”、“情緒・自己概念”、“自己管理”、“安全・防衛”の5つの下位領域

発達領域「言語・コミュニケーション」…“意味・理解”、“表出・形式”、“内容・使用”の3つの下位領域

表４　発達領域と下位領域別の行動目標数

発達領域	下位領域	行動目標数					合計	発達領域合計
		発達段階Ⅰ	発達段階Ⅱ	発達段階Ⅲ	発達段階Ⅳ	発達段階Ⅴ		
身辺自立	食　事	3	3	2	3	5	16	63
	衣服の着脱	5	5	5	4	5	24	
	健康・清潔	2	2	4	4	2	14	
	排　泄	2	2	1	3	1	9	
運動	粗大運動	5	7	7	8	7	34	71
	微細運動	5	11	8	9	4	37	
認知	概　念	4	3	13	8	8	36	69
	読み・書き	1	1	1	2	5	10	
	問題解決	1	1	3	3	4	12	
	数	0	1	4	2	4	11	
社会・情緒	人間関係	3	2	4	2	4	15	67
	遊　び	4	2	2	3	2	13	
	情緒・自己概念	3	2	1	3	3	12	
	自己管理	4	3	1	4	1	13	
	安全・防衛	1	4	3	1	5	14	
言語・コミュニケーション	意味・理解	5	5	4	1	1	16	66
	表出・形式	5	5	7	3	4	24	
	内容・使用	6	5	7	4	4	26	
合　計		59	64	77	67	69	336	336

発達段階は、Ⅰ：２歳未満、Ⅱ：２～３歳、Ⅲ：３～４歳、Ⅳ：４～５歳、Ⅴ：５～６歳、を示します。

（3）『グループ指導カリキュラム』の指導の進め方―多層水準指導―

『グループ指導カリキュラム』は、個別指導を行うポーテージプログラムと同じように、アセスメント―指導―評価の循環過程で指導を進めます。

①　アセスメント

グループに属する子どもについて、チェックリストを使ってアセスメントを行います。チェックリストの記録用紙の「子どもの名前」にグループに属する子ども全員の名前を書きます。５つの発達領域の行動目標について初回アセスメントを行い、３段あるチェック欄の上段にその結果を決められた記号（◎：いつもその行動ができる　○：ときどきその行動ができる　―：その行動が達成されていない）で書き入れます（図 12 参照）。

言語・コミニケーション　§内容・使用

発達段階	項目番号	行動目標	えり	ごろう	しんご	つよし	まり
Ⅰ	1	言葉のみで大人が言うと簡単な動作をする（例　ばいばい、拍手）	◎	◎	◎	◎	◎
	2	他の人に身ぶりや言葉で要求する	◎	◎	◎	◎	◎
	3	聞かれると自分の名前を言う（愛称でよい）	◎	◎	◎	◎	◎
	4	「パパ」「ママ」「先生」など身近な人を呼ぶ	◎	◎	◎	◎	◎
	5	「きれい」「おいしい」などと他の人に言って知らせる	◎	◎	◎	◎	◎
	6	質問に「はい」「いいえ」で答える	◎	◎	◎	◎	◎
Ⅱ	7	「いい？」」など語尾を上げて同意、許可を求める	◎	◎	○	◎	○
	8	日常の決まりのあいさつをする（例　「こんにちは」「さようなら」）	◎	◎	○	◎	―
	9	手遊びをしながら歌う	◎	◎	―	○	―
	10	遊んでいるとき、自分に必要な物を要求する	○	―	○	◎	―
	11	自由遊びや食事のときなどに、他の子どもに注意する言葉を言う	○	○	―	○	―
Ⅲ	12	見なれない物を見たとき、「これ何？」と質問する	○	○	―	―	―
	13	他の人に「何しているの？」と質問する	―	―	―	―	―

図 12 『グループ指導カリキュラム』チェックリスト

アセスメントの際に、複数のクラス担任がアセスメントを行う場合もあります。スタッフ間で子どもの発達状態の見方や判断に違いがでないように、すべての行動目標について「行動目標達成基準」を準備しています。これを参考にすることで、スタッフ間で子どもの発達状態の理解を共有することができます。このチェックリストを使えば、グループに属する 12 人までの子どもの発達アセスメントを同時に行うことができます。

このチェックリストを用いることで、グループに属する一人ひとりの子どもの発達の状態とグループ全体の状況がよく把握でき、スタッフ間で情報が共有できます。子ども一人ひとりに合った行動目標をチェックリストから選び出すとともに、それらの行動目標の達成を目指すグループ活動を行う指導計画を作成します。個別指導を行うポーテージプログラムと同じように、日常の生活場面や「遊びユニット」による遊び活動を通して、必要に応じて適切な援助のタイプや量を考慮しながら、一人ひとりの子どもに選び出した行動目標の達成を目指します。

チェックリストによるアセスメント以外にも、必要であれば、親（保護者）のニーズや子どもの行動問題についてアセスメントを行います。

②　アセスメント情報から行動目標の選定

チェックリストによって、子ども一人ひとりの行動目標の達成や発達状態が把握できるとともに、グループ全体の状況や特徴が把握できます。それにより、一人ひとりの子どもの行動目標が的確に選び出せるようになります。そのアセスメント情報は、グループ活動を行う指導計画の作成に役立ちます。またグループ活動のなかで、いつ、どの子どもに、どのタイプのプロンプト（身体的援助、視覚的援助、言語的援助）をどの程度与えればいいかなどを、指導計画に反映させることができます。

③　指導計画の作成と実施

『グループ指導カリキュラム』では、主体的で自発的な子どもの遊び活動を基礎にした「遊びユニット」による指導と、衣服の着脱、洗面、食事、排泄などの身辺処理に関する指導やあいさつや決まりを守るなど集団生活に必要なスキルの指導など、「日常生活の指導」のなかで一人ひとりの子どもに応じた指導を行います。

グループで遊び活動を行う「遊びユニット」（表５参照）には、「活動名」「教材・教具」「場面」を書き、「活動」には遊び活動の設定の理由、導入、展開、終了、指導上の留意点について、具体的にその内容を書き込みます。「チェックリストの項目」には、チェックリストを使ったアセスメントによって子どもごとに選び出した行動目標を、その発達領域・下位領域とその番号とともに書きます。

そして「遊びユニット」によるグループ指導が終わるたびに、右端の「評価」に行動目標や標的行動の達成状況を決められた記号（例「○」：達成、「△」：援助の量を増やした１つの前のステップの標的行動を達成）で記入します。

表5　「遊びユニット：公園に行こう」

遊びユニット

<table>
<tr><td>活動名</td><td>公園に行こう</td><td>グループ名</td><td>ひまわり組</td><td>平成 27 年 7 月 10 日</td></tr>
<tr><td>教材教具</td><td colspan="2">帽子・笛・砂場遊びの道具・バギー</td><td>場面</td><td>公園までの道路と公園</td></tr>
</table>

<table>
<tr><th>活動</th><th>名前</th><th>発達領域/下位領域番号</th><th>チェックリストの項目</th><th>評価</th></tr>
<tr><td rowspan="12">**設定の理由**
・天気の良い日に屋外の広い公園に行って遊び、いつもと違った環境を体験する
・公園までの道路で自動車、バス、木、花など様々なものに関心を持つ
・交通ルールを学ぶ
導入
・天気が良いので公園に行くことを話し、帽子をかぶって園庭に出る
・いくつかの危険について注意することを話し約束を守るように話す。保育者が前と後ろに付き、子ども同士手をつないで二列で歩く
展開
・道路では子どもの関心に応じて自然の草花、木、建物、お店などの話をする
・簡単な交通ルールについて話しながら歩く（道路の端を歩く、左右を見て道路を渡る、道路に飛び出さないなど）
・公園に着いたら、いくつかの約束（一人で遠くへ行かない、合図で集まるなど）を話したあと、自由に遊ぶ　（固定遊具・砂場など）
終了
・集合して子どもの人数を確認し、皆で歩いて園に帰る。
指導上の留意点
・なるべく危険のない道路を選ぶ
・公園での自由遊びでは、遊べない子どもには保育者が働きかける
・子どもの人数を常に確認する</td><td rowspan="3">え　り</td><td>運動/粗大運動 12</td><td>3．立ち止まったときに声をかけると 20 分歩く（2 回中 2 回）</td><td></td></tr>
<tr><td>社会・情緒/安全・防衛 2</td><td>3．声かけをすると右、左、右を見てから大人と一緒に渡る（2 回中 2 回）</td><td></td></tr>
<tr><td>言語・コミュニケーション/内容・使用 10</td><td>自分に必要な物を言葉で言う（2 回中 2 回）</td><td></td></tr>
<tr><td rowspan="3">ごろう</td><td>運動/粗大運動 12</td><td>1．大人と友達と手をつないで 10 分くらい歩く（2 回中 2 回）</td><td></td></tr>
<tr><td>社会・情緒/安全・防衛 2</td><td>2．指さして声かけをすると右、左、右を見てから大人と一緒に渡る（2 回中 2 回）</td><td></td></tr>
<tr><td>言語・コミュニケーション/内容・使用 10</td><td>3．自分に必要な物を指さす（3 回中 3 回）</td><td></td></tr>
<tr><td rowspan="2">しんご</td><td>運動/粗大運動 12</td><td>1．大人と友達と手をつないで 10 分くらい歩く（2 回中 2 回）</td><td></td></tr>
<tr><td>言語・コミュニケーション/内容・使用 10</td><td>1．大人のまねをして必要な物の名前を言って要求する（3 回中 3 回）</td><td></td></tr>
<tr><td>たくや</td><td>言語・コミュニケーション/内容・使用 10</td><td>1．大人のまねをして必要な物の名前を言って要求する（2 回中 2 回）</td><td></td></tr>
<tr><td>つよし</td><td>運動/粗大運動 12</td><td>2．大人と片手をつないで 20 分くらい歩く（2 回中 2 回）</td><td></td></tr>
<tr><td>ま　り</td><td>言語・コミュニケーション/内容・使用 10</td><td>2．選択肢を与えると必要な物を指さす（2 回中 2 回）</td><td></td></tr>
<tr><td></td><td></td><td></td><td></td></tr>
</table>

「遊びユニット」は、可能であれば前もって作成して、年間や月間、週間の計画に組み入れます。また、グループに属する全員の子どものアセスメントの結果、それぞれの子どもに選び出した行動目標の達成を確かめるために、新たに「遊びユニット」を作成します。

児童発達支援事業所の６人の子どもから成る「ひまわり組」を例に説明します。「ひまわり組」では、「遊びユニット：公園に行こう」（表５参照）という指導計画をもとに、クラス担任は子ども一人ひとりの行動目標や標的行動を念頭に置きながら、遊び活動を展開しました。６人の子どもたちは、２人のクラス担任と 20 分ほどかかる公園まで一緒に歩いて行って、遊びました。

グループ全体の活動としては、「公園に行こう」という遊び活動に集約されます。一方で、子ども一人ひとりの活動は、「展開」に見られるように、選び出した行動目標や標的行動によって異なり、多様に進んでいきました。２人のクラス担任は、一人ひとりの子どものアセスメント情報を共有しているので、それぞれの子どものニーズに応じて過不足なく援助を与えながら、遊び活動が展開できます。これが「遊びユニット」中心の「多層水準指導」です。

また日常生活の指導では、例えば、着替えのときには子どもたちは決められた時間までに着替えを終え、次の活動に同じように参加できるようにします。一人ひとりの子どもの着替えスキルが適切にアセスメントができていれば、複数の担任がいても、それぞれの子どもにどのくらいの援助をすれば予定の時間までに着替えが終わるかどうかが共有できるので、一人ひとりの子どもへ適切な指導が行えます。これも「多層水準指導」の例です。

表6　まりの課題分析　身辺自立：衣服の着脱 12「かぶりのセーターやシャツを着る」

<table>
<tr><td>グループ名
ひまわり組</td><td>子どもの名前
まり</td><td>作成年月日　20○○年12月10日
作　成　者</td></tr>
<tr><td colspan="2">発達領域　下位領域　番号
チェックリストの行動目標
身辺自立　衣服の着脱１２
かぶりのセーターやシャツを着る</td><td>指導場面
朝登園してきたときに、教室で</td></tr>
<tr><td colspan="3">行動目標（４つの要素を含むこと）
まりは、ひとりで園服の袖に腕を通し、１回中１回頭に乗せひっぱって着る</td></tr>
<tr><td colspan="3">課題分析（各ステップに番号を１から順につける）
1．まりは、大人が園服の両袖に腕を通してやり、まりの手を持ち頭にかぶせ、一緒にひっぱりおでこでとめると、１回中１回、後はひとりでひっぱって着る
2．まりは、大人が園服の両袖に腕を通してやり、まりの手を持ち頭にせかぶせると、１回中１回、ひとりでひっぱって着る
3．まりは、大人が園服の両袖を通してやると、１回中１回、ひとりで頭に乗せひっぱって着る
4．まりは、大人が園服の片袖を通してやると、１回中１回、もう片方の袖を通し頭に乗せひっぱって着る
5．まりは、ひとりで園服の袖に腕を通し、１回中１回、頭に乗せひっぱって着る</td></tr>
<tr><td colspan="2">指導する時に気をつけること
まりが注意を向けやすいように教室の奥で壁の方を向かせて着ることを促す
担任が先に園服のすそや袖を広げ、頭や腕が通しやすいようにしておく</td><td>教具・教材
首まわりにゴムのはいったスモック型の園服</td></tr>
<tr><td colspan="3">強化手続きとその効果の確認
各ステップで園服を着ることができたら、笑顔で「着られた。えらいね。」と言って手をたたきほめる
各ステップが順次進められる</td></tr>
</table>

『グループ指導カリキュラム』でも、しばしば課題分析をして標的行動のスモールステップを作り、プロンプト・フェイディングによる指導を行います。発達領域「身辺自立」・下位領域「衣服の着脱」に「かぶりのセーターやシャツを着る」という行動目標の、課題分析を例にあげます（表６参照）。まりが園服を着るときの身体的援助の量が、しだいに少なくなっていきます。子どもに応じて、どのステップの援助から指導を始めればいいか異なります。子どもが園服を着るのにどんなプロンプトが必要かについて、クラス担任が情報を共有し、親（保護者）の協力も得ながら家庭と園で一貫した指導を行います。

さらに、声かけをしたり（言語的援助）、持つ部位を指さしたり（視覚的援助）など援助のタイプにも配慮しながら、指導計画を作成し実施します。これが、日常生活の指導における「多層水準指導」です。

④　指導の記録

グループ指導を行うためのチェックリストは、それほど頻繁に使用するわけではありません。グループに属する全員に同時に行うアセスメントは、グループ活動を行う指導計画を作成するための情報を集める初回アセスメント（結果は、上段に記入）と一定期間の指導後のアセスメント（結果は、下段に記入）です。チェックリストは、一定期間の指導の成果を包括的に評価するために使います。

その間の、指導途中のアセスメントの結果を中段に書きます。指導途中のアセスメントには、とくに決まったやり方はありません。行動目標や標的行動に応じて、記録のしかたやフォーマットを様々工夫するといいでしょう。

「職員によってやり方が違う」「先生によって言うことが違う」「ベテランの先生にみてほしい」などといった気持ちを、親（保護者）が持つことがあるかもしれません。しかしスタッフ間で、アセスメントにより一人ひとりの子どものニーズを適切に共有し、それをもとに共通した適切な対応ができれば、こうした苦情や不満の解消にもつながるでしょう。

●引用文献

・日本ポーテージ協会（編）（2005）『インクルージョン保育を展開するための幼児・グループ指導カリキュラム―「遊び単元」中心の多層水準指導―』日本ポーテージ協会
・日本ポーテージ協会（編）（2015）『インクルージョン保育のためのグループ指導カリキュラム―「遊びユニット」中心の多層水準指導―』日本ポーテージ協会

5 行動障害の理解と適切行動支援

(1)行動障害とは何か

1980年代後半に、知的障害児入所施設にいる重度・最重度の知的障害のある人たちに、本人の健康を損ねる行動(自分の身体を叩いたり、食べられない物を口に入れる、危険につながる飛び出しなど)や周囲の人の暮らしに影響を及ぼす行動(他人を叩いたり、物を壊す、大泣きが何時間も続くなど)が著しく高い頻度で起こるため、特別に配慮された支援が求められるようになってきました。平成元(1989)年の行動障害児(者)研究会による『強度行動障害児(者)の行動改善および処遇のあり方に関する研究』の報告では、「生活環境に対する極めて特異な不適応行動を頻回に示し、日常生活に困難を生じている。そして、家庭にあって通常の育て方をし、かなりの養育努力があっても著しい処遇困難が持続している状態」を「強度行動障害」と呼んでいます。それは精神医学的な診断(統合失調症など)とは別に、様々な養育上の努力はしていても、行動面の問題が継続している状態に付けられた呼称でした。

こうして平成5(1993)年に「強度行動障害特別処遇事業」が始まり、その後は「強度行動障害特別処遇加算費」という一般の施策へと推移していきます。強度行動障害特別処遇事業では、行動障害を11の形態(①ひどい自傷　②強い他傷　③激しいこだわり　④激しい物壊し　⑤睡眠の大きな乱れ　⑥食事関係の強い障害　⑦排泄関係の強い障害　⑧著しい多動　⑨著しい騒がしさ　⑩パニックがひどく処遇困難　⑪粗暴で恐怖感を与え処遇困難)に分けて、頻度と強度という2つの軸で評価する強度行動障害判定基準が設けられました。そして、それぞれの項目について、頻度に応じて得点(1点、3点、5点)を付け、合計得点が10点以上を行動障害とし、さらに20点以上が強度行動障害特別処遇事業の対象になりました。またこれは、加算のための判定基準として平成24(2012)年度まで使われ続けました。

平成25(2013)年度からは、自傷行動や他害行動に代表される著しい行動障害がある人に対して、様々な障害福祉サービス事業所において適切に支援が行えるように、支援者に基礎的な知識と技術に関する情報を提供することを目的に「強度行動障害支援者養成研修(基礎研修)」が開始されるようになり、サービス管理責任者または訪問系のサービス提供責任者となるには、強度行動障害支援者養成研修をあらかじめ修了することが望ましいとされています。

さらに平成26（2014）年度からは、適切な支援計画を作成することが可能な職員の育成を目的とし、「サービス管理責任者」等に対するさらに上位の研修として、「強度行動障害支援者養成研修（実践研修）」が実施されています。

強度行動障害に相当する人は知的障害のある人の１％程度と推測され、そのうち全国で約8,000人が当初の定義に合致する強度行動障害に当たるとされています。行動障害を起こしているときに、罰を与えてその行動障害を抑制させようとしたり、本人の身体の動きを拘束したり、本人を隔離してしまう対処を行うことがしばしば起こっています。それらの対処が適切であるかどうかを考える必要があります。また、そのときに当人や支援者、周囲にいる人たちはどんなストレスを感じどんな感情状態にいるでしょうか。家族に及ぼす多大な好ましくない影響についても知っておくことが必要でしょう。罰や身体拘束や隔離などによる行動障害への対処では、本人が通常の生活を送ることを難しくしてしまうばかりでなく、新たに適切行動を習得する機会を奪ってしまうことがあります。また同時に、親（保護者）や家族、周囲にいる人たちの日常生活も崩壊の危機にさらされてしまいます。ここでは後に述べるように、罰を使わないで行動障害を低減・消去させようとする「適切行動支援（Positive Behavior Support：PBS)」を紹介します。

（2）なぜ問題だとされる行動を起こすのか

行動障害は過去になんらかの理由で強化され形成された行動だと考えられていますが、すでに習慣になっていて、行動障害が起こる最初の理由は分からなくなっているかもしれません。しかし、何か行動をした結果、その人にとってよいことが起これば、その人は将来、それと同じ状況に置かれたときに同じ行動を繰り返す可能性が高くなります。それが繰り返されれば、その行動がもっと頻繁に起こるようになります。これが行動の強化です。

問題行動とされる行動障害はなぜ起こるのでしょうか。次のような理由があげられます。

①**効果があるから：**行動障害を見ると、どうしてもそれにすばやく反応してしまうでしょう。それがまさに本人の思うつぼなのです。②**ニーズを満たすためのコミュニケーションとして：**どうしても叶えたいことがあるのに、他者とのコミュニケーションがうまくいかないとき、自分のニーズを行動障害で表します。③**周囲に働きかける手段として：**注目を引くような行動障害が親（保護者）や支援者の気持ちを動かし、したいことを手に入れようとします。④**他に代替の方法がないため：**ニーズを満たす有効な手段を持っていないので、それを行動障害で表します。このように、コミュニケーションが苦手だとか、あるいは感覚過敏があるなどの障害の特性や環境が本人に合っていないことが、周囲の人や場面に対する嫌悪や不信の感情を高め、それが行動障害を引き起こし、また強めていると推察されます。

何が原因でその行動障害が起こったのかという理由と、何がしたくてその行動障害を起したのかという目的を理解しようとすることを、まず最初に行います。その際に、同じ行動障害でも、違う原因や目的で起こることがあることに留意します。

ここで行動障害が起こる原因は、大きく“個人要因”と“環境要因”に分けられます。個人要因とは本人の内部にある原因で、身体の痛みや体調不良、恐れ、心配など気分の変調や感覚からの要求などがあります。そして、環境要因は本人の外部にあり行動に影響を及ぼす原因で、生活環境の変化、大音量や知らない人、自由にできない場面や退屈な場面、親（保護者）や支援者からのストレスなどがあげられます。

行動障害は総じて、行動障害を起こしている本人が周囲を困らせる問題行動というよりは、むしろ本人が困っていることのサインであると理解することが大切です。このような行動障害はしかし、生まれたときからあるわけではありません。周囲の環境との相互のやり取りを通して習得され、一般に年齢が高くなるにしたがって激しくなり、学校卒業後は落ち着く傾向があることが示されています。

（3）行動の原因と機能を探す：ABC チャートと機能アセスメント

なぜ行動障害が起こるのかというその原因と目的を調べることが、行動障害を理解し低減・消去を計画するために役に立ちます。行動の原因とは、その行動を起こりやすくする本人の内部や環境にあるきっかけのことです。行動の目的とは、その行動を起こすことにより何かを得ようとすることで、その行動の機能のことです。お菓子を得ようとする行動を例にあげれば、その行動の推測される原因は空腹であり、行動の目的は食べ物を得ることであり、つまり“要求”という行動の機能が推察されます。

行動障害に限らず、行動には必ず原因と目的（機能）があります。行動の原因を探すために、ABC（行動の観察・記録）チャートを使って、行動障害が起こる状況を、A、B、C に分けて行動の観察・記録を行います。ここで A は「直前のできごと」、B は「行動」、C は「直後の結果」を表します（図 13 参照）。ここで行動障害が起こる「直前のできごと」を具体的に記録することが大切です。しかしそれだけではなく、同時にさらに以前のできごとにもさかのぼって、行動障害の原因を考えます。そうしないと、行動障害を引き起こす直接の引き金になる“契機要因”に少し間をおいて反応する場合や、以前からの“状況要因”によって、その行動障害がしだいにエスカレートする場合を見過ごしてしまうことがあるからです。

状況要因とは、その本人の不安感情や行動の生起を高める要因のことです。状況要因が重なると、周囲の環境にうまく適応することが難しくなります。状況要因には、生理的要因（例：空腹）、社会的要因（例：知らない人）、物理的要因（例：部屋の明るさ）などが知られています。状況要因を知ることで、次のような支援が可能になります。①身体の痛みや睡眠の不足、空腹、疲労などを避けるために、前もって環境を調整する　②体調や具合が悪かったら、それを周囲の人に知らせるスキルを教える　③ストレスを受ける場所へ行くのを避けたり、ストレスに対処するスキルを教える。

ＡＢＣチャート記入用紙

日付	
時間	
A　直前のできごと ・場所 ・人々 ・活動 について書く	
B　観察した行動を書く	
C　直後の結果 ・支援者が何をしたか ・当人がどう反応したか について書く	
推測される原因や目的 について書く	

図 13　ABC チャート記入用紙［出典：清水直治（監訳）・ゲラ弘美（編訳）（2015)］

推測される行動の原因には、先にあげた個人要因、環境要因のほかに、契機要因があります。契機要因は、行動障害を引き起こす直接の引き金になる刺激のことです。これら3つの行動障害を起こす要因は、一人ひとりの子どもによって異なるので、行動障害が起こるたびに、ABCチャートを使って丹念に観察・記録することが重要です。

推察される行動の目的、つまり行動の機能には、これまでの研究で、“注目”、“逃避”、“要求”、“感覚”の4つがあることが知られています。行動障害のほとんども同じように、次のようなニーズに応えようとして起こります。①注目（周りの人に注目してほしい） ②逃避（嫌な活動や場面から逃れたい） ③要求（欲しい物を手に入れたり、好きな活動をしたい）④感覚（感覚を気持ちよく刺激したい）。

行動障害の機能を調べることを機能アセスメントと言います。機能アセスメントによって行動の機能が推察できたら、次に支援のしかたや周囲の環境を調整し、“行動”と“機能”の“つながり”を操作することによって、本人の行動パターンを変えようと試みます。

その一つが「強化の循環」を断ち切る操作です。本人が行動障害を起こしたときの周囲の対応が、じつはその行動障害を強化していることが多くあります。“してほしくない行動”、“許しがたい行動”である行動障害を抑制しようとして係ることが、その意図とは反対に、その行動障害を増やしてしまっていることがあります。それが繰り返されることで、その行動障害の頻度と強度はますます増強されていきます。この強化の循環を断ち切って、代わりに“してほしい行動”を強化し、その行動を増やしていきます。“してほしい行動”は、本人にとっては、やり易く有効な手段であること、周囲にいる人たちにとっては、適切な行動でかつ支援しやすいという条件を満たす必要があります。

行動障害への対処は、短期の解決策と長期の解決策の両方を考える必要があります。身体の痛みや睡眠の不足が行動障害の契機要因になっているようであれば、短期には痛み止めを服用したり、昼寝をするといいでしょう。それとともに、長期には健康チェックを怠らず健康な状態を知っておいたり、生活環境を整えて睡眠パターンを良好に保つようにします。

（4）適切行動支援：罰を使わないアプローチ

これまでも述べてきたように、行動障害が起こったときに、行動障害を抑制するためにしばしば罰技法が正当化されて使われてきました。しかし、罰手続きには倫理的に大きな問題があります。さらに、不安や恐怖、情緒不安定や回避行動などを引き起こすことがあります。罰の使用は、どんな場合でも決して許されるものではありません。ここでは、行動障害のある人を支援するための罰を使わないアプローチとして、「適切行動支援」を紹介します。適切行動支援では、行動障害の原因と機能をまず見出します。次いで、それに合わせて環境を変えたり、本人のニーズに合わせて支援を工夫します。本人を環境に合わせようとすることはしません。

行動障害の発展段階を「交通信号システム」になぞられてみると（図14参照）、適切行動支援は、そこにおける〈予防方略〉や〈緊急対処方略〉を実践することによって、罰を与えることや身体の制限や拘束を避け、行動障害の“爆発”を防いだり、行動障害からの回復を早めます。また適切行動支援は、行動障害を起こす引き金になっている契機要因を変えたり、行動障害に代わる別のスキルを教えることを通して、行動障害が起こらないようにします。

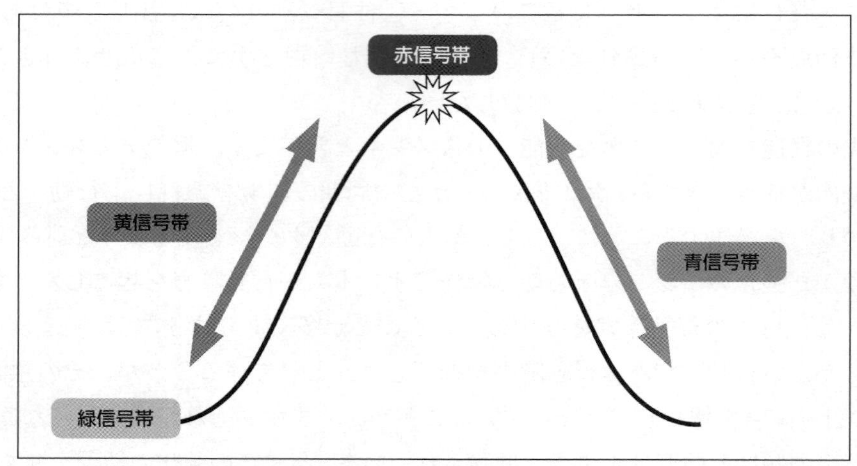

図14　行動障害の発展段階を「交通信号システム」で示した爆発曲線
［出典：清水直治（監訳）・ゲラ弘美（編訳）（2019）］

「交通信号システム」で表す行動障害の“爆発曲線”は次のとおりです。この爆発曲線は、不安や生理的な覚醒の水準が4つの段階をとおって行動障害に発展することを示しています。「緑信号帯」では、静かで落ち着いています。往々にしてここでの支援の大切さはおろそかにされやすいことがありますが、行動を改善させるにはここでの支援がもっとも重要です。適切なコミュニケーションの仕方を教えたり、健康管理や運動、食事への配慮をしたり、“してほしい行動”を強化して増やすなど長期的な視野からの支援を計画します。できるだけ長くそこに止まれるようにする方略を考えます。

「黄信号帯」では、不安や興奮がはじまります。できるだけ早く「緑信号帯」に戻そうとする方略として“注意を向けない”、“声を荒げたりしないで、できるだけ静かにしている”など“脱エスカレート”を行います。また、すばやく気づき周囲に伝えます。そして、「赤信号帯」に入るときに備えて、安全なように本人の周りにある物を片付けます。

「赤信号帯」では、イライラが始まり、行動障害が爆発し、興奮が極度に高まって感情的にも危機状態になっています。暴れたり危害を加えそうなときでも、できるだけ本人の身体を拘束しないで、本人と周りの人たちの安全を確保できるような方略を立てます。言葉を使わないでコミュニケーションをする“興奮させない支援”が大事です。そして、全員の安全の確保が最優先であることを強調します。「青信号帯」では、落ち着きを取り戻しますがまだ注意が必要です。本人が落ち着くのを助け、できるだけスムーズに「緑信号帯」へ回復するような支援を行います。そして、行動障害の爆発の後も、支援者が適切行動支援を続けるにはどうすればいいかを話し合います。

このように「交通信号システム」の信号の変化として行動障害の発展を理解することによって、一人ひとりの子どもの行動障害に応じた、もっとも適切な対処ができるようになります。

(5) 新しいスキルを教える：機能的等価性

行動障害の多くは、社会的スキルやコミュニケーションスキルの弱さに結びついています。重度・最重度の知的障害のある子どもに、社会的スキルやコミュニケーションスキルを教えることが必要です。行動障害を起こさなくてもそのニーズを満たせるように、新しいスキルを習得することで、行動障害の生起を予防することができます。行動障害の代替となる新しいスキルを本人に教え、親（保護者）・家族や支援者の全員が、その新しいスキルを頻繁に使う機会をつくり、そのスキルの使用を強化します。

例えば、飲み物が欲しいときには、これまでのように行動障害をコミュニケーションの手段にして“要求”を伝えようとするのではなく、それに代わる適切行動として「絵カードや写真、手指サインで伝える」ことを教えます。このように、行動障害の機能アセスメントを通して、その行動障害の機能を推察し、行動障害を起こさなくても同じ目的が達成できるように、機能的に等価な代わりの適切行動を教えます。適切行動支援は、こうして行動障害に罰を使って低減・消去しようとするのではなく、その行動障害と機能的に等価な代わりの適切行動を増やすことによって相対的に行動障害を低減・消去するという、機能的等価性の考え方が基礎にあります。

新しく習得したスキルは、場所が変わっても使えるようにします。これを行動の般化といいます。また、行動障害の直接のきっかけとなる契機要因が分かったからといって、それがいつも確実に除去できるとは限りません。どうしても避けられない刺激もあるかもしれません。そのようなときに備えて、困難を乗り切るための対処スキルを教えます。例えば、長い時間待てなかった子どもが、「砂時計」があればどのくらい待てばいいのかが見えるので、イライラせずに待てるようになりました。

知的障害があると、新しいスキルを学ぶことが難しくなります。それに加えて行動障害があると、学ぶ機会そのものがとても限られてきます。親（保護者）・家族や支援者は、学ぶ機会を設けて時間をかけて教えることが大切です。新しいスキルを習得する機会を与え、本人の能力を伸ばし自信をつけさせることで、周りにいる親（保護者）・家族や支援者の見方もポジティブに変わります。そのことがさらに“してほしい行動”に目を向け、強化して増やす機会にもなるという好循環を生み出します。

（6）親（保護者）・家族、支援者の連携が大切：現状を肯定する支援計画を

行動障害のある子どもを教育する学校の教師や福祉サービスを担当する支援員は、一人で奮闘していて、孤立感を訴える人も少なくありません。また、行動障害のある子どもを育てる親（保護者）からも同じような訴えがよく聞かれます。行動障害のある人を支援しようとする人たちの目的は共通しています。したがって、学校や家庭、地域社会の支援者がお互いに連携し協力することで、効率がいい支援が行えます。共通する目的に向かって情報を分かち合えば、ネガティブな感情や疑惑、不安などを一人で抱え込むことなく、それらを解消する役にも立ちます。また、お互いに支え合っているという気持ちを持つことで、ストレスを減少させもっと前向きな対応にもなれます。

連携を成功させるポイントには、次のようなことが含まれるでしょう。①正直に心を開いてコミュニケーションをする。②お互いが直面している困難について、理解し認め合う。③お互いを非難することなく、尊重し合う。④お互いの価値観を尊重する 。

適切行動支援には、次のような理念があります。①行動障害を起こす理由を理解し、その理解のもとで支援を行う。②生活の質（QOL）を改善する。③すべての人たちの選択の自由と尊厳を尊重し、インクルージョンを目指す。たとえ強度の行動障害があったとしても、その子どもの現状を肯定することを基点に、ニーズに応える個別支援計画を作成し実施することが大切です。

●引用文献

・清水直治（監訳）・ゲラ弘美（編訳）（2015）『行動障害の理解と適切行動支援－英国における行動問題への対処アプローチ－』ジアース教育新社．

・清水直治（監訳）・ゲラ弘美（編訳）（2019）『適切行動支援スタディパック－重度知的障害のある人の行動障害を減らす支援スキルを学ぶために－』ジアース教育新社．

第3章

実践事例

1 児童発達支援センター

富山市恵光学園園長・
認定 NPO 法人日本ポーテージ協会理事／認定スーパーバイザー　橋本 伸子

（1）沿革

社会福祉法人富山市桜谷福祉会富山市恵光学園は、昭和 48（1973）年に設立されました。当時から学園は、遊戯療法（プレイセラピィ）をベースに療育を行っていました。障害のある子どもたちの気持ちを洞察、行動を言語化し、子どもの気持ちに共感することはできるのですが、目の前の子どもたちをどうのように伸ばしていったらよいのか、保護者にどう伝えていってあげるとよいのか、具体的な方法や言い方が見つからず、途方に暮れる日々が続いていました。そんなときに外来のダウン症の女の子Ａ・Ｏ（事例の名前はイニシャルで示します。以下、同じ）の一家が、毎月東京まで、自家用車を走らせ、ポーテージ相談を受けに行っておられたことを知りました。Ａ・Ｏの保護者からポーテージ相談のお話を聞き、「ポーテージ、それって何なのだろう？家族で毎月東京に出かけていくほど素晴らしいものなのだろうか？」と療育に行き詰っていた好奇心旺盛な私は、新たなる指導法を求めるように、Ａ・Ｏのお母さんに話を聞き、チェックリストも見せてもらいました。それが、ポーテージとの出会いでした。

学園の職員が、第１回ポーテージ早期教育プログラム初級研修セミナーに参加して復命を行い、療育の一環として保護者と園児に学園に来園してもらい、１時間ずつのポーテージ相談が始まりました。それ以来、順次セミナーに参加し、職員は、技能を身に付けていきました。始めたころは、２週間に１回の割合で、ポーテージ相談を行っていました。子どもたちにどの発達領域からどの課題をどのような支援方法で行えばよいかが分かりやすく、保護者も一生懸命家庭で取り組んでくださいました。子どものなかには、脳性麻痺児や未歩行児も参加され、チェックリストには表れてこない子どもの特性に応じた発達段階の番号のない課題（行動目標）を設定しながら、保護者と一緒に取り組みました。

当時絵カードも売っていなくて、売っていてもとても高くて買えなかったので、毎月買っていた幼児雑誌を切り抜き、3,000 枚の絵カードを作られた保護者の方もおられます。また、ボタンのはめはずしやファスナーの課題のために、お父さんが木枠を作り、お母さんが布地を張って父と母の合作で教材を作られたこともありました。子どもがその課題を通過したときは、本当にご両親と喜び合ったものです。なんと今もその教材は使われています。その後、時代と共に夫婦共働きの方が多くなり、ポーテージ相談は月１回となりました。相談回数は減ったものの相変わらずほとんどの保護者が、真面目に子どもと共にポーテージの課題に取り組んでくれています。それは、35 年たった現在も同様です。

保護者は、具体的な課題があると家庭においてもとても取り組みやすく、何より子どもは、お父さんとお母さんからほめられるのです。その瞬間の子どもは、最高の笑顔を見せてくれます。また、日頃、叱責しがちな保護者も我が子に対して、しっかり笑顔でほめるという経験が積み重なり、子どものよき指導者になっていきます。

職員はというと、一人ひとりの技量が問われるプログラムであると思っています。子どもの特性や現在の興味関心のあるものをよく観察し、そして今子どもに何を教えたいのか、何を習得してもらったら楽しい生活につながるのか、生きやすくなるのかなど、子ども目線で考えることがとても大切です。また、職員は課題の選び方や課題分析をしっかり行い、スモールステップで課題通過に向け、保護者と一緒に楽しく行うべきです。その根底には、職員が通常の発達を熟知し、子どもに応じた教材や声掛け、環境、課題分析などたくさんの引き出しを持ち合わせていなければなりません。ポーテージ相談を行う職員は、さまざまな分野の研修を積んでいき、技量や知識を自分のものにしていかなければなりません。それが、子どもや保護者や他の職員にも還元できるものだと考えています。

また、ポーテージ相談はペアレントトレーニングの一環だと思っています。保護者がポーテージプログラムに取り組むことで、子どもの今もっている能力を認め、子どもをほめることを基本に、子どもの気持ちや行動を観察する力を知らず知らずに身に付けていっていると感じています。また、ポーテージ相談の時間は、保護者の相談を受けたり、ときには家庭の悩みを聞いたりする大事な時間にもなっています。子どもだけが育つ時間ではなく、保護者も親として一人の人間として育つ時間でもあります。さらには職員も同様です。職員として、子どもの今もっている能力を見極める力、子どもの家庭での位置づけ、また保護者の家庭での位置づけなどが１時間のポーテージ相談のなかで見えるようになると、一人前の相談員になっていきます。

今現在、当学園では、月１回の土曜日にポーテージ相談を行っています。保護者と子ども、時には兄弟姉妹や祖父母と来園される方もいます。家族が一丸となって子どもの発達支援を望み、子育てを楽しんでいることがよく分かります。最近、ひとり親家庭も増えていますので、無理をしないような配慮が必要です。無理をすると時間と余裕のない保護者は、どうしても課題をさせようと叱咤激励になりがちです。また、外国籍の方も増えてきています。言葉や環境の違いに配慮しながら、孤立しないように分かりやすく伝える努力も必要です。

学園設立当初は、全面受容の「遊戯療法」をしていた当園が、「応用行動分析」という指導法を取り入れたことで正直悩んだ時期もありましたが、それぞれの療法のもつよさを子どもたちや保護者に還元していくことが「発達支援」の専門性だと思っています。現在、当学園には42名の子どもたちが通っています。軽度の発達障害から人工呼吸器などの医療的ケア児まで、障害やその程度はさまざまですが、子どもたち一人ひとりに応じた課題の設定、課題分析、援助方法、教材、環境などを整えて取り組んでいます。

今回、現在ご利用中の自閉症スペクトラム障害の診断のある子どもの事例を通しながら、児童発達支援計画におけるポーテージプログラムの行動目標を活用した事例について紹介します。

（2）実践事例：個別支援計画とポーテージ相談の活用

■事例　A・O

① アセスメント

表1　アセスメントによる支援目標・支援機関の決定

<table>
<tr><td colspan="8">アセスメント</td></tr>
<tr><td rowspan="3">本　人</td><td>ふりがな</td><td></td><td>性　別</td><td></td><td>在　籍</td><td colspan="2">富山市恵光学園</td></tr>
<tr><td>氏　名</td><td>A・O</td><td>男</td><td></td><td>入園年月日</td><td colspan="2">平成30年4月1日</td></tr>
<tr><td>生年月日</td><td colspan="3">平成26年8月○日</td><td>前在籍園</td><td colspan="2">在宅</td></tr>
<tr><td rowspan="5">保護者</td><td>氏　名</td><td colspan="3">A・S</td><td rowspan="2">障害名等</td><td colspan="2">自閉症スペクトラム障害</td></tr>
<tr><td rowspan="3">住　所</td><td colspan="3">〒</td><td colspan="2"></td></tr>
<tr><td colspan="3" rowspan="2"></td><td rowspan="2">手　帳</td><td>療育手帳</td><td>なし</td></tr>
<tr><td>身障手帳</td><td>なし</td></tr>
<tr><td>電　話</td><td colspan="3"></td><td colspan="2">特別児童扶養手当</td><td>受給中</td></tr>
<tr><td>本人ニーズ</td><td colspan="3">・自由に遊びたい。
・学園で楽しく過ごしたい。
・自分の言っていることを分かってほしい。</td><td>保護者ニーズ</td><td colspan="3">・生活の中でできることが増えてほしい。
・「片付けをしたら、おやつ」というように、スムーズに行動できるようになってほしい。
・○○さんの感じていることを知りたい。
・危険（危ないこと）を分かってほしい。</td></tr>
<tr><td>短期目標</td><td colspan="7">学園生活に慣れ、大人の援助のもと、クラス活動や園行事に楽しく参加しましょう。</td></tr>
<tr><td>長期目標</td><td colspan="7">家族と担任が情報共有を図りながら、A・Oさんに合った具体的な支援方法を見つけ、繰り返し取り組むことで、A・Oさんが自分でできることを増やしましょう。</td></tr>
<tr><td colspan="8">支援機関及び具体的な支援目標</td></tr>
<tr><td rowspan="6">療　育</td><td>支援機関：</td><td colspan="2">富山市恵光学園</td><td></td><td colspan="2">支援目標・内容</td><td></td></tr>
<tr><td>担当者：</td><td>○○</td><td>連絡先：</td><td>431-0000</td><td colspan="3">個別支援計画参照</td></tr>
<tr><td>支援機関：</td><td colspan="2">富山市恵光学園</td><td></td><td colspan="2">支援目標・内容</td><td>OT（1/M）</td></tr>
<tr><td>担当者：</td><td>E OT</td><td>連絡先：</td><td>431-0000</td><td colspan="3">感覚遊具に慣れ、いろいろな身体の使い方を知る。</td></tr>
<tr><td>支援機関：</td><td colspan="2"></td><td></td><td colspan="2">支援目標・内容</td><td></td></tr>
<tr><td>担当者：</td><td></td><td>連絡先：</td><td></td><td colspan="3"></td></tr>
</table>

医　療	支援機関：	医療型B病院			支援目標・内容
	担当者：	M Dr.	連絡先：	438-0000	発達について受診（1/3 ～ 5M）
	支援機関：	富山◇◇病院			支援目標・内容
	担当者：	T Dr.	連絡先：		尿たんぱくの経過観察受診（1/M）
	支援機関：	K歯科医院			支援目標・内容
	担当者：	K Dr.	連絡先：	432-1234	虫歯予防のため、定期的に受診する（1/2 M）
福　祉	支援機関：	こども発達支援室			支援目標・内容
	担当者：		連絡先：	461-0000	フリールームの利用（不定期）
地域生活	支援機関：				
	担当者：		連絡先：	461-0000	フリールームの利用（不定期）
家族支援	支援機関：	富山市恵光学園			支援目標・内容
	担当者：	○○	連絡先：	431-0000	ポーテージ相談や連絡帳などを通して、助言や支援を行う。個々に応じた支援を行うとともに、保護者の負担軽減を図る。
	支援機関：	こども発達支援室			支援目標・内容
	担当者：	△△	連絡先：	461-0000	通所支援利用計画案作成・モニタリングなど
その他	支援機関：				支援目標・内容
	担当者：		連絡先：		

表２　関係機関などにおける支援歴等

年齢／関係機関	0歳　1歳　2歳　3歳　4歳　5歳　6歳
療　育	富山市恵光学園初回面談のため来園（2：3）
医　療	F 市で出生　生後４日目で黄疸が強く出たため、光線療法を受ける 0：4総合病院　小児科受診 1：6 県リハ病院　MDr. 受診　→　PT 訓練開始（1：7～1：10） 県リハ HP　自閉症スペクトラム診断 （平成 29 年9月）
保　健	0：4健診　尿たんぱくが多いことを指摘され小児科受診 歩行が遅いことが気になり相談（日赤）→県リハ病院を紹介され受診する
福　祉	恵光学園外来療育　　恵光学園入園（3：8）
地域生活	
家族支援	
その他	市の言葉の相談→富山市恵光学園を紹介される（2：3）

表３　遠城寺式乳幼児分析的発達検査の結果

＜ＣＡ　３：７＞

移動運動	手の動き	基本的習慣	対人関係	発　語	言語理解
2：3〜2：6	1：9〜2：0	2：0〜2：6	1：2〜1：4	2：3〜2：6	1：0〜1：2

＜ＣＡ　４：１＞

移動運動	手の動き	基本的習慣	対人関係	発　語	言語理解
2：3〜2：6	2：3〜2：6	2：6〜2：9	1：9〜2：0	2：3〜2：6	1：6〜1：9

表１〜３のように、発達検査を含めてさまざまな角度と領域から、本人を取り巻く環境についてアセスメントをします。図１に示されている、「ポーテージ早期教育プログラム発達経過表」は、発達領域を「乳児期の発達」「社会性」「言語」「身辺自立」「認知」「運動」の６つに区分しています。そして、各発達領域ごとに達成されることが望ましい行動目標が、平均的な発達の子どものデータをもとに、発達の系列性・順次性に従って、発達年齢０歳から６歳まで全部で576項目[注]の色分けされた発達領域別に配置され、チェックリストになっています。これを活用することにより、支援に取り組む際のベースラインとしての発達の状態、その後の支援の経過における状況が一目で分かるように工夫されています。Ａ・Ｏの場合は、３歳９カ月から２カ月ごとの経過が書かれています。

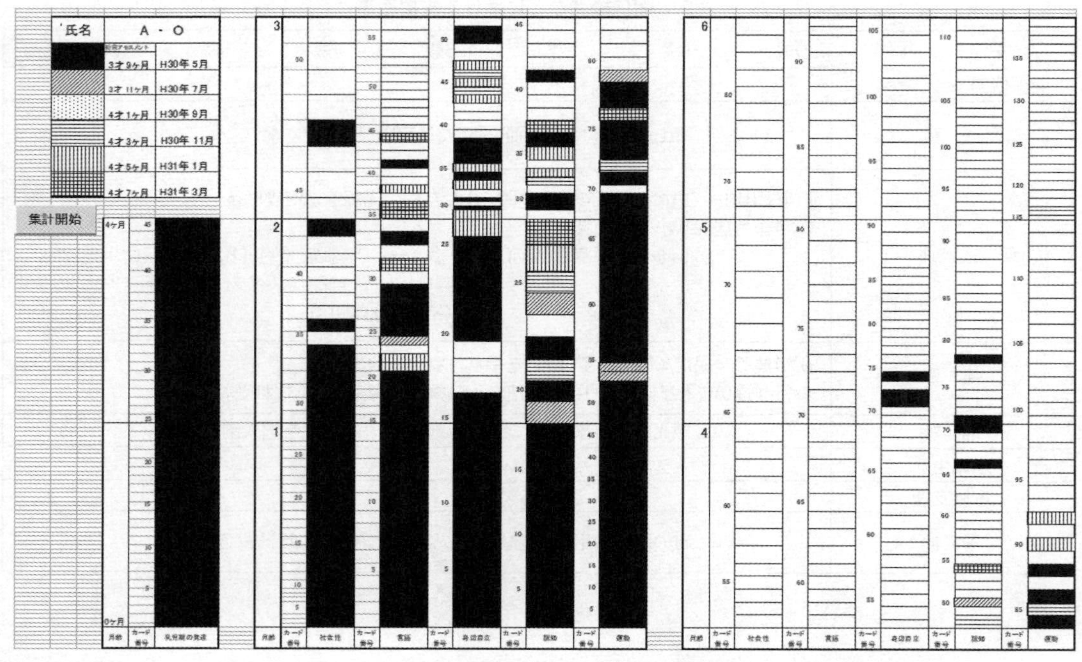

図１　ポーテージ早期教育プログラム発達経過表

（注）『新版ポーテージ早期教育プログラム』における６つの発達領域の総行動目標数を表します。

②　児童発達支援計画

アセスメントにもとづき作成された児童発達支援計画の内容を示します（表4参照）。

表4　児童発達支援計画（前期）

	前期支援目標・内容	達成期間	順位	日常生活の状況9月末現在（4：1）
社会性 集団参加 対人関係 遊び	・大人との関わりを通して、他児と簡単なやりとりができるようになる。 （社 42、43）	6カ月	6	一人遊びが主。プレイルームでは乗用玩具や滑り台を好み遊ぶ。他者への興味が増えたことで、ボールを持って大人に近付いてくることもある。しかし、投げるとそのまま走って行き、一緒に遊ぶことは難しい。集団活動では、落ち着いて着席することができる。手遊びや音楽療法は、初めてのものは他者の様子を見ており、2～3回継続して行うと笑顔で模倣することができる。
身体の状況・運動 [独歩可能] 独歩可能・不安定 伝い歩き・手つなぎ可 坐位可能・自立移動可 寝たきり	・粗大運動では、活動や遊びの中で様々な経験をすることで体の使い方を知ることができる。 （運 82、86、87） ・巧緻運動では、指先や掌の動きがスムーズになるような活動を大人と一緒に行う。（運 76、80）	1年	5	独歩可能。粗大運動では、ボルスターに乗り、ゆっくりであれば揺れながら片手でタンバリンを叩く。トランポリンでは、ネット部分から足を離して跳ぶことが難しい。微細運動では、印に注目してシールを貼ることができる。また、一人でお菓子の小袋を開けることができる。
言　語 コミュニケーション可 [2・3語文] [単語　身振り] 不明瞭な発声・発語	・活動を通して本児からの発語が増える。 ・絵カードや絵本を読む場面で「○○はどれ?」という質問に指差しで答えることができるようになる。（言 21）	6カ月	4	単語・二語文。おやつのときは、「○○、ちょうだい」と要求を伝えることができる。絵本の読み聞かせでは、「○○はどれ?」と質問すると見慣れた物であれば指差しで答えることができる。また、物の名称や色等を質問すると正しく答えられることもあるが、オウム返しになることも多い。
食　事 はし [スプーン] 手づかみ	・食べられる野菜の種類が増える。 ・スプーンを使って一人ですくって食べることができる。（身 30）	1年	3	スプーン・フォーク使用。量が少なくなると、スプーンですくうことが難しく、大人と一緒にすくう練習中である。苦手な食材では顔が強張ることもあるが、ソース等で和えると残さずに食べることができる。また、主食と副食を交互に食べるように指差しや声掛けが必要である。
排　泄 自立 少々介助 [全面介助]	・トイレのリズムを掴んだり、オマルに座る時間を長くしたりすることで排尿ができるようになる。（身 18、26、33）	6カ月	2	全面介助。紙パンツを使用。大人が定時にトイレに促すと、嫌がらずに座ることができる。オマルに座る時間を長くすることで、タイミングが合えば排尿することが増えてきている。
着　脱 自立 [少々介助] 全面介助	・大人の身体的援助や声掛けのもと下衣を自分で着ることができるようになる。（身 44） ・大人の援助のもと腕まくりをしてから手洗いができるようになる。 （身 41）	1年	2	少々介助。上衣はかぶりのシャツであれば一人で着脱ができる。前開きの服は、広げて見せると腕を通すことができる。スモックのボタンのはめ外しはできるが、チャックの開閉は難しい。下衣は一人で着脱することができるが、前後・表裏は大人の確認が必要である。 大人の声掛けのもと腕まくりをして、手洗いをすることができる。

認知	・朝・帰りの準備を大人の声掛けのもと自分のマークを認識して行うことができる。（認 21、25、26）	6カ月	3	朝・帰りの準備は、自分のマークやエプロン等の写真を認識して行うことができる。横線引きは５cm程の直線を描くことができる。また、見慣れた物やキャラクターを使用することで６片パズルを完成させることができる。
行動・情緒面	・園生活を通して生活リズムを整えることができる。 ・声掛けのもと気持ちの切り替えができるようになる。（社 44）	6カ月	1	日常生活は落ち着いて過ごすことができる。プレイルームでの遊びや課題活動では、10カウントが始まると使っている玩具等を自分で片付けることができる。母と一緒に登園した際は、別れる時に泣いてしまうことが多いが、声掛けのもと気持ちを切り替えることができる。

児童発達支援管理責任者・担任・保護者と一緒に、半年間で達成しそうな行動目標を前期の個別支援計画に入れました。毎月１回土曜日に保護者と園児が来園し、１時間ずつポーテージ相談を行っています。毎回、取り組んだ行動目標の達成状況を見て、達成できていると次のステップの目標を作成し、行動目標を達成したら、保護者と話し合いながら次の行動目標を選び出して、翌月までの課題とします。

表５は、個別支援計画（前期）の行動目標です。ポーテージ早期教育プログラム発達経過表において、取り組む内容（数字は行動目標の番号を示します）を家庭と学園で共有して進めます（下線を付けた数字は、家庭と学園で共に取り組んだ行動目標の番号を示します）。

表５　個別支援計画（前期）の行動目標

	家　庭	学　園
社会性	43　44	42　43
言　語	21	21
身辺自立	18　26　30　33	18　26　30　33
認　知	21　25　26	21　25　26
運　動	76　82　86　87	76　80　82　86　87

表６は、認知 25「実物とその絵や写真を合わせる」という行動目標の家庭における「活動チャート」です。

Ａ・Ｏは、写真では難しいようなので、絵カードを使用して２種類のカテゴリーの違う物で行うことにしました。

前提となる行動目標として、認知 21「全く同じ物を合わせる」ことが 10 種類以上できるようになったので、これを次の指導目標として行ないました。

表6　認知２の活動チャート

氏　名	A・O
期　間	8月18日〜25日
目　標	認知25
	実物とその絵や写真を合わせる（3 回中 3 回）

◎　援助なくできる
○　モデルをして見せると置く
△　絵カードを指さすと置く

1. 帰園後の夕方一定の時間を決めて、A・Oと向かい合わせで座ります。
2. 大人がカード大の空き箱を2個並べて置き、2枚の絵カードを各々に置く。次に実物を1つずつ渡す。カテゴリーの違う物でする。
3. 言葉かけや指差しで置くことができたらほめます。

回数								
	3	△	△	△	○	◎	◎	◎
	2	△	○	○	○	○	○	◎
	1	△	△	△	△	○	○	○
		8/18	19	20	21	22	23	24

月　日

・写真１に選び出した行動目標とその指導の様子を示します。
・行動目標は本人に分かりやすいように書いてあります。
・タイマーやごほうびを使いながら、終わりが分かるように書いておきます。
・達成できたら、花マークを書いてもらいます。

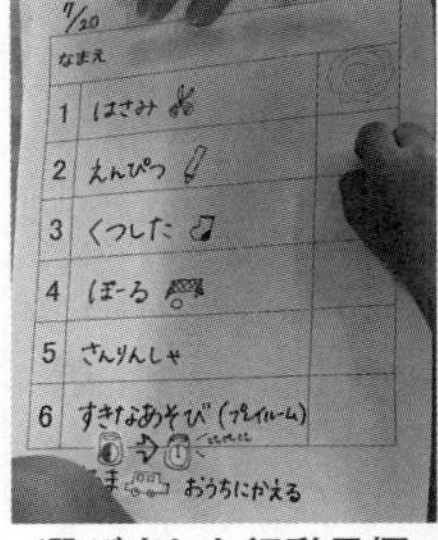

選び出した行動目標

認知 25：お母さんと確認をします。

運動 79：置いてある大きなボールをボールを蹴る
サッカーゴールと積み木を使って前に蹴る練習

写真1　行動目標の指導の様子

表７および表８に、後期の児童発達支援計画および個別支援計画の行動目標を示します。

表７　児童発達支援計画（後期）

	後期支援目標・内容	達成期間	順位	まとめ3月（4：6）	評価
社会性 集団参加 対人関係 遊び	・大人が色々な玩具や遊びを提供することで、遊びの幅を広げる。 ・大人の仲介のもと、他児や大人と関わる経験を増やす。（社 42、53）	6カ月	6	一人遊びが主。自由遊びの中で大人や他児への興味が増え、自ら近付いたり、関わろうとしたりする姿が見られる。大人が仲介に入ることで一緒に遊ぶが持続は難しく、すぐに場を離れていく。「まぜて」「貸して」等、大人の促しのもと伝えることができる。集団活動は落ち着いて参加することができる。模倣をしたり、質問に答えたり等、活動を楽しんでいる姿が増えている。	B
身体の状況・運動 ［独歩可能］ 独歩可能・不安定 伝い歩き・手つなぎ可 坐位可能・自立移動可 寝たきり	・大人と一緒にトランポリンに乗ることで、安心してネットから足を離して跳ぶことに慣れる。（運 102） ・マジックを3指で持ち、描くことができる。（運 81）	6カ月	1	独歩可能。大人と手をつなぎ、膝の屈伸を意識してトランポリンを跳ぶ練習を繰り返すことで、少しずつネットから足を離すことができるようになってきている。 微細運動では、直径 8㎜のシールを台紙から外し、丸印に注目してはみ出さないように貼ることができる。 鉛筆を3指で持ち、書くことができるが、まだ筆圧は弱い。	C
言　語 コミュニケーション可 ［2・3 語文］ 単語 身振り 不明瞭な発声・発語	・給食の時は、イラストカードを使用し、欲しい調味料を指差しで伝えることができる。（身 54、認 26、27）	6カ月	3	2・3 語文。絵本の読み聞かせでは、「これは何?」「何色?」等の質問に対してオウム返しになることもあるが、正しく答えられることも増えている。また、給食時は自発的に要求を伝えることは難しいが、促すと「○○をちょうだい」と言葉とイラストカードの指差しで伝えることができる。	A
食　事 はし ［スプーン］ 手づかみ	・大人の身体的援助のもとスプーンですくったり、左手をお皿に添えて食事する経験を増やす。（身 27） ・大人の声掛けのもと、主食と副食を交互に食べることができる。（身 54）	6カ月	2	スプーン・フォーク使用。お皿に手を添えて食べることができる。苦手な食べ物は調味料で和えるとスムーズに完食する。量が少なくなり、自分ですくえなくなると「○○先生、集まれお願い」と要求する。大人の声掛けのもと、主食と副食を交互に食べることができる。	A
排　泄 自立 ［少々介助］ 全面介助	・オマルや洋式便器で排尿する成功体験を増やす。（身 42）	6カ月	3	少々介助。日中は布パンツで過ごし、定時に洋式便器で排尿する。少量ずつ排尿するため、声を掛けて促す必要がある。手洗い後は軽くタオルに触って拭くだけのため、水気が取れていないことが多い。声掛けのもと、手の平や甲を意識して拭くことができる。	B
着　脱 自立 ［少々介助］ 全面介助	・大人が留め金を大人と一緒に入れると、自分でファスナーを閉めることができる。（身 74）	6カ月	4	少々介助。衣服は自分で着脱することができるが、前後の理解は曖昧で大人の確認が必要である。また、裏返った衣服を戻すことは難しく、大人に助けを求める。着慣れたジャンパーであれば、自分で留め金を入れてファスナーを閉めることができる。	A

認　知	・10cm程の横線を描くことができる。（認32、33）	6カ月	2	始点終点を意識して、15cm程の横線と縦線を描くことができる。身体部位は眉毛や首等、聞き慣れない部位は難しいが、目や口等の部位は理解している。また、多い少ないや長い短いを理解し、指差しをすることができる。	A
行動・情緒面	・様々な親子行事に参加することで、母子分離時に泣かずに過ごす。（社32）	6カ月	3	朝のバスや行事等の母子分離時も泣かずに別れることができるようになり、日常生活も落ち着いて過ごしている。 実習生等、見慣れない人が部屋に入ってくると顔を下に向けたまま固まり、動かなくなる。しかし、関わって慣れていくことで、普段の様子に戻る。	B

表8　個別支援計画（後期）の行動目標

	家　庭	学　園
社会性	32　42	32　43　53
言　語	35　36	21
身辺自立	42　54　74	42　54　74
認　知	26　27　32　33	26　27　32　33
運　動	81　102	81　102

（下線の付いた数字は、家庭と学園で共に取り組んだ行動目標の番号）

表9は、認知33「まねをして、縦線を描く」という行動目標の家庭における活動チャートです。

A・Oは始点、終点が分からないので、前提となる行動目標として、運動81「親指、人差し指、中指で鉛筆を持つ」と認知32「まねをして横線を描く」を達成した後、次の行動目標として行ないます。A・Oは、筆圧が弱いので、クレヨンやマジックを使用します。また、線が斜めにならないように、初めに点線のなぞりから始めます。

表9　認知33の活動チャート

氏　名　A・O
期　間　12月1日～7日
目　標　認知33
クレヨンで真似をして縦線を描く（3回中3回）

◎　援助なくできる
○　大人がモデルをして見せると描く
△　始点終点を指さすと、はみ出さないで描く

1. 帰園後の夕方一定の時間を決めて、A・Oの横に座ります。
2. 大人が用意しておいたプリントで、縦線の見本を見せた後、始点と終点のA・Oの好きなキャラクターを結んで点線のなぞりを行う。
3. 言葉かけや指差しで描く事ができたらほめます。

回数	12／1	2	3	4	5	6	7
3	○	◎	◎	◎	◎	◎	◎
2	△	◎	○	◎	○	◎	◎
1	△	△	△	△	△	○	○

月　日

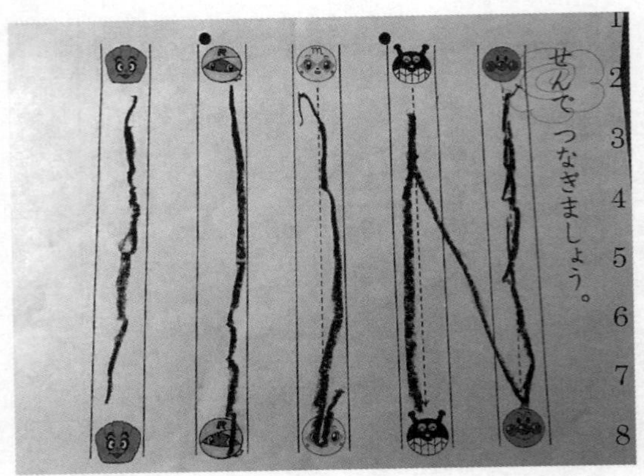

①　はじめは、筆圧が弱いので、クレヨンを使用

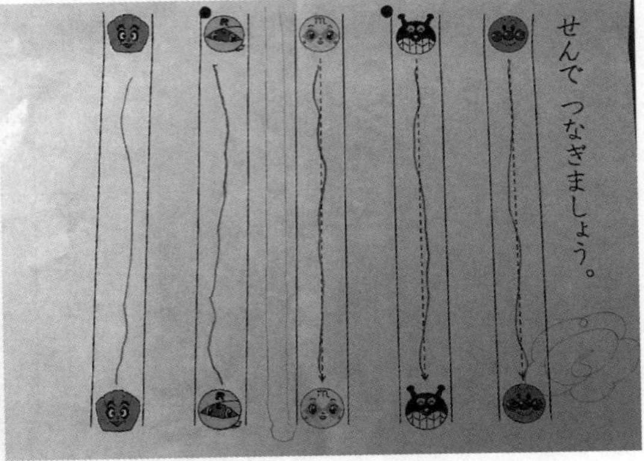

②　慣れてきたら、鉛筆で縦線を描く

写真2　行動目標の指導の進め方

始点と終点にA・Oの好きなキャラクターのシールを貼ってみました。このようにすることで、始点と終点を見るようにようになってきました。また、筆圧も少しずつですが強くなってきました。また、学園でも取り組むように心掛け、個別の時間や自由遊びの時間に課題を行うようにしました（写真2参照）。

③　支援の評価と課題

・A・Oは入園1年目です。学園生活に慣れること、落ち着いて活動に参加することを目標に過ごしてきました。入園当初は慣れない環境で泣いたり、発声がなかったりしましたが、学園生活に慣れることで安定して過ごすことができるようになりました。

・自由遊びでは、大人や他児への興味が増え、自分から近付いたり、関わろうとしたりする行動が見られますが、持続は難しくすぐにその場を離れていくことが多いので、今後も、大人の仲介を通して他児と一緒に遊ぶ経験を積み重ねていくことが必要です。手遊びや音楽療法で初めてすることは他者の様子をよく見ており、2～3回継続して行うと笑顔で模倣することができるようになりました。

・学園内では見られませんが、子ども支援センターや地域の公園などで自分よりも幼い子どもに対して叩いたり、蹴ったりなどの他害が稀に見られます。理由は、玩具の貸し借りなどでトラブルになった際に多いとのことですが、突発的に他害することもあるため、注意が必要です。言葉がとっさに出てこないことが要因です。遊びのなかで、大人の仲介のもとで経験を積んでいくことが今後の課題です。

・排泄は、学園では布パンツ、家庭では紙パンツを使用しています。学園では定時に洋式便器に座り排尿することで、失禁なく過ごすことができるようになってきました。家庭ではオマルに座ることを拒否したり、座っても排尿しないこともあるため、がんばり表を用いて1日1回は排尿することを目標としています。

・父方の実家も母方の実家も他県にあり、母方の実家には月1回程度帰省していますが、気楽に本児を預けることができないのが、母の悩みでもあります。

・両親共に本児を可愛がって育てていますが、家庭内では本児が優位に立っており、自分の思い通りにならないと怒ったり、叩いたりしています。母には問題行動への対応を伝えていますが、実行することはまだ難しいようです。

・ポーテージ相談では、落ち着かないこともありますが、着席して取り組むことができるようになってきました。好きなキャラクターを教材として使用することで意欲的に取り組むことができ、各発達領域で伸びが見られています。しかし、課題によっては拒否することもあり、「ママやって！」と言ったり、下を向いて答えないこともあります。そのときは好きなシールをごほうびにすると最後まで取り組むことができ、シールや花マークなどの強化子が有効であることが分かってきました。

・児童発達支援計画では、社会性、身体の状況・運動、言語、食事、排泄、着脱、認知、行動・情緒面についての支援目標の療育が設定されています。これらは、ポーテージプログラムの５つの発達領域から導かれたもので、厚生労働省の『児童発達支援ガイドライン』にも沿うものです。

・支援する上で大切なことは、子どもの個性に合わせて、支援の仕方や支援内容、強化子なども変えていくことです。

A・Oの保護者の感想

・ポーテージ相談を受ける前は叱ってばかりいて、あきらめていた子育てでしたが、ポーテージ相談を受けるようになって、家庭で何を我が子に教えればよいのか具体的に分かり、「子どもをほめて育てる」ことで子育てを実感しています。

・また、学園でも取り組んでくださるので、できることが徐々にそして確実に増えてきています。

・今では子育てがとても楽しくなっています。最近では、おじいちゃんおばあちゃんも課題に協力してくれるようになりました。これからの子育てが楽しみになってきました。

保護者等からの事業所評価から

『児童発達支援ガイドライン』の事業所評価の集計結果（公表）から、保護者がポーテージ相談の時間をどのように感じているのかを見てみると、表10の通り、ポーテージ相談の時間に子どもの発達支援のアドバイスや保護者の悩みを相談できるよい時間となっています。日頃、連絡帳だけのやり取りの多いなかで、保護者と子どもの様子を見ながら、毎月１回のポーテージ相談の時間に話ができることは、職員にとっても保護者にとってもとても有意義なことです。

保護者が、子どもの発達の現状を知るうえでも有意義であり、また、子どもへの接し方、ほめ方などのアドバイスを受けながら、家庭支援も行っています。しかし、子どものほめ方が分からないというご意見もあるので、職員から今一度、「子どものほめ方」について具体的に話す機会を設けていく必要を感じています。

この評価を受けたことによって、児童発達支援センターとして補っていかなければならないことや取り組んでいかなければならないことがしっかりと見えてきましたので、今後の療育に活かしていきたいと思っています。

表 10　保護者からの事業所評価の集計結果（公表）（抜粋）

公表：平成31年3月1日

事業所名　富山市恵光学園（児童発達支援センター）　保護者等数（児童数）41人　回収率 97%

	チェック項目	はい	どちらともいえない	いいえ	わからない	ご意見	ご意見を踏まえた対応
⑫	保護者に対して家族支援プログラム（ペアレント・トレーニング等）が行われているか	38	1	2	0	・担任の先生や作業療法士の先生に質問をして相談している。 ・支援講座の開催や保護者の悩みをいつも聞いてくれ対応してもらっている。 ・ポーテージの時間などにアドバイスをいただいている。 ・家族支援プログラムとは何かわからない。子どものほめ方もよくわからない。	ポーテージ・保育参観時に行われている研修も家族支援プログラムの一環です。今年度は外部講師による兄弟児支援の研修会も行っています。来年度も行っていきますので、みなさまご参加ください。

（３）考察

これまで、30 年余りにわたって、取り組んできたポーテージ相談ですが、最初の沿革でも述べたように、ペアレントトレーニングの一環になっています。保護者は、家庭でどう子育てをすればよいのか、どんな風にほめて育てればよいのか、どう教えると身に付いてくれるのかなど手探り状態でしたが、ポーテージ相談に出会ったことで、具体的な課題、支援の仕方、環境設定、誉め方などを知ることによって、家庭で子どもを育てやすくなってきたのではないかと思われます。また、保護者にとっては、その時間は、園児の相談だけではなく、兄弟姉妹の相談や家族の相談、就学・就園の相談ができる時間でもあり、職員にとっては、日頃伝えきれないことも話ができる時間ともなっています。

児童発達支援センターでは、ポーテージプログラムの行動目標を課題分析し、児童発達支援管理責任者が作成する児童発達支援計画の中に具体的に取り入れることで、課題や支援の仕方が保護者にも分かりやすく、職員にも伝えやすいというメリットがあります。

職員は、担当児の現在の発達状況を把握したうえで、毎日のクラス活動や個別の時間や行事などにも課題を具体的に取り入れることができます。さらには、ポーテージ相談の時間では毎回保護者と子どもの発達の現状を共有し、確認しながら、次の課題を考えていくことができます。当センターの児童発達支援計画のなかの各領域には、しっかりとポーテージプログラムの発達領域と課題が含まれており、いつもベースには、ポーテージプログラムの行動目標とその課題分析が活かされていると考えています（p.83 表4および p.86 表7参照）。

今後も、『児童発達支援ガイドライン』に挙げられている「発達支援」と「地域支援」、そして「家族支援」の領域とポーテージプログラムの行動目標をリンクさせながら、児童発達支援計画を作成していきたいと思います。また、そこには、「地域の支援体制の構築」も忘れてはいけない重要な視点でもあります。

（4）児童発達支援事業・センターにおける児童発達支援計画とポーテージ相談について

最近では、3歳未満児から一般の認定こども園や幼稚園に入園する子どもが多く、1歳半健診でフォローアップされる子どもが、早期から児童発達支援事業を利用することも増えています。また、児童発達支援センターから地域に移行し、地元に就園する子どもも増えてきています。地域の保育所・幼稚園に就園しながら、児童発達支援を受けにくる併行通園の子どもが年々増えています。

現在、児童発達支援事業を利用している子どもは、母子療育という形をとりながら、小集団で指導を行っています。そのなかでも集団が苦手な子どもや保護者の仕事の都合で、個別指導ならば時間が取れる方は、ポーテージ相談を受けています。

個別支援計画の目標では、各発達領域からの課題が出ています。月1回の相談なので、日常の状況が保護者からの聴き取りだけとなるため、できるだけ在籍園の先生、児童発達支援管理責任者、指導員、相談支援専門員などが集まり、在籍園での子どもの様子を見に行ったうえで実態把握し、個別支援計画を作成しています。個別支援計画の作成では、当センターを利用している子どもの計画よりは大枠で捉えていますが、ポーテージ相談を受けている子どもに関しては、半年間の目標をより具体的に考えることができるので、より作成しやすく感じています。

このようなポーテージ相談を受けている児童発達支援事業を利用している子どもの児童発達支援計画は、表11のとおりです。表12に週間指導プログラムを示します。

（5）ポーテージ相談と地域支援

児童発達支援事業においては、主に併行通園の親子が、ポーテージ相談に来られます。その子どもたちには、幼稚園、保育所、認定こども園など、各々の在籍園があります。

ポーテージ相談後は、次回来所までの具体的な課題を記入した表のコピーを保護者から在籍園の担任の先生に手渡してもらうことがよくあります。そうすることで、一番長い時間を過ごすと思われる在籍園において、その課題を活動の中に取り入れてもらったり、在籍園の先生方に今の子どもの発達状況を知っていただくよい機会となりますし、また、子どもだけではなく、保護者も一緒に子育てと発達支援を頑張っていることを在籍園の先生に知ってもらうというメリットもあります。

また、子どもの在籍園からは、「ポーテージ相談の様子を見せて欲しい」という依頼が来るようになります。保護者の了解が得られれば、快諾してポーテージ相談の様子を見ていただき、その後カンファレンスを行っています。その内容はポーテージの課題に限らず、地域のなかでどのように発達支援をしていけばよいのかという話題になります。健常児の集団のなかで障害のある子どもをどのように見ていくか、先生方の悩みは多岐にわたります。行事やクラス活動への参加の仕方、友だちとの関係、社会的ルールの理解、言語理解や表出言語の発達など、個々に応じて何を目的に、いつまで、どこをゴールとして、発達支援をしていかなければならないかと、先生方は試行錯誤しておられます。

ポーテージ相談の後は個別の内容をお話しすることが多く、一人ひとりの発達に関しては、具体的に各発達領域の行動目標を課題分析しスモールステップの目標を家庭で行っている経過などを説明しています。そのなかで、得意なこと、不得意なこと、成功したことなどをより分かりやすく説明しています。また、先生方の相談にも応じています。そのほかに、相談員が在籍園に出向いて集団のなかでの子どもの様子を見に行くこともあります。そうすることで、個別の指導にとても役立つことも多いのです。

（6）その他の支援事業との協働

集団のなかでの関わりや活動・行事参加については、児童発達支援センターの訪問支援員が、障害児等療育支援事業や保育所等訪問支援の巡回相談を行い、本人支援、先生方の支援、園全体の支援を行っています。これらの事業とポーテージ相談の相談員が協働することで、集団のなかでの子どもの様子を共通理解することができ、保護者支援、本人支援に結びついていきます。そして、その協働が地域全体のレベルアップにもつながっていくのです。

表 11　当学園における児童発達支援事業用　児童発達支援計画書（参考）

利用児名	作成年月日	児童発達支援管理責任者	管理者
T・K	2019 年4月1日	○○　○○　　印	○○　○○　　印

総合的な支援の方針	利用者のニーズ
・個別指導を通して発達段階を把握し、具体的な支援方法を伝え、家庭で取り組めるように援助する。 ・様々な活動や教材・大人からの働きかけにより、意欲を持って取り組み、順番や活動の始まり・終わりが理解できるように援助する。 ・好きな教材を使用し、課題を提供していく事で、活動への意欲作りをし、他児の活動に注目する力や自主性を養っていく。 ・能力に合わせた援助の方法で、身辺面の自立を目指す。 ・就学及び、就学後を含めた利用可能な福祉サービスに関する情報を提供する。 ・保護者が必要とする福祉サービスと地域等の情報の提供や子育てに関する助言を行う。（地域支援） ・関係機関との連携を図る。（家族支援） ・感染症予防や災害のため教室に出席できない時は、電話やメール相談を受けることができる。	・楽しく通いたい ・たくさんほめて欲しい 保護者ニーズ ・オムツが取れて欲しい ・気分のムラがなく、参加できるようになって欲しい。

	解決すべき課題	I期（支援目標）	援助内容	評　価
1	基本的生活習慣の向上	日常生活や保育所生活の中で、トイレの中に入ることに慣れる。トイレの中にある物（紙パンツ等）を取りにいくことができる。（身 18-26）衣服の着脱等は、大人の援助を受けながら練習することで、意欲を高め、一人でできる部分を増やす。（身 20・21・23）	場面に応じた身体的援助により、様々な生活経験を積み、身辺面の向上を図る。定時にトイレに誘い、本児の興味のある物を使用することで、トイレの中に入ることを促す。家庭、保育所、個別指導教室で連携し、共通理解のもと統一した援助を行う。本児が一人でできることと難しいことを見極めて、適宜援助を行う。	
2	各領域での伸び	苦手な部分は大人の援助を受け、達成感を得ながら本児に合った課題に取り組む。興味関心の幅が広がり、大人の少しの援助で課題を達成し、各領域での伸びが見られる。（認 21・24・25）	保育園や家庭での様子を踏まえ、本児の成長段階に応じた援助をしていく。スモールステップで課題を提供し、次の課題への意欲へつなげる。	
3	コミュニケーション能力の向上	大人の促しのもと簡単なやり取りを経験する。 「～しているの誰?」という質問に指差しで答えることができる。（イラスト等の視覚支援があってもよい）（言 38）	日常生活のなかで本児と関わる機会を設けることで、言葉に触れる機会を意図的に増やす。本児の気持ちや伝えたいことを汲み取り代弁する。本児に合った教材を必要に応じて準備する。	

評価　A：達成できた　　B：少しの支援があれば達成できた
　　　C：大部分の支援があれば達成できた　　D：達成できなかった

この計画に同意し、承諾いたします。

平成　　年　　月　　日　　　氏名　　　　　　　　　　　　印

表 12　週間指導プログラム

［日課］

	月 〜 金	土曜日
8:00	早朝保育 （延長保育）	個別指導
8:30 9:45	朝のミーティング （バス教室） 安全指導　朝の視診　朝の挨拶　／　各記録整理　活動準備	ポーテージ指導 (月1回　土) 各担任が、１時間ずつ行う 保護者と来園
  10:30 11:40 12:00	登　園 朝の挨拶・排泄指導・おやつ 自由遊び　個別指導（ポーテージ課題）　交流保育 クラス課題活動ー音楽リズム・感覚運動・言語・認知・製作・クッキング 園庭あそび・散歩 各行事ー一斉活動 排泄指導・昼食準備	グループでの感覚統合 作業療法（月1回　金） グループでの言語訓練 （月1回　木）
	昼　食	
13:00 13:30	排泄・歯磨き指導　　　　交流保育 自由遊び・散歩 / 園庭遊び グループ活動 クラス課題活動ー音楽リズム・感覚運動・言語・認知・製作・クッキング	
14:00 14:30	排泄指導 降園準備・帰りの挨拶	
16:00 18:00	降　園　　　　　　　< 職員の動き > （バス教室）　／　清掃　記録整理 学習会　園内連絡会 ケース研究　職員会 処遇会議　事業責任者会議 活動準備	

2 児童発達支援事業

社会福祉法人宗友福祉会天使園園長　重見 幸二

(1) 沿革

宗友福祉会天使園は、平成28（2016）年4月に複合型の児童施設として開園しました。1つ目は児童発達支援事業、2つ目は福祉型障害児入所施設、3つ目は企業主導型保育事業所で、これらを中心に事業を展開しています。その他の事業として（障害児相談支援事業所・障害児等療育支援事業・短期入所事業・日中一時支援事業・保育所等訪問支援）を地域の役割として担い、保育･療育支援、子育て支援等地域のニーズに合わせてサポートし、5年目が過ぎ6年目を迎えています。今回の実践事例の報告においては、児童発達支援事業の事例を中心に報告させていただきます。

(2) 実践事例：児童発達支援計画書とポーテージプログラムの活用

■事例　O・O

①　対象児概要

O・Oは、平成25（2013）年5月市内の病院で3300グラム出生。1歳半健診で言葉が出ていなかったため、様子観察となります。1歳10カ月に保健センターから連絡があり、言葉が出ていないことを伝えました。その頃近くの小児科医から本児の受診の際のかんしゃくの様子を見てグレーゾーンの子どもであると言われ、2歳健診まで様子を見るようになりました。地域の保育所や幼稚園などの一時預かりを利用した際、地域の保育士から相談支援事業所を紹介してもらい相談支援の利用開始となりました。その後相談支援事業者からも療育を勧められ平成28（2016）年4月より事業の利用となりました（家族：父・母・本児・妹の4人家族です）。

②　新版K式発達検査

O・Oの新版K式発達検査［入園時1回目（平成28年5月11日実施）：生活年齢3歳0カ月］の結果は、表1のとおりです（P－M：「姿勢・運動」、C－A：「認知・適応」、L－S：「言語－社会性」の領域を示します。以下同じ）。

表１　新版Ｋ式発達検査の結果（入園時１回目）

領　域	ＤＡ	ＤＱ
Ｐ－Ｍ	－	－
Ｃ－Ａ	１歳７カ月	53
Ｌ－Ｓ	１歳１カ月	36
全領域	－	－

③　本児の検査所見　療育的配慮及び発達支援

３歳０カ月段階では、視覚的に物事を理解して対応することのほうが言語を介して理解するより得意です。活動や課題においては何らかの視覚的なものを手がかりとして導入するとよいでしょう。特に、入れたりはめたりするなど、することが具体的で明確なものは得意です（反面、絵や図形でも二次元的なものを弁別して合わせたりすることはまだ苦手です）。今後は、お片付けの分類箱に実物の写真を用意して実物と写真のマッチングにも気づくようにします。道具の使用においては、使っていない片方の手を身体介助などでさりげなく誘導します。やりとりにおいては、自分なりに道具を使っているときに他者が介入することには抵抗を示しやすいです。まずは、本児の興味を持った道具を軸にしながら、大人と並行的な遊びの中で介入を試みます。うまくいかないときには試行錯誤をしようとする様子も見られるので、すぐに援助をしないで、子どもからのコミニケーションサインを待ちます。指さしやクレーンのように分かりやすいサインの他に、視線でのサインも見られるので、それらのサインも見逃さないでその都度言語化して対応します。また、本児の得意な活動のなかで、「できた」「面白かった」という時間や達成感も周囲の大人が言語化しながら伝えます。

④　初めてのアセスメントより

母親から、初回アセスメントを実施した際、家庭の様子としていろいろな困り感や不安などが語られました。また、

・言葉が出にくい子どもとの関わり方を教えて欲しい。
・入園式の際に、本児が座ることができずウロウロしている様子が見られたため、座らせる方法が知りたい。
・場面の切り替わりの際にかんしゃくを起こし、関わりができにくい。
・食事の際に好き嫌いがあり、食事支援が難しい。
・就寝のバランスが悪く、なかなか寝つくことができにくい。

など、本児の行動特徴が母親から話された。母親からのアセスメントと支援会議の結果、(現在の書式とは異なる）旧来の様式を用いて児童発達支援計画書を作成しました。

⑤　平成 28 年度児童発達支援計画書作成（前期４月から９月まで）

事業所への来所と家庭訪問などを実施しながら、保護者のニーズと子どもの様子の状況

を把握した手順として、[アセスメント実施⇒支援計画策定会議⇒支援計画説明と同意⇒中間評価記録⇒モニタリング・アセスメントの実施⇒（後期支援計画書策定へ10月から翌年３月まで）、その後、年度末３月に長期目標、短期目標のモニタリングを実施し、再度、新年度に向けてアセスメントの実施]を行いました（表２参照）。

表２　個別支援計画書（目標・支援）

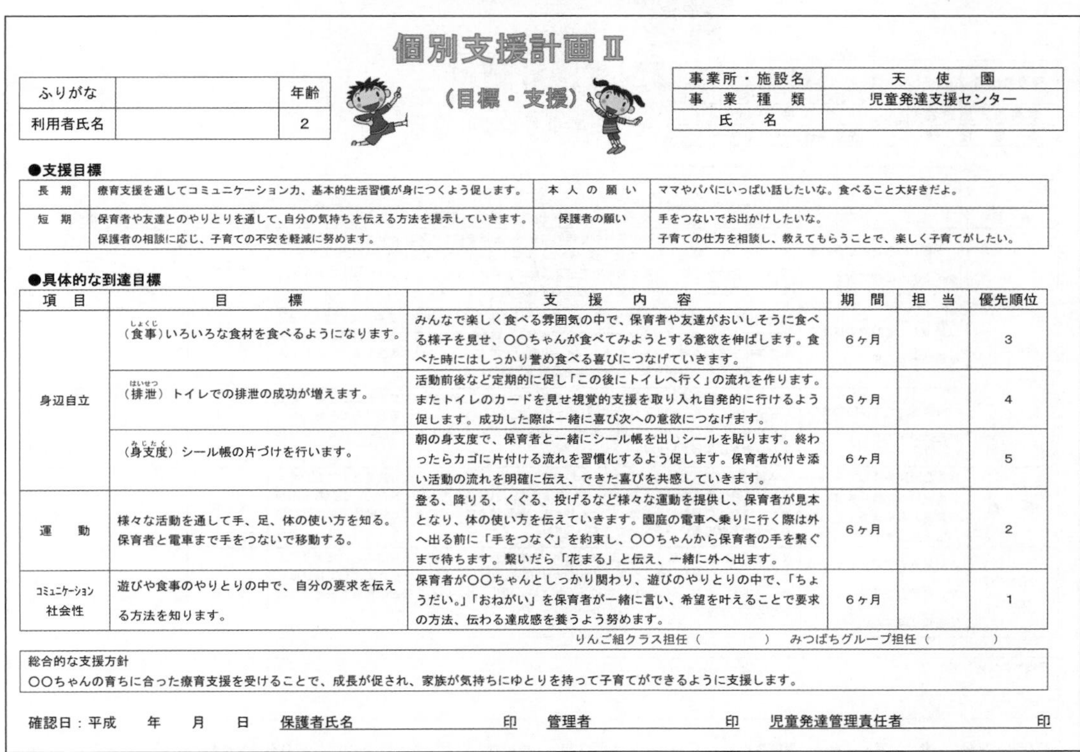

個別支援計画Ⅱ

（目標・支援）

ふりがな		年齢
利用者氏名		2

事業所・施設名	天　使　園
事　業　種　類	児童発達支援センター
氏　　名	

●支援目標

長　期	療育支援を通してコミュニケーション力、基本的生活習慣が身につくよう促します。	本人の願い	ママやパパにいっぱい話したいな。食べること大好きだよ。
短　期	保育者や友達とのやりとりを通して、自分の気持ちを伝える方法を提示していきます。 保護者の相談に応じ、子育ての不安を軽減に努めます。	保護者の願い	手をつないでお出かけしたいな。 子育ての仕方を相談し、教えてもらうことで、楽しく子育てがしたい。

●具体的な到達目標

項　目	目　　標	支　援　内　容	期　間	担　当	優先順位
身辺自立	（食事（しょくじ））いろいろな食材を食べるようになります。	みんなで楽しく食べる雰囲気の中で、保育者や友達がおいしそうに食べる様子を見せ、○○ちゃんが食べてみようとする意欲を伸ばします。食べた時にはしっかり誉め食べる喜びにつなげていきます。	６ヶ月		3
	（排泄（はいせつ））トイレでの排泄の成功が増えます。	活動前後など定期的に促し「この後にトイレへ行く」の流れを作ります。またトイレのカードを見せ視覚的支援を取り入れ自発的に行けるよう促します。成功した際は一緒に喜び次への意欲につなげます。	６ヶ月		4
	（身支度（みじたく））シール帳の片づけを行います。	朝の身支度で、保育者と一緒にシール帳を出しシールを貼ります。終わったらカゴに片付ける流れを習慣化するよう促します。保育者が付き添い活動の流れを明確に伝え、できた喜びを共感していきます。	６ヶ月		5
運　動	様々な活動を通して手、足、体の使い方を知る。 保育者と電車まで手をつないで移動する。	登る、降りる、くぐる、投げるなど様々な運動を提供し、保育者が見本となり、体の使い方を伝えていきます。園庭の電車へ乗りに行く際は外へ出る前に「手をつなぐ」を約束し、○○ちゃんから保育者の手を繋ぐまで待ちます。繋いだら「花まる」と伝え、一緒に外へ出ます。	６ヶ月		2
コミュニケーション 社会性	遊びや食事のやりとりの中で、自分の要求を伝える方法を知ります。	保育者が○○ちゃんとしっかり関わり、遊びのやりとりの中で、「ちょうだい。」「おねがい」を保育者が一緒に言い、希望を叶えることで要求の方法、伝わる達成感を養うよう努めます。	６ヶ月		1

りんご組クラス担任（　　　　）　みつばちグループ担任（　　　　）

総合的な支援方針
○○ちゃんの育ちに合った療育支援を受けることで、成長が促され、家族が気持ちにゆとりを持って子育てができるように支援します。

確認日：平成　　年　　月　　日　保護者氏名　　　　　　印　管理者　　　　　　印　児童発達管理責任者　　　　　　印

説明と同意後、支援を開始します。各項目の支援内容については、支援の経過を記録する用紙に大項目（達成領域：目的）を記載しておき、具体的な支援内容などを記入していきます。表３に、個別支援計画書にもとづく支援のモニタリングを示します。

⑥　モニタリングの実施

表３　個別支援計画書（モニタリング）

ふりがな		年齢

個別支援計画Ⅳ

（モニタリング）

利用者氏名		3

事業所・施設名	天　使　園
事　業　種　類	児童発達支援センター
氏　　名	

項　目	目　　標	支援の手立て・現在の様子（評価）	期　間	担　当	優先順位
身辺自立	（食事（しょくじ））いろいろな食材を食べるようになります。	白ご飯、から揚げなど好みの食材は意欲的に食べ、お皿を持っておかわりを要求する姿が見られています。野菜や初めて見る食べ物など苦手な食材については好きなデザートを見せ、「いち」食べたら好きな物がある事を伝え、食材を小さくすることで食べられることがあります。その際は、しっかり称賛し、食べる意欲に繋げています。	６ヶ月		3
	（排泄（はいせつ））トイレでの排泄の成功が増えます。	始めは慣れない環境ということもありトイレへ行く事を嫌がる様子が見られていましたが、視覚的にトイレのカードを使用することで理解し、行動に繋がりました。６月頃より朝の身支度後にトイレへ行く流れを作ると、カード無しで行く事ができはじめました。〇〇ちゃんのペースに合わせながら促し、便座に座る機会を増やしています。	６ヶ月		4
	（身支度（みじたく））シール帳の片づけを行います。	朝の身支度で保育者と一緒にシール貼りを促していましたが、机の上ですることを嫌がる様子が見られたため、まずはシールを貼ることを目的に〇〇ちゃんがいるところで一緒にシールを貼りました。７月頃より朝の集まりで貼る流れができ、机上でできた際にはしっかり称賛し、自身に繋げています。	６ヶ月		5
運　　動	様々な活動を通して手、足、体の使い方を知ります。保育者と電車まで手をつないで移動します。	一本橋では足元への注目が少なく、ふらつきがみられるものの、一人で渡りきることができます。４月は手を繋ぐことを嫌がっていましたが、汽車や食堂へ行く時など、〇〇ちゃんが好きな活動への移動は手を繋ぐことを約束し、毎日積み重ねることで、移動する際には〇〇ちゃんから保育者の手を繋いできています。	６ヶ月		2
ｺﾐｭﾆｹｰｼｮﾝ 社会性	遊びや食事のやりとりの中で、自分の要求を伝える方法を知ります。	要求を「だい」と言葉で伝えていましたが、保育者とやりとりをする中で正しい言葉「ちょうだい」と保育者が代弁し伝え、７月頃より「ちょうだい」とはっきり言葉にして言いはじめています。また、何か欲しい時に「ください」や「これ、いる」などの言葉で伝えることが増えています。	６ヶ月		1

保護者のコメント

確認日：平成　　年　　月　　日　保護者氏名　　　　　　　印　管理者　　　　　　　印　児童発達管理責任者　　　　　　　印

⑦　支援者と保護者からの意見として（平成 28 年度児童発達支援計画書の現状課題から）

支援者の立場からの反省・意見としては、支援計画書の作成に当たり、文章のみの作成であれば、仕事の経験値により文章表現内容力が違い、特に新任の支援者の作成力と経験値の高い支援者との間に文章表記の力量差が生まれてしまいます。次年度の進級の際にうまく引き継ぎができにくかったり、移行支援の際に、相手側の保育所・幼稚園に対して本児や成長過程の状況が十二分に引き継ぎができないという意見が上がりました。また、家庭支援および地域支援の重要性が取り上げられ、成長過程の実情をはっきり把握した PDCA サイクルの実施ができにくい傾向にあるなど、支援者からの意見や地域支援者（教育者、専門職：ST・OT・PT 等）からの意見がありました。

保護者の立場からの意見としては、実際に保護者に対する支援（家庭支援）においても力量の格差が生じ、支援者の経験値により支援内容が違ったり、ニーズに対応することができていなかったり、保護者と支援者とのやりとりが伝わらないとの保護者からの意見がありました。また、子どもの成長の過程がはっきりとした形で見えてこないなどの意見が多数聞かれることもありました。今後は、しっかりとした応用行動分析（ABA）の原理の適用や家庭支援に対してもっと積極的に力を入れて欲しいという要望も示されました。

⑧　支援者と保護者からの意見を踏まえて（平成 29 年度から 30 年度へ児童発達支援計画書の変更）

このような背景から、経験値によって差を生じないツールの検討、支援者・保護者両者ともが子どもの成長を振り返ったとき、具体的に成長が分かり共通して話ができる支援計画書の作成が早急に求められることとなりました。そのような中、平成 29（2017）年 7 月頃に、全国共通の『児童発達支援ガイドライン』の検討がなされ、平成 30（2018）年度より施行されるということで児童発達支援計画書の中に採り入れることを検討しました。

また、半年ごとに支援の成果や子どもの成長を確認できるツールや、家庭に対してもセンターで実施している内容を共通して保護者にフィードバックして支援ができるツールがないかと検討した結果、ポーテージプログラムの取り入れの必要性を感じ、実施することとし、準備に当たることになりました。また、①新版 K 式発達検査 2001、②新保育所保育指針（移行支援に対し）、③『児童発達支援ガイドライン』などをあわせて、平成 29（2017）年度 10 月より、④ポーテージプログラムの導入と、平成 30（2018）年度 4 月より上記の内容を併せ持ったツールを使用して児童発達支援計画書の作成をすることになりました（図 1 参照）。

⑨　天使園の児童発達支援計画書作成の関連性（具体的な作成手順として）

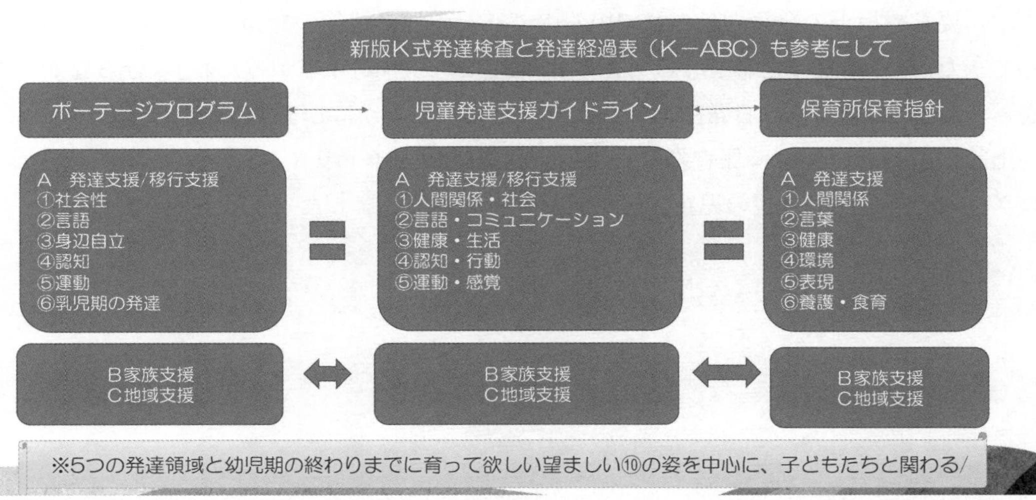

図 1　児童発達支援計画書におけるポーテージプログラム・児童発達支援ガイドラインと保育所保育指針の関連性について

⑩　事例Ｏ・Ｏ平成 30 年度児童発達支援計画書作成について

事例Ｏ･Ｏの新版Ｋ式発達検査（２回目（平成 29 年３月 18 日実施：生活年齢３歳 10 ヵ月）の結果は、表４のとおりです。

表４　新版Ｋ式発達検査の結果（２回目）

	ＤＡ	ＤＱ
Ｐ－Ｍ	３歳１カ月	80
Ｃ－Ａ	２歳３カ月	59
Ｌ－Ｓ	２歳10カ月	74
全領域	２歳６カ月	65

平成 28（2016）年５月の実施に比べて言語面の伸びが顕著に見られます。言葉が意味を持つもの、コミュニケーションの道具として使えるもの、ということが十分に分かってきたように思われます。しかしまだ、言葉だけで見通しを持ってそれに合わせて気持ちや行動をコントロールすることは難しいので、活動や課題においては写真や絵などの視覚的な刺激も、意味や行動調節の手がかりとして利用します。発達的には「大－小」「長い－短い」のような比較概念（対比的認識）を充実・拡大させていくことが大切になります。「大きい－小さい」などの見える比較概念だけではなく、「重い－軽い」「硬い－柔らかい」「甘い－辛い」などの見えない比較概念も、日常生活の中で実際に触ったり持ったり味わったりしながら比べて、違いを言葉や身振りで周囲の大人が言語化して伝えていきます。また、以前に比べて、やりとりも上手になっています。しかし、言葉で自分の思いを伝えられるようにもなり他者からの指示や介入を受け入れにくいこともあります。まずは本児の思いを受け止めつつ、こちらの思いを分かりやすい言葉や視覚的な工夫で伝えてみるようにします。要求や拒否の発語も見られているので、その他の機能の発語につながるように「よくできたね」「頑張ったね」とほめたり、「面白かったね」「辛かったね」「分らなかった」など、Ｏ・Ｏの気持ちを日常生活のなかで言語化するようにします。

上記の所見と『保育所保育指針』、『児童発達支援ガイドライン』、そしてポーテージプログラムの視点から新規の児童発達支援計画書を作成しました（表５～表７参照）。

表５　『保育所保育指針』に基づく全体の支援計画

法人理念 （事業運営方針）	☆～みどりの中で育む笑顔～☆ 子どもの思い（心）に目を向け成人期の基盤となる乳児期、幼児期だからこそ育むべき「今」を大切に、必要としている支援を個々に合わせて提供します。広々とした環境の中で喜びや楽しさを見出しながら子どもたちの発達をくつろいだ空間の中で、促進できる療育を目指していきます。また、地域との交流を大切に愛される場を作ります。
基本理念	①発達に特徴のある子ども本人の最善の利益の保証　②地域生活への参加・包容（インクルージョン）の推進と合理的配慮　③家族支援の重視　④発達に特徴のある子どもの地域社会への参加・包容（インクルージョン）を子育て支援において、推進するための後方支援としての専門的役割を果たす
保育目標	①子どもが充実した毎日を過ごし、望ましい未来を作り出す力の基礎を培うために子どもの発達の状況及び、発達の過程・特性等に十分配慮しながら子どもの成長を支援する。　②発達の気づきの段階から継続的な支援を行い、将来の子どもの発達・成長の姿を見通しながら、日常生活や社会生活を円滑に営めるよう、今、どのような支援が必要かという視点を持ち、子どもの自尊心や自発性、主体性、自己抑制力を育てつつ発達上の課題を達成させる。③子どもの保護者に対し、その意向を受け止め、子どもと保護者の安定した関係に配慮し、センター等の特性や児童発達支援に携わる支援者の専門性を活かして支援にあたる。

社会的責任	人権尊重	説明責任	情報保護	苦情処理・解釈	特色ある保育	長時間保育
・児童福祉法・保育所保育指針・教育基本法・学校教育法・総合支援法等に基づく複合型総合施設として、本児、保護者、地域に対して、事業所の役割を十分に発揮し、その役割を果たす。	・基本的人権の尊重（権利擁護、虐待防止） ・当事業所に関係するすべての人と地域社会に対して最大の利益を考慮する。また、職員の生活権の保障	・当事業所に関係する全ての人、また、地域社会に対して、理念・方針・活動目的を丁寧に積極的に啓発活動を行っていく。	・個人情報保護法に基づきまた、契約書等の個人情報が漏れない様に配慮に努める。 ・個人資料また、パソコン等のセキュリティーに十分に配慮する。	・苦情申し立てに至るまでの過程を大切にし、苦情解決システムに基づき、第三者委員会、運営適正化委員会も含め丁寧に解決を図っていく。	・クラス・グループ活動・個別療育 ・裸足、芝生、鉄道療法 ・和歌・論語の素読・栽培収穫体験等 ・関連施設の夏祭り、バザーの参加	・保護者の状況に応じて相談しながら家族を支えていく。 ・延長保育の実施

発達過程	主な行事
・児童発達支援ガイドラインを中心に、発達支援（本人支援及び移行支援「就園」）、家庭支援、地域支援、・保育所保育指針・幼稚園教育要領・特別支援学校幼稚部教育要領、幼保連携型認定こども園教育・保育要領のねらい及び内容についても理解しながら、支援にあたる。また、新版K式発達検査、ポーテージプログラム、発達経過表を保護者に提示し、個々の発達状況に合わせた児童発達支援計画書の作成や個別支援（専門職）の環境を整えながら支援する。保護者に対しては、家族支援や地域支援「就学」等においても支援にあたる。	・入園式、卒園式、進級式、参観日、家庭訪問、夏祭り、運動会、バザー、個別懇談、親子遠足、保護者活動、保護者研修会、保護者総会等

療育年間目標・保育	幼児期の終わりまでに育って欲しい（就学までに）⑩の幼児の具体的な姿（発達支援）として ①健康な心と体 ②自立心 ③協同性 ④道徳性・規範意識の芽生え ⑤社会生活との関わり ⑥思考力の芽生え ⑦自然との関わり・生命の尊重 ⑧数量や図形、標識や文字などへの関心・感覚 ⑨言葉よる伝え合い ⑩豊かな感性と表現 と表現を中心に、人と関わりながら、目標に向かって自発的に頑張る力、主体的に他人とうまく関わる力、感情をコントロールする自己抑制力などの非認知的能力を身につけた子どもを良い環境で育てる。また、療育の特徴として専門職（ST、保育士）の個別療育の時間を設定して個別支援の充実と、クラス活動・グループ活動等の支援目的別の環境設定の充実を図り、受容的・応答的に丁寧に支援する。保護者支援として、ペアレントトレーニング・ペアレントメンターの家族支援の視点から、子育ての不安軽減を図るとともに、育児を支援していくこととする。

発達別　療育・保育内容		２歳児・３歳児	４歳児・５歳児
養護 保育 教育 療育	健康・生活 （ポ：身辺自立） （保：健康）	・子どもの気持ちを受け入れ、共感しながら信頼関係を築いていく。・自分で移動できる喜びを知り、戸外活動や散歩を十分に楽しむ。 ・保育者との信頼関係を基盤にし、子どもが主体的に活動し自信を持つことが出来るようにする。 ・排泄や着替えなど、自分でやりたい気持ちを受け入れ、自分で出来た喜びを感じる。 ・食事・排泄・睡眠・衣類の着脱などの基本的な生活習慣が身に付くようにする。 ・要求を保育者に受け止めてもらい、自我を大切にした生活を送ることで、安心や信頼感を持ち、過ごす。	・1日の生活の流れに見通しをたてながら行動できるようにする。 ・園での生活の仕方がわかり、自分たちで保育室を整理整頓しながら行動する。 ・自分を十分に表現し自信を持って活動できるようにする。 ・適度な運動と休息がとれるようにし、子どもたちが意欲的に生活できるようにする。 ・自分が着ている衣服のボタンを外したり、はめたりする。
	人間関係 社会性 （ポ：社会性） （保：人間関係）	・保育者や友達に関心をもち真似したり関わろうとしたりする。 ・友達と積極的に関わりながら喜びや悲しみなどの感情を共有する。 ・友達と一緒に過ごす楽しさを知り、簡単なルールのある遊びを通してルールを守れるようになる。 ・相手から聞かれたりすると、二つのものの中で好きな方を選ぶ。	・友達と一緒にいることの喜びや楽しさを感じて、いきいきと遊ぶ。 ・集団生活や遊びの中で友達と力を合わせたり、一緒に活動することの大切さを知る。 ・クラスの子どもと一緒に遊んでいる時に順番を守ったり、ルールを守り仲良く遊ぶ ・他人の物を使うときには、相手に許しを求めその物を使う。
	認知・行動 （ポ：認知） （保：環境	・好きな玩具や遊具に興味をもち楽しんで遊ぶ。 ・季節を感じながら戸外で遊ぶ中で、生き物や植物に触れ興味をもつ。 ・戸外遊びを通じ、経験したことを遊びに取り入れ、豊かな感性や好奇心を養う。 ・聞かれると、大小を区別して指を指し選ぶことを知る。	・運動遊びや集団遊びを通して、様々な遊具を使用し、考えたり試したりして工夫して遊ぶ。 ・生活や遊びの中で見たり聞いたりしたことを友達と一緒に発展させながら遊ぶ。 ・文字、数字標識などで同じものをあわせたりする。 ・1～10までの範囲で言われた数だけ物を取ったりして遊ぶ。
	言葉・コミュニケーション （ポ：言語） （保：言葉）	・保育者からの語りかけを喜び、言葉を使うことを楽しむ。 ・保育者や友達と一緒にごっこ遊びをする中で、言葉のやり取りを楽しむ。 ・日常生活に必要な言葉がわかるようになり、絵本を見たり聞いたりして、内容やおもしろさに親しむ。 ・カテゴリーの名称を使って（動物、果物、乗り物など）楽しく遊ぶ。	・保育者や友達との会話を通して、友達といることの楽しさを感じる。 ・会話の中で、自分の経験したことや感じたことを自分の言葉にし伝えることの楽しさを知る。 ・自分の名前の代わりに、「わたし」「ぼく」等を使ってお話をする。 ・言葉による指示で連続した3つの動作をして遊ぶ。
	運動・感覚 （ポ：運動） （保：表現）	・歌や手遊びに合わせて体を動かし楽しく遊ぶ。 ・のびのびと体を動かし、表現することの楽しさを知る。 ・感じたことや思ったことを描いたり、歌ったり、体を動かしたりして自由に表現する。	・友達と一緒に歌ったり合奏したりする中で、協力して表現することを楽しむ。 ・見たり聞いたり考えたことを、自分で想像して自由に表現できるようになる。 ・家、人、木のような簡単な絵を描いて遊ぶ。
食育	食を営む力の基礎	・手づかみでも自分で食べようとする意欲を育みながら、生活のリズムを身につける。・フォークやスプーンに興味を持ち、使用して食べる。 ・食べることを楽しみながら、色々な味つけや食材を知り、生活のリズムを確立し、安定させる。また、好き嫌いを軽減し、バランスのよい食事にする。 ・楽しい雰囲気の中で、みんなと一緒に食べることを楽しみながら、食事のマナーを知る。また、食器や器具の使い方を知り、後片付けの経験をする。 ・事業所でも農作物等を自らが育て、収穫をする喜びを知り、給食で食する体験を重ねていきながら食物に対する感謝等を知る。	・食材に興味・関心を持ち、嫌いな食材も食べてみようという意欲を育む。 ・食事を通して色々な食材や料理を味わい、豊かな感性を育てる。 ・落ち着いた雰囲気の中で、皆と一緒に食べることを楽しむ。また、食事に関わる人や、食材に感謝の気持ちを持つ。・食べ物と体の関係に関心を持ち、食事の大切さを知る。

健康支援	・全児健康診断（年２回）　・身体測定（毎月）　・歯科検診（年１回）　・日々の健康状態の把握（登園時健康チェック）　・家庭での本児と家族の健康状態の把握（おたより等）　・保健だより情報の提供（市内における感染症の報告及び対応の情報提供）
環境・衛生管理	・建物内・外・周辺道路の掃除　・使用遊具の消毒　・砂場の消毒（年２回程度）　・職員の検便（調理員・調理従事者）　・布団衛生管理（毎週自宅へ持ち帰り）　・全児、職員昼食・排泄時ペーパータオル使用
安全対策・事故防止	・毎月防災訓練の実施（火災、地震、水害、土砂崩れ、不審者侵入等）　・消防器具点検（毎月１回）　・普通救命講習会（4時間AEDも含む）　・送迎車車両点検（運行前点検、毎月点検）・遊具の点検　・安全遊具点検（毎月１回）　・虐待防止研修会
研修計画	・STの指導による研修会（ケース会議等）　・園外研修会　・人間力養成講座（致知出版社）　・倫理法人会（モーニングセミナー）　・社内木鶏会（毎月１回）　・ＣＤＳ研修会参加　・中国・四国地区通園職員研修会参加　・福祉協会研修参加
保育園・小学校・保護者・地域支援、連携	・交流保育　・幼保小連絡会　・保育所児童保育要録を小学校へ送付　・幼稚園・保育園交流会　・保護者育児講座の開設（ペアレントトレーニング、ペアレントメンター）　・実習生、職場体験、ボランティアの受け入れ　・講堂の一般開放
市町村等連携	・障がい者総合支援協議会（学童小部会・子ども支援部会・乳幼児部会）　・自立支援協議会　・乳幼児育成指導事業運営協議会
自己評価	・第三者評価の内容に基づく事業所及び各職員の評価の実施　・各保育士による年度末の目標達成度評価と次年度の各個人の保育目標の策定　・児童発達支援ガイドラインに基づく評価（保護者用・職員用・事業者用ホームページによる公開）

配慮点として、児童発達支援計画書の中に新しい『保育所保育指針』の５項目（健康・表現・環境・言葉・人間関係）の領域・内容とねらいを記号で記入して、実際の『保育所保育指針』から児童発達支援計画書の説明の際に、支援者と一緒に具体的な取り組み内容の確認をします。これについては移行支援の重要性を伝え保育所・幼稚園での活動が天使園でも取り入れられているということの認識を、保護者の方にもっていただくようにします（なお、“ねらい”と“支援内容”の支援計画書への記載は、平成31（2019）年度４月より実施しています）。『児童発達支援ガイドライン』に基づく児童発達支援計画書項目早見表は、表６のとおりです。

表６　『児童発達支援ガイドライン』に基づく児童発達支援計画書項目早見表

(1)ア　発達支援（本人支援）
(ア)健康・生活＝(ポーテージ：身辺自立)（『保育所保育指針』：健康）
<u>a　ねらい</u>
(a) 健康状態の維持・改善 (b) 健康リズムや生活習慣の形成 (c) 基本的生活スキルの獲得
<u>b　支援内容</u>
(a) 健康状態の把握 健康な心と体を育て自ら健康で安全な生活を作り出すことを支援する。また、健康状態の常なるチェックと必要な対応を行う。その際、意思表示が困難である子どもの特性及び発達過程・特性等に配慮し、小さなサインから心身の変化に気づけるよう、きめ細やかな観察を行う。 (b) 健康の増進 睡眠、食事、排泄等の基本的な生活のリズムを身につけられるよう支援する。また、健康の生活の基本となる食を営む力の育成に努めるとともに、楽しく食事が出来るよう、口腔内機能・感覚等に配慮しながら、咀嚼・嚥下、姿勢保持、自助具等に関する支援を行う。さらに、病気の予防や安全への配慮を行う。

配慮点として、児童発達支援計画書のなかに各項目（発達支援：健康、生活・運動、感覚・認知、行動・言語、コミュニケーション・人間関係、社会・家庭支援・地域支援（移行支援）の項目を具体的に取り上げ、ねらいと活動の内容を、保護者に児童発達支援ガイドラインを手引きとしてお渡しして、説明をしています。ポーテージプログラムを、個別支援・クラス活動・家庭訪問に使用しました。図２は、ポーテージプログラムのチェックリストによるカリキュラムアセスメントを行い、発達経過表に結果を示したものです。

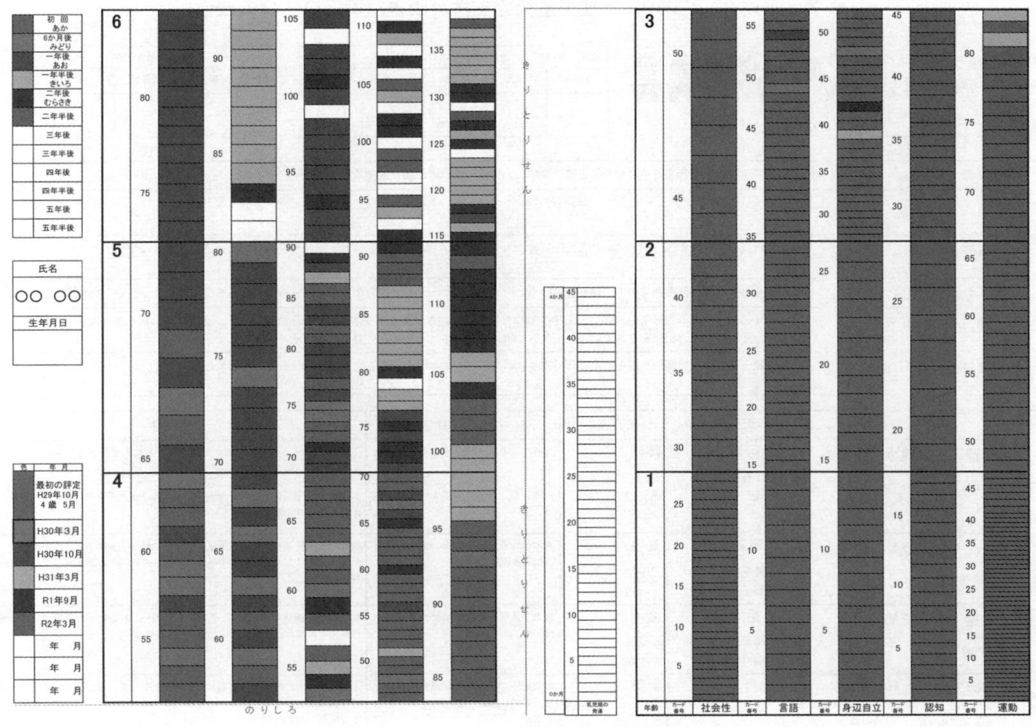

図2　ポーテージプログラムチェックリストによる発達アセスメント

児童発達支援計画書のなかの各項目に『児童発達支援ガイドライン』と『保育所保育指針』をリンクさせ、各項目についてポーテージプログラムの関連する活動カードを２枚ずつ提示し、児童発達支援計画書を作成して支援に当たりました。家庭での取り組みが難しい場合には、月３回の個別指導の時間に、支援者がその活動カードの内容を実際に行い、取り組んでいるところを保護者に見てもらい、同じ経験ができるような環境を作ります。個別支援の取り組みのなかで、活動カードが個別教材に取り入れられている場面もあります。そのことにより、家庭で取り組みが難しい課題について、天使園での個別指導の場面で支援者と保護者に教示することを通して、保護者の育児力につながっていきます。

事例Ｏ・Ｏについての児童発達支援計画書は、具体的には表７のようになりました。表７に、その個別支援計画に基づいて【前期】と【後期】に実施したモニタリング／アセスメントの結果を示します。

表７　平成 30（2019）年度児童発達支援計画書（事例Ｏ・Ｏの場合）

児童発達支援センター　天使園
2019年 児童発達支援計画

園児氏名　O・O　　生年月日　○ 年○月○日

前期（4月-9月）（保護者同意日・アセスメント　年　月　日）					前期・短期　モニタリング / アセスメント（保護者同意日　年　月　日）				
保護者	園長	児発管	リーダー	担当	保護者	園長	児発管	リーダー	担当

○目標	長期目標	他児や支援者と会話する中で相手の表情を理解し、言葉の前後の脈略を読み取れるようになります。
	短期目標（4月-9月）	園のルールや社会的マナーを知り、気持ちのコントロールができるようになります。
	短期目標（10月-3月）	就学に向け挨拶をする、困っている人を助ける、ルールや決まりを守るなど他者と協調性を持って活動できるようになります。
	長期モニタリング	視線を合わせて、話を聞く中で、相手の気持ちを考えながらしっかりと読み取り、会話する姿が見られるようになってきています。
	短期モニタリング（4月-9月）	ルールのあるゲームをしている際に、相手の気持ちを考えてわざと負けたりする姿が見られています。食事中もお皿を持って食べることや肘をつかないことなど約束を守れています。大きく情緒が崩れることなく落ち着いて過ごせています。
	短期モニタリング（10月-3月）	年長児として年少児童の世話を進んで行ったり、言葉がけや力加減を調整したり思いやりを持って関われています。

○具体的な目標及び支援計画等	【前期】ガイドライン	ポーテージ	保育指針	具体的な目標	支援内容
	①発達支援：健康・生活 （項目　a-(b)　b-(b)　）	身辺自立 （活動カード） （54　101）	健康 ア-③ イ-⑤⑥⑦	自分でおしりを拭けるようになります。 いろいろな食材に興味を持ち食べれるようになります。	トイレで排便が成功した際、支援者が手を添えて拭き方を伝えていきます。 支援者や他児が苦手な物を頑張って食べる姿を見て本児の「食べてみようかな」という気持ちを高めていきます。
	②発達支援：運動・感覚 （項目　a-(a)　b-(d)　）	運動 （活動カード） （125　129）	表現 ア-② イ-④⑦⑧	基本的な動きから細かい動作を伴う運動に挑戦します。	縄跳びやボールなどの玩具を使い、四肢の動き、身体の使い方を知らせていきます。また、個別療育でハサミ、鉛筆の課題を取り入れ、道具の操作性が向上するよう促していきます。
	③発達支援：認知・行動 （項目　a-(b)　b-(c)　）	認知 （活動カード） （54　55）	環境 ア-③ イ-⑨⑩	数量・長短・高低等の概念の習得を促します。	身近な物を通して「～個ちょうだい」「高いね」といった声掛けを行い数や長短等の概念を意識できるようにしていきます。
	④発達支援：言語・コミュニケーション （項目　a-(a)　b-(b)　）	言語 （活動カード） （91　83）	言葉 ア-③ イ-④⑦⑧	集団の中で、周囲を意識して行動でき、本児から話かけられるようになります。	本児に朝の会や帰りの会を通して先生役となって友達に伝えようとする環境を提供していきます。その中で自分より年下の子どもの手助けをすることで周囲への意識を高めていきます。
	⑤発達支援：人間関係・社会 （項目　a-(a)　b-(f)　）	社会 性 （活動カード） （70　81）	人間関係 ア-② イ-⑤⑦⑧⑩	他児と協力したり、助け合いながら落ち着いて活動に参加します。	活動に取り組む中で支援者が言葉掛けをしたり、手本を見せ伝えていきます。落ち着いて行動できた際や友達と協力できていた際は称賛し、自尊心、協調性が育むよう支援していきます。
	⑥家庭支援 （項目　ア－（ア）　イ－（イ））		子育て支援 1-(1)-ア	家庭状況を聞き取り、支援の見直しや支援統一を行います。	本児の課題や育児の困り感、今後の支援についてなど、電話連絡、家庭訪問、保護者来園時の話し合い、育児負担の軽減や支援の改善に努めます。
	⑦移行支援：地域支援 （項目ア－(a)）（項目イ-(b)）			交流保育で遊びを楽しみながら参加し、園活動に合わせながら行動します。	本児が楽しんで交流保育に参加できるよう見通しを伝えていきます。園職員の指示や他児の動きを支援者が本児に伝えていき、周囲への注意や活動の切り替えを促していきます。

【後期】ガイドライン	ポーテージ	保育指針	具体的な目標	支援内容
発達支援：健康・生活 （項目　a-(c)　b-(d)　）	身辺自立 （活動カード） （99　104）	健康 ア－① イ－⑦⑧	身の周りの事を一人で行える事が増えます。	支援者が見守る中で、紐を結ぶ、おつかいをする、トイレに行くなど他者の力を借りずに行うよう促し、本児一人の力で達成する事で成功体験を積み次の自身に繋げていきます。
発達支援：運動・感覚 （項目　a-(a)　b-(a)　）	運動 （活動カード） （124　128）	表現 ア－③ イ－④⑧	遊びの中で平衡感覚や手元の操作が高まります。	クラス活動や個別療育を通して、全身を使った粗大運動や手先の運動をしていきます。その中でバランス感覚や力加減を本児が身体をイメージしながら取り組めるように促します。
発達支援：認知・行動 （項目　a-(a)　b-(b)　）	認知 （活動カード） （51　89）	環境 ア－③ イ－⑧⑨⑩	読める、書けるひらがなを増やします。	本児が好きな本に書いてある字を一緒にゆっくり読んでいきます。わからないことや曖昧な時は「○○って読むんだよ」などとその場で教え、繰り返し行う事でひらがなの形の認識を高めます。
発達支援：言語・コミュニケーション （項目　a-(a)　b-(a)　）	言語 （活動カード） （82　85）	言葉 ア－② イ－②⑧⑨	楽しみながら会話に参加し、言葉や文字に親しみを持ちます。	大人や友達との会話を楽しみ、やり取りの中から本児から話を展開していけるよう支援します。また、個別療育や論語の勉強などから文字への関心が持てるように促します。
発達支援：人間関係・社会 （項目　a-(c)　b-(c)　）	社会 性 （活動カード） （75　79）	人間関係 ア－② イ－⑦⑧⑪	遊びを通して、友達をやり取りのバリエーションを増やしていきます。	友達とペアやグループになり協力して行う活動を提示していきます。ペアになることで自然にお互いが言葉のやり取りをしながら活動に参加でき、その中で新しい言葉を知り、使えるよう支援していきます。
家庭支援 （項目　ア－（ア）イ－（ウ）　）		子育て支援 1－（1）－ア	家庭、園で統一した支援を行います。	本児の課題や今後の支援についてなど、電話連絡、家庭訪問の際に話し、その都度支援の改善を行います。また、送迎時を利用して本児の園での様子をお伝えし、情報の共有に努めます。
移行(就学)支援：地域支援 （項目ア－(c)）（項目イ-(a)）			就学をイメージした園生活を行います。	園生活を送る中で簡単な役割を増やし、「小学校ではこんなことをする」など自覚が持てるような声掛け、促しを行います。また、就学先に対して情報提供を行い、本児と保護者が就学に向け安心して準備を進められるようにしていきます。

		【前期】モニタリング／アセスメント　（事業者）	【前期】モニタリング／アセスメント（保護者）
○モニタリングとアセスメント	①	お尻を拭くことは、ほぼ一人で行えており最後に拭けているかを支援員が確認しています。また、最近では排便の失敗があるため、細かく声掛けを行い、成功体験を積めるようにしています。食事に関しても、声掛けのみで完食する姿が見られています。	トイレに関して、家では見られたくないという思いが強く、1人で行って行っている。おしりを拭くのは1人で行っており、以前よりも拭けています。食事に関しては、家族が食べているものに興味を持ち、苦手な物も2回に1回は口にしてくれています。声掛けによって食べれるものも増えたように感じます。
	②	縄跳びでは、職員の真似をして縄を回す姿が見られていますが、縄を飛ぶタイミングがつかめないようで踏んでしまうことがある為、大縄飛びの横飛びで縄を飛ぶ練習を行っています。サーキットなど身体を動かす活動は好きなようで意欲的に参加しています。	鉛筆の課題を家で行う中で以前よりも操作性の向上が見られています。持ち方・筆圧も安定してきています。ハサミに関しても、両手を使って、形に添って切る事ができています。本児はダンスが好きで、動画を見ながら真似して踊っています。
	③	1～10までは数の概念も理解があり、しっかりと口に出して数えられます。長短や高低も個別支援等を通して、プリント教材や実物での質問を繰り返し行うことで間違うことなく答えられることが多くなってきました。	時間軸が少し曖昧なところがあるが、明日何をするかなど気になり本児から聞いてくる事が多くなっています。コグトレのプリントのレベルも少しずつ上がってきており、心的回転の課題ができるようになってきています。また、話の構成を頭の中で行って話す場面が増えたように思います。
	④	他児の表情を読み取り行動することが以前より増えてきています。本児から他児の名前が以前より出るようになってきています。また、他児の気持ちを汲み取りわざと負けようとする姿も見られるようになっています。	話をしている際に、急に違う話をしたりすることがあるが、以前と比べ長い文である程度、会話のキャッチボールができるようになったと感じます。相手の表情を読み取ろうとする姿が見られるようになってきているが、少しオーバーにとってしまう事があります。家では妹と一緒にごっこ遊びを楽しんでいます。
	⑤	何かをするときに一人でなく他児と一緒に行動することが増えてきました。遊びの中でも3～5人で一つのものを作ったり、ごっこ遊びをしたりする様子が見られています。日中活動の中で情緒が崩れる事もなく落ち着いて過ごせています。	本児がしたくないと思った時や、嫌だと感じた時に、情緒が乱れることがあるが時間を置くと、自分で気持ちを切り替えることができており、以前に比べて、立て直す時間も早くなったように感じます。近所の友達とも一緒に遊ぶことが増えてきており、本児の中でいろんなことを吸収しているように感じます。
	⑥	連絡帳や電話連絡を通し、家庭での様子を聞き、困り感があった際には随時家庭訪問を行い支援方法について支援者と両親とで話し合いました。またその際に、園での様子もお伝えし、情報の共有を行いました。	随時、話を聞いてもらえたり相談にのってもらえたりしたので、すごくありがたかったです。家庭訪問にも来ていただき、嬉しかったです。家庭で子育てをする中で、どうしても父親が置き去りになってしまう為、今後父親のみの勉強会などをして欲しいです。
	⑦	小学校の見学などにも意欲的に参加する姿が見られており、すごく楽しみにいている様子が伺えます。交流保育に関しても、前向きな様子で、他児が行っていると「さくらちゃんもいってるよ」などと話す姿も見られています。	交流保育に行くことで、周りの子との差を感じる為、少ししんどく感じました。今は、交流保育よりも小学校にスムーズに行ける事を目標にして通学の練習等を始めたいと考えています。本児の中でも小学校に行くことをすごく楽しみにしているように感じます。

【後期】モニタリング／アセスメント（事業者）	【後期】モニタリング／アセスメント（保護者）
活動の中で「トイレにいってきます」と本児一人でトイレに行く姿が見られています。また、1日の流れの中で、クラスから他のクラスや職員室に行って、そこにいる職員に伝達をするなどして、場所、位置の感覚や、慣れていない人に話しかける、お願いされたことを覚えて相手に伝える練習をしています。	服の着脱も自分でしっかりできています。トイレも定着してきており、排便に関してもトイレでの成功が続いています。食事に関しては、家では好きな物を好み食べていますが、園では残さず食べているみたいなので許しています。家の中で、お願い事をすると進んで行ってくれています。
個別療育や創作活動から、文字の読み書きや保護者や支援者のイラスト、色塗り、広告の切り抜き貼りなどハサミや鉛筆などの持ち方を練習し、遊びを通して楽しみながら手先の操作性が向上しています。体幹を使った運動遊びやバランス遊びを行うことでよりボディーイメージが確立されてきています。	すごく成長しています。ハサミなども家ではいつでも使える場所においている為、自分の使いたいときに使っており、上手に使う事ができています。運動に関しても以前よりもバランス感覚等向上しているように感じます。
ひらがなに対してとても興味が出てきており、給食のメニューを見ながら声に出したり、簡単な絵本を一人で読んだりする姿が見られるようになりました。また、以前に比べ分かるひらがなの数も増えてきており、「〇〇だよ」などバスの中で目に入った看板の文字を読む姿が見られています。	すごく成長しており、ひらがなの認知もすごく上がっています。簡単な本であれば本児が読んでくれることもあります。書けるひらがなも増えてきており、友達に手紙を書いたりするのが楽しいようで家に帰ってからよく書いています。
家でしたことや休日にどこに出かけたかを主語、述語を使用し伝えてくれることが増えてきています。会話も5回以上続くことが増えてきており、しっかりと相手の言っていることを聞き返答する姿が見られるようになってきています。	妹とのごっこ遊びなどをとおして、すごくやり取りを続けられるようになってきています。「〇〇したり」「〇〇だけど」と文章を続けて、しっかりと自分の考えや思いを伝えてくれるようになってきていると感じます。
日中活動を通し、二人一組など、ペアを組んで活動する事で相手の気持ちを汲み取りながら活動し、数人でどうしたらいいか、何をするかなど相談し、じゃんけんや話し合いで物事を決める姿が多く見られるようになっています。	本児とのやり取りの中で表情を見たりして、相手の気持ちを汲み取ろうとする姿が多く見られるようになりました。日々、本児の優しさを身に染みて感じています。
定期的に家庭連絡を行い、保護者と支援者で家庭や園での様子を共有し、コミュニケーションを図っています。いろいろな情報を元にしっかりと一緒に考え、本児や家庭を一体的にサポートしています。また、困り感があった際には随時家庭訪問を実施しました。	困ったことなどがあると相談にのってくださり、具体的にアイデアをもらえるので家ですぐ試すことができ、すごく家でどうすればいいのかが分かり助かりました。
就学のイメージとしてシューズを履いて園生活を行ったり、個別の時間を通して学習机を使用したりしています。また、給食当番などの役割を通して、いろいろな職員と関わったり、仕事を頼まれる、最後まで責任を持って行うという経験を積んでいます。	園でしっかり小学校に向けて、取り組んでくださっているので、本児にとってすごくいい環境設定だなと感じました。一緒に見学に行った際にも、本児がすごく楽しみにしている姿が見られたので嬉しかったです。

配慮点として、児童発達支援計画書について十分な時間を取って、ツール関係などを含めて入念に説明をしていきます。特にポーテージプログラムについては、個別指導、家庭訪問時の具体的な支援内容などに対応ができるように丁寧な説明を心がけました。また、家庭での「活動カード」の利用については、電話の相談や来園時においての相談内容、連絡ノートなどに状況を記載して共有を図ることを努めています。ポーテージプログラムの実践に当たり、日本ポーテージ協会の講師などによる保護者勉強会を実施し、より具体的に活動と取り組みができるような機会も作りました。

⑪　１年間半のポーテージプログラムの実施に関する全体の保護者からの意見

図３～図８に、ポーテージプログラムの実施に関する保護者からの意見をまとめました。

1、ポーテージプログラムのチェックリストについて
●職員の説明は明確で分かりやすいですか？

満足	24
やや満足	4
やや不満	
不満	

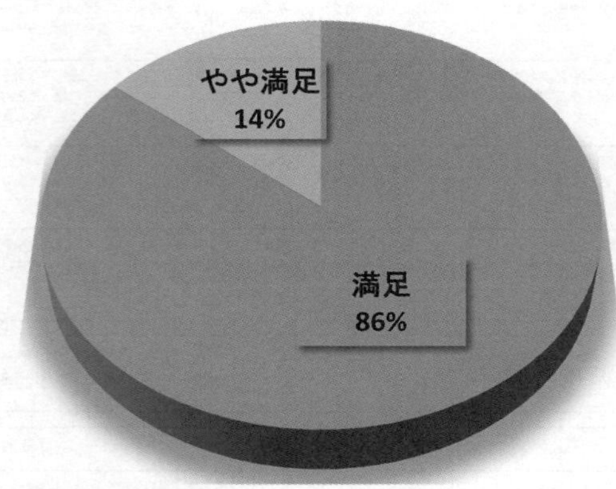

・分からない所は1つ1つきちんと説明してくれて、理解しやすい。
・子どもの苦手とするところを具体的にどうアプローチすれば良いか書かれてあり分かりやすかった。
・ポーテージのチェックリストについては、家で母が1人でチェックした為、園でしか分からない項目（他の子たちとの関わりなど）について聞くことが出来なかった。連絡帳にて先生に記入をお願いしたが、返答がなく、できているのか分からないままだった。

図３　ポーテージプログラムのチェックリストについて

●ポーテージプログラムは総合的にみて分かりやすいですか？

分かりやすい	27
分かりにくい	1

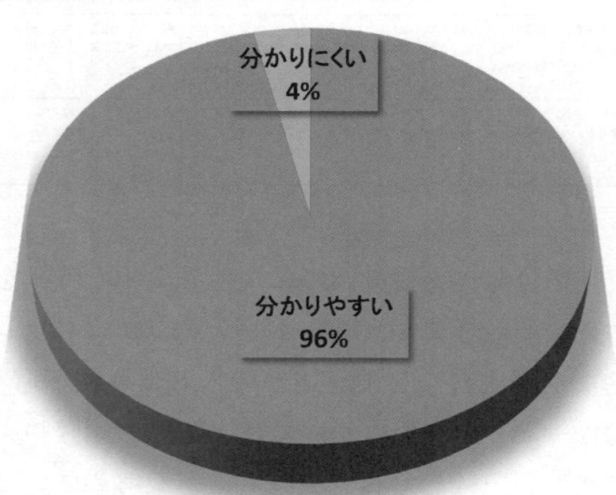

・色分けしてあり、得意・苦手がすぐ分かるところが良い。
・最初は項目の多さに圧倒されたが、項目が分かれてあったり、段階を踏んだ成長などを感じることができて、ポーテージの意義が分かってきたような気がする。
・活動カードに、何をすれば達成するか明確に書かれていたため分かりやすい。
・ひとつの教示カードに項目がたくさんあって、内容が分かりづらいところがある。
・ポーテージと乳幼児発達経過表の大きな違いが分からない。

図４　ポーテージプログラムの理解について

2、ポーテージプログラムに対する園での取り組みについて
●個別や活動に反映されていますか？

満足	21
やや満足	7
やや不満	
不満	

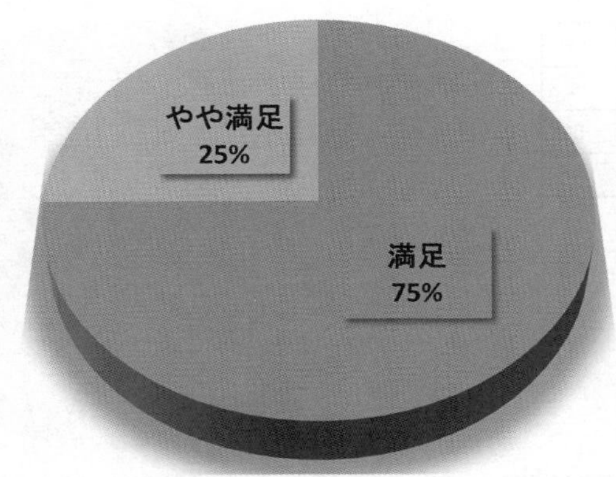

・グラフを参考にして、療育・個別活動をしていた。親もポーテージを意識するようになった。
・子どもに合わせたプログラムを組んでいて、そのことが交流保育での成功体験にも繋がった。
・家では出来ないことを取り組んでくれていると感じた。
・達成した時すぐに連絡をしてくれて、次のステップに進むことがスムーズだった。
・ポーテージの課題は個別のときだけ行うような印象があった。どれくらいのペースで実施するのが良いのか分からなかった。
・できていない所を個別でもっと取り組んでほしかった。
・どのポーテージ番号の項目をその日の個別で実施する課題に取り入れているのか教えてもらえたら分かりやすい。

図５　ポーテージプログラムの園での取り組みについて

3、ポーテージプログラムに対する家庭での取り組みについて
●お子様との関わりのツールとして役に立っていますか？

満足	14
やや満足	12
やや不満	2
不満	

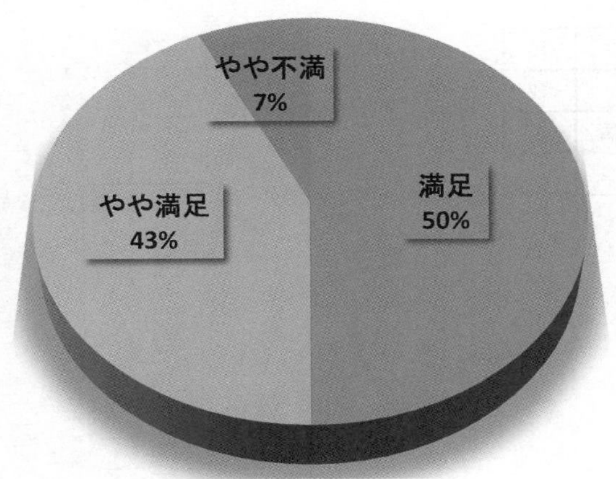

・細かく分かりやすいので、家族の誰が見ても理解して支援ができた。
・家で、何を重点的に支援すればいいのかと悩んだ時に、とても参考になる。
・褒めることは、ボディタッチを含めよく観察をしてするようにしている。して欲しくない行動をした際には、無視をしたり、肯定的に注意することは、自分の余裕にもなっている。
・園でどのように援助しているのか詳しく説明してくれて、それを参考にしながら家でも関わることができた。
・園で達成できていなくても、家では達成していることがたまにある。

図６　ポーテージプログラムの家庭での取り組みについて

4、家庭にお渡ししている活動カードについて
●渡されたカードを活用できていますか？

満足	11
やや満足	11
やや不満	5
不満	

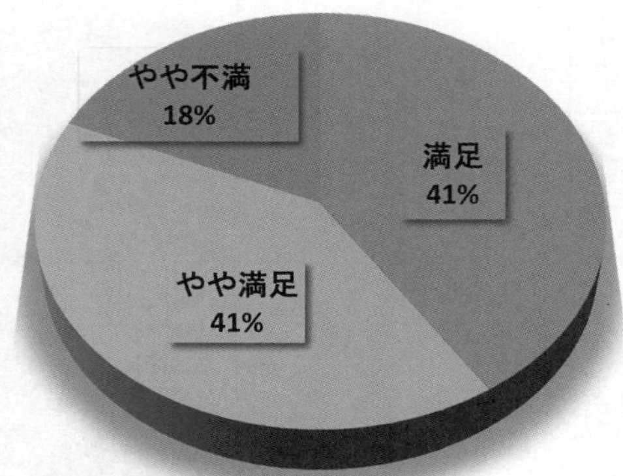

・忘れないように普段から見えるところに貼り、日々の生活で活用できる様にしている。上手くいかないときには先生に相談しやすい。
・一度に数枚のカードを渡されると、どれからすればいいか分からず、結局できなかった。カードの数を少なくするとやりやすいかも。
・保管場所に困ったので、専用のファイルなどがあればよかった。　・たまに見直すが、時間が無くてカードを見る余裕がない。
・バラバラになるので使いにくい。　・忙しくて活用できなかった。　・取り組むことができず、もらったままになっていた。
・手元にもらえる教示カード以外も、自由に閲覧できたら参考になる。
・達成したいという気持ちで頑張ってみるが、項目が多いため途中やる気がなくなってしまった時もあったが、説明文が具体的で、的を絞って取り組むことができた。
・家にない教材を使った教示カード（輪投げ・ペグボード）の内容だったため、実践できなかった。

図７　ポーテージプログラムの活動カードについて

5、成長チェック表（カラーで色づけされている表）について
●チェック表は子育ての参考になっていますか？

満足	15
やや満足	12
やや不満	1
不満	

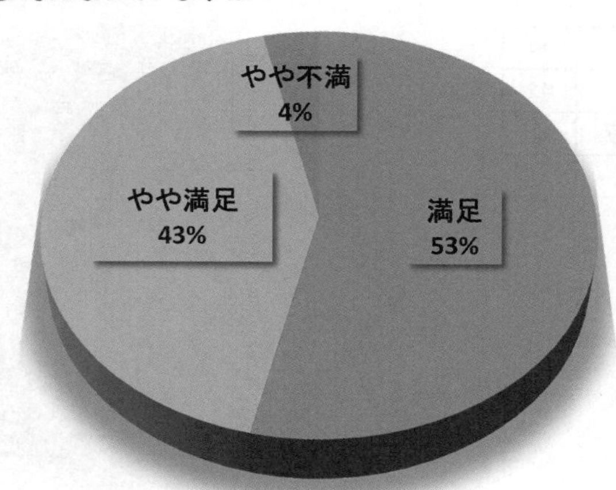

・色分けされていたため、1年間での成長が分かりやすかった。
・初めて見たときには分かりにくいが、繰り返しの説明で理解できた。
・出来るようになったら色がつくという嬉しさもあるが、せっかく色がついたのに出来なくなったということもあった。
・見る機会が年に数回しかなかった。
・チェック表は、面談の時に目を通すだけでコピーを頂けなかった。

図８　ポーテージプログラムの発達経過表について

(3) 児童発達支援計画書作成・実施後２年を経過した事例の保護者からの意見

保護者の立場より「活動カード」に支援の方法が記載されている点、目安となる年齢が表示されている点が役立ちました。一方で「活動カード」の枚数が多いにも関わらず連続性が分かりにくく、新規の課題に常に追われていた感じもあり、余裕のない家庭での取り組みに制限されるかもしれないと感じた、という表明がありました(注)。

表８　新版Ｋ式発達検査（第３回目）

新版Ｋ式発達検査 [3 回目（平成 29 年 12 月 2 日実施）: 生活年齢 4 歳 7 カ月、療育手帳Ｂ所持]

	ＤＡ	ＤＱ
Ｐ－Ｍ	3 歳 1 カ月	67
Ｃ－Ａ	2 歳 5 カ月	53
Ｌ－Ｓ	2 歳 10 カ月	62
全領域	2 歳 7 カ月	56

●Ｏ・Ｏの検査所見：療育するうえでの配慮点および発達支援（ポーテージプログラムの実施）

４歳７カ月になると、自己展開することが減り、苦手な模倣課題で見本をよく見て見本通りに作ろうとする様子が見られるようになりました。また、比べる力や視覚的手がかりのなかで試行錯誤をして学習する力が育ってきていると思われます（表８参照）。

表９　新版Ｋ式発達検査（第４回目）

新版Ｋ式発達検査 [4 回目（平成 31 年 1 月 7 日実施）: 5 歳 8 カ月、療育手帳Ｂ所持]

領　域	ＤＡ	ＤＱ
Ｐ－Ｍ	－	－
Ｃ－Ａ	3 歳 6 カ月	62
Ｌ－Ｓ	4 歳 4 カ月	76
全領域	4 歳 0 カ月	71

●Ｏ・Ｏの検査所見：療育するうえでの配慮点および発達支援（ポーテージプログラムの実施）

５歳８カ月では、言葉でのやりとりが上手になり、現在はパターン的なやり取りが主ですが、相手の意図を汲み取れるようになっています。また、模倣ができるようになり、視覚、聴覚ともに記憶の保持、数を数えること、基数の概念も習得できてきています。これらのことから、信頼できる人間関係のなかで自分の意図や要求を主張し、それを受け止めてもらえる経験ができていると思われます。そして今後においても、挑戦すること、相手の意図に気づいて応えられること、自分の気持ちを伝えられることを継続して経験することが大切です。また、見て比較することが上手になりましたが、見える物を比べる比較概念だけでなく、見えない物の比較概念（重い－軽い、固い－柔らかい、甘い－辛いなど）につ

（注）『新版ポーテージ早期教育プログラム』では、「活動カード」は行動目標ごとに１枚ずつのカード形式になっています。

いても、生活の中で実際に触ったり、持ったり、味わったりしながら、違いを比べる経験を重ねていくことが重要でます。また、本児に合わせた見本の示し方については、完成した形を見せるだけではなく見本をスモールステップで一つずつ見せたり、一緒にやってみたりしながら試行錯誤をする経験をしていくことが大切です。今では、２つの行動を同時にすることもできつつあります。見ながら聞く、数えながら入れるなどの２つの行動を同時にする経験も取り入れていくことが大事だと思います（表９参照）。

表 10　新版Ｋ式発達検査（第５回目）

新版Ｋ式発達検査［５回目（令和元年 11 月 11 日実施）：生活年齢６歳６カ月、療育手帳Ｂ所持］

	ＤＡ	ＤＱ
Ｐ－Ｍ	－	－
Ｃ－Ａ	６歳６カ月	69
Ｌ－Ｓ	４歳５カ月	68
全領域	４歳５カ月	68

●Ｏ・Ｏの検査所見：療育するうえでの配慮点および発達支援（ポーテージプログラムの実施）

この時点でのでの発達年齢（DA）は４歳５カ月です。発達指数（DQ）は「認知－適応（C － A)」領域が 69、「言語－社会」（L － S）領域が 68、全領域は 68 となり、全体として軽度の遅滞を示す発達水準になりました。前回の検査結果（平成 31 年１月実施）と比較すると、模倣し再現することや抽象概念の認知が発達し、また他者からの質問の場面をイメージし、自身の経験を答えるだけでなく、どのように行動に移せばいいかなどを答えることができるようになっています。検査中に難しい課題が出たり検査者から再質問をされると気持ちが崩れてしまい、教示されたことを忘れてしまい、質問内容と関係のない答えを言ったりする場面も見られ、自信のなさや教示の理解ができないことで消極的になる行動が見られました。できることを当たり前とせず、得意なことや達成感のある活動やお手伝いなどの役割を通して、周囲からほめられ、ほめられる経験を積むことを大事にしたいと思います。そのなかで上手くできたことだけではなく、自分でやってみようとしたことや結果に至る過程も、具体的な言葉で十分にほめて認め、自信や意欲にもつながる自己肯定感を高めていくことが発達においても大切だと考えます（表 10 参照。なお表 11 に、事例Ｏ・ＯのKABC －Ⅱの検査報告書を示します)。

表 11　KABC- Ⅱ 検査報告書

KABC-Ⅱ 検査報告書

作成日：　R1年12月9日

1 氏名	男 ・ 女	検査年月日	20〇〇年〇月〇日、〇日
生年月日	/ /	検査者	〇〇 〇〇
学校・学年	天使園・年長		

2 相談内容（主訴）

認知の特性を知り、療育及び就学に向けての支援の手がかりが欲しい。

3 検査結果

1）全体的な知的水準（認知総合尺度）および習得度の水準（習得総合尺度）

全体的な知的能力は73（69-79）で非常に低いから低いのレベルにあり、基礎的な学力は69（64-76）で非常に低いから低いのレベルにあり、知的水準と習得度の水準に有意な差が見られないことから、自分の持つ能力と見合った知識や技術を習得している

2）認知面および習得面の特徴

ⅰ認知面：認知尺度の中では学習尺度が最も高く、新たな情報を効率的に学習して保持する力が高い。学習尺度を見ると「語の学習」が高く「語の学習遅延」が低かった。アニメ的要素の入った対連合学習には、ゲーム感覚で興味を持って取り組めたので、短期的な保持は出来たが、初めての無意味な情報は長期記憶に移行することが困難だったと考えられる。継次、同時処理の下位検査から、聴覚情報の中で有意味情報の方が無意味情報よりも処理しやすく、視覚情報においても意味付けされた情報の方が抽象的な図形的情報よりも処理しやすいことがうかがえる。
ⅱ習得面：下位検査の文の理解で素点がなく、読みの尺度の算出が出来なかった。それ以外の尺度では差は見られなかった。

［カウフマンモデル］

認知検査	標準得点	信頼区間(90%)	習得検査	標準得点	信頼区間(90%)
【認知度総合尺度】	73	69-79	【習得総合尺度】	69	64-76
継次尺度	71	65-79	語彙尺度	82	74-92
同時尺度	81	73-92	読み尺度	—	—
計画尺度	71	64-81	書き尺度		
学習尺度	95	87-104	算数尺度	69	61-86
			(数的推論)		
			(計算)		

3）検査時の様子

張り切った様子で入室し、笑顔で挨拶をして検査を開始。2つ目の『物語の完成』からあくびが出始め、姿勢が崩れ、口頭で答えるものについては身体を動かしながら答え、認知尺度検査の後半では注意が維持できない様子が伺えた。『物語の完成』『模様の構成』では正確さを確認せず、「できた！」と伝えることが多く見られた。『絵の統合』『表現語彙』『なぞなぞ』では、考えながら、自分が知っていることを自分のことばで伝えようとしていた。回答に自信が無い時やわからない時には、検査者の顔をのぞき込んだり、「教えて」助けを求めることがあった。

4 備考（その他の検査結果等）

新版K式発達検査（2019年10月29日実施）では、発達指数は認知–適応領域で69、言語–社会領域で68、全領域で68となり軽度遅滞域の発達水準であった。模倣して再現することや、質問されたことをイメージして答えることが出来るようになっている。わからない時や集中が切れて教示を忘れた時には自己展開したり、質問とは関係ない話をしたりすることがあった。また、自信の無い時には「これあってる？」と質問することがあった。

5 総合所見（3、4結果を総合して強みと弱みについて）

知的能力に見合った知識や技術を習得しており、継次尺度と同時尺度にも差が見られず、学習尺度が高いことから、特にある感覚を使って学習し、整理して覚えるというのではなく、複数の感覚を使用する多感覚学習も有効であると考えられる。指示や説明などを順序立てて伝える場合も、全体をまず示してから細部を伝える場合においても具体物、絵、写真など視覚的な手がかりを用いたり、情報に意味付けを行うことで理解しやすいと思われる。
下位検査の『なぞなぞ』は本児の中では高く、ヒントとなる言葉を聞きながら文を把握し推理して答えるという言語的推理が得意であるという点はK式の了解の通過と関連していると思われる。

6 支援方針および内容　検査をして分かったこと

・情報を提示する時には、行事や活動の前に写真やDVDを見せるなど、具体物や絵、写真などを用いて視覚的に順番に提示したり、作業では完成品を見せるなど全体をまず示してから細部を伝える。
・視覚的な情報に対して意味付けして伝える。
・着席時間が長い場合には、物を運ぶ、配るなどの手伝いをすることで意欲の持続をはかる。
・予定や見通しがわかるよう、スケジュール表を示したり、、作業では完成品を見せる。

(4) 児童発達支援計画書の作成（ポーテージプログラムを取り入れて）を通しての児童発達支援管理責任者の意見

保護者に説明する際の手立てや根拠として、『児童発達支援ガイドライン』、『ポーテージ早期教育プログラム』、『保育所保育指針』などの複数のツールを用いていることを示すことで、説得力をもった支援目標の説明ができるとともに、経験の違う職員による療育スキルや文章力・語彙力の差が表れにくく、統一した児童発達支援計画書の作成・説明を行えるようになったと実感しています。

ポーテージプログラムは、家庭や日常生活での子どもの指導における親支援が基礎となっていますが、保護者が家庭で子どもと関わっていると、子どものできない所ばかりが目立ち、できる所に着目することが難しいという話を耳にすることが多くあります。天使園でうまくできたことを職員から保護者に伝えても、家庭では同じようにできないということで、母親自身の関わり方や接し方に不安を与えてしまうこともあります。天使園での取り組みを家庭生活に般化させていくためには、言葉だけで方法を伝えるよりも、統一したツールであるポーテージプログラムを使って、理論的かつ順序的に保護者に伝える必要があります。

天使園での使い方としては、保護者へ各発達領域について「活動カード」を２枚ずつ渡し、家庭でもできる範囲で課題に取り組んでもらっています。ポーテージプログラムのチェックリストを使ったアセスメントの結果を、発達経過表に指導を行った一定の期間ごとに色分けして塗ることによって、子どもの成長・発達が一覧できるのでより分かりやすくなっています。できないことではなく、できるようになったことに視点を置いた関わり方を伝え、保護者に前向きな子育てができるように促しています。

しかし、それだけでは実際に家庭で活用できているかどうかは確認はできません。家庭を基盤とする親による支援がポーテージプログラムの基点ということであれば、今後は、ポーテージ相談員のように、家庭訪問の際にポーテージプログラムの「活動カード」をもとに実際に支援員が課題を行う場面を保護者に見てもらうことも必要かもしれません。ポーテージプログラムを取り入れたSST（ソーシャルスキルトレーニング）や応用行動分析など、ペアレントトレーニングを職員ができるような家庭支援の体制も、これからの児童発達支援センターの役割として必要になってくるかもしれないと感じています。

今後は、ポーテージ家庭記録表の作成、発達経過記録表までのまとめ、応用行動分析の原理やABCチャートをより分かりやすく保護者に説明し、子育ての成長過程のツールとして、今まで以上により細かく説明をして行くことで、保護者の心配や不安の軽減を図り、前向きに子育てができるような児童発達支援計画書になるように、計画作成スキルを身に付けていきたいと思います。

●引用文献

・日本ポーテージ協会（監修）清水直治・吉川真知子（編著）（2015）『発達が気になる子どものためのポーテージプログラム入門』合同出版

3 保育所等訪問支援

北九州市立到津ひまわり学園・認定 NPO 法人日本ポーテージ協会認定スーパーバイザー　花田 栄子

（1）沿革

北九州市では、身近な地域で療育指導、相談等が受けられる療育機能の充実を図るために平成 8（1996）年 10 月から北九州市障害児等療育支援事業がスタートしました。北九州市福祉事業団には、3 歳から就学前までの子どもを対象とした児童発達支援センターが 3 カ所あり、地域の 3 歳以上の在宅または保育所（園）・幼稚園等に通っており発達が気になる子どもの療育は、障害児等療育支援事業の中の外来療育指導事業で個別療育を実施してきました。しかし、対象児の増加に伴い、療育を希望される保護者や子どものニーズに十分答えることができない状況になっていきました。そこで、療育の受け入れ人数の拡大とグループ指導のメリットを生かし、平成 22（2010）年度から、個別の療育から、月 2 回 8 人前後の子どもたちのグループ療育に切り替えました。そして平成 23（2011）年度から、「短時間通園」と称し専属の職員で療育を実施してきました。

一方、平成 24（2012）年 4 月、児童福祉法の改正により障害児通所支援の一形態として、個別給付で実施する初めての「訪問型事業」である保育所等訪問支援がスタートしました。北九州市福祉事業団の 3 カ所の児童発達支援センターの短時間通園も、平成 25（2013）年 10 月から保育所等訪問支援を開始しました。その中の 1 つである北九州市立到津ひまわり学園では、特に発達に遅れがある子どもについては、ポーテージプログラムを支援方法に取り入れています。また、保育所（園）で加配保育士が付いている子どもに対しては、保育所等訪問支援で保育所（園）に訪問し、ポーテージプログラムを説明し理解していただき、可能な園には、指導員・加配保育士・保護者の三者で支援目標を検討し、連携して指導を実施しています。

今回平成 27（2015）年度から、保育所等訪問支援でポーテージプログラムを実施した 2 事例を紹介します。

（2）実践事例：個別支援計画とポーテージプログラムの活用

■事例 1　B・C

①　アセスメント

＜対象児＞ CA（生活年齢）4：11　男児　　＜診断名＞ダウン症

＜発達検査＞結果を表1に示します。

表1　遠城寺式乳幼児分析的発達検査（検査実施日　平成27年12月15日、CA 4：11）

移動運動	手の運動	基本的習慣	対人関係	発語	言語理解
2:3〜2:6	2:3〜2:6	2:6〜2:9	2:6〜2:9	2:0〜2:3	2:6〜2:9

＜教育歴＞

平成23年（0：5）　S療育センター　ＯＴ受診・平成24年（1：5）カンガルー外来

平成24年（1：6）　Ａ保育所　入所　S療育センターＢ通園入園（保育所と並行）

平成26年（3：3）　月２回　Ｈ学園（短時間通園を開始）月１回　保育所等訪問支援

②　保育所等訪問支援　個別支援計画（原案）

表２に、保育所等訪問支援におけるポーテージプログラムを取り入れた個別支援計画を示します。表３は、個別支援計画に基づいて指導を実施した結果の評価を示します。

表２　保育所等訪問支援個別支援計画（原案）

記入者名	児童発達支援管理責任者
○○　印	○○○○　印

園児名　○　○　○　（○年○月○日生）　　所属　○○保育所

作成日

＜援助の目標及び方法＞

		目標及び方法	ポーテージ項目	達成時期
1	目標	生活面（食事・排泄・更衣・手洗い・歯磨きなど）本児のやる気を育てながら、身体的援助なくできるようにする。	身辺自立 27 32 33 39 43 51 37 46 49	月１回 チェック 10月11月 12月1月
	方法	ポーテージプログラムの発達経過を見て、発達に応じた身辺自立の項目について、担任・保護者と連携し、本児のペースに合わせながら指導員が作成した活動チャートを見て指導していくことを伝える。		
2	目標	設定の活動に参加し、集団行動がとれるようにし、机上の課題は援助しながら両手協調動作のスキルアップを図る。	認知 21 25 26 27 28 34 35 36 39 41 42 47 50 言語 27 29 31 32 36 37 社会性 45 50 51	月１回 チェック 10月11月 12月1月
	方法	ポーテージプログラムの発達経過を見て、発達に応じた（社会性・言語・認知）の目標を活動の中で取り入れ指導することを伝える。認知の課題は、可能な時間に指導員が作った活動チャートを見て個別指導を行うことを伝える。		
3	目標	本児の身体機能に合った運動に参加出来る。	運動 67 70 80 81 85 89 95 96	月１回 チェック 10月11月 12月1月
	方法	ポーテージプログラムの発達経過を見て、発達に応じた運動の項目について担任と話し合い、本児が参加しやすい運動の活動内容を担任に伝える。本児の椅子の高さを調整することや持ちやすい物など環境面の配慮を伝える。		

目標について説明を了承しました

○年○月○日　　　　　　　　保護者名　○○○○

表３　保育所等訪問支援個別支援計画

記入者名	児童発達支援管理責任者
○○　印	○○○○　印

保育所等訪問支援　個別支援計画

園児名　○　○　○　（○年○月○日生）　　　　所属　○○保育所

利用者のニーズ

保育所の担任が子どもの援助方法を理解し、楽しく活動に参加できるように支援をしてほしい

相談支援事業所からの引継ぎ　事業所名○○事業所　　　担当者　○○

サービス等利用計画における援助の全体目標

・○さんの身体機能面を把握し、○さんにあった環境を整えることで、さまざまな活動に楽しく参加できるようにします。

・ポーテージプログラムを使用し、所属園の先生方、保護者と一緒に本児の発達に合わせた目標や支援方法を検討していきます。

訪問頻度　１カ月に１回訪問し評価を実施

<年間目標　結果>

目標及び方法			達成時期	評価（達成項目）
1	目標	生活面（食事・排泄・更衣・手洗い・歯磨きなど）本児のやる気を育てながら、身体的援助なくできるようにする。	H27年9月～10月 H27年11月	身辺自立 21・25・26・28 27・32・33・37・ 39・57
	方法	ポーテージプログラムの発達経過を見て、発達に応じた身辺自立の項目について、担任・保護者と連携し、本児のペースに合わせながら支援していく。	H28年1月	43
2	目標	設定の活動に参加し、集団行動がとれるようにし、机上の課題は援助しながら両手協調動作のスキルアップを図る。	H27年9月～10月 H27年11月	言語27・31 言語37 社会45 認知27・36・39
	方法	ポーテージプログラムの発達経過を見て、発達に応じた（社会性・言語・認知）の目標を達成する。認知の課題は、可能な時間に指導員が作った活動チャートを見て個別指導を行うことを伝える。	H27年12月	41・42・47・50 言語29・32・33 36・49
3	目標	本児の身体機能に合った運動に参加できる。	H27年9月～10月	運動67
	方法	ポーテージプログラムの発達経過を見て、発達に応じた運動の項目について担任と話し合い、本児の椅子の高さを調整することや、本児が参加しやすい運動の活動内容を担任に伝える。	H27年11月	運動81

○年○月○日　　　　　　　　保護者名　○○○○

③　実施方法

写真１　勉強会の様子

保育所職員と共通理解をするために、日本ポーテージ協会認定スーパーバイザーが、保育所全職員を対象にポーテージプログラムの勉強会を行いました（写真1参照）。

保育所に訪問し、B・Cの母親にチェックしていただいた『ポーテージ早期教育プログラム』のチェックリストの評価結果をもとに、保育所の加配職員・母親・指導員と一緒に、１年間で達成しそうな項目を推定し長期目標を出します。そして、保育所・家庭・短時間通園の３カ所それぞれで行う指導項目を選定します。その後、短期目標を決め、保育所や家庭で指導する項目は、指導員（ポーテージ相談員）が活動チャートを作成し指導を依頼します。表４に、保育所（保）・家庭（家）・短時間通園（短）の場所で指導する長期目標（チェックリストの行動目標の番号）を示します。

表４　ポーテージプログラム指導項目（長期目標）

	社会性	言　語	身辺自立	認　知	運　動
保	45 ○51	○32	□27 □32 □33 ○39 43 51	□27 <u>36</u>	80 ○81 <u>85</u> 96
家	■50 ○51	29 ○32 36 37	□27 □32 □33 37 □39 46 49	□27 ■47	○81
短	■50 ○51	27 31 32		21 25 26 28 34 35 <u>36</u> 39 41 42 ■47 50	67 70 ○81 <u>85</u> 89 95

（注）○ 保・家・短で連携　□ 保・家で連携　■ 家・短で連携　＿ 保・短で連携

<保育所での指導場面>

表５は、保育所の加配保育士に「活動チャート」について指導していただき達成した項目の１つで、身辺自立27「茶わんを手に持ちスプーンを使って自分で食べる」という行動目標です。B・Cは指導前は左手で茶わんを持たずに、口を茶わんにつけて食べていました。記録は加配保育士が記入したものですが、概ね10日間程で行動目標を達成しました（写真２参照）。

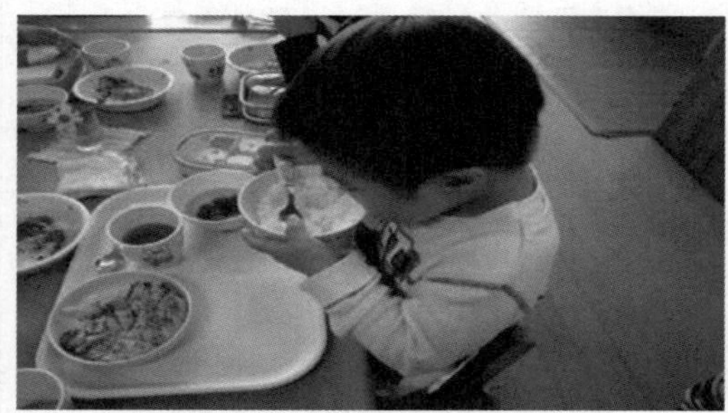

写真２「身辺自立 27」の指導場面

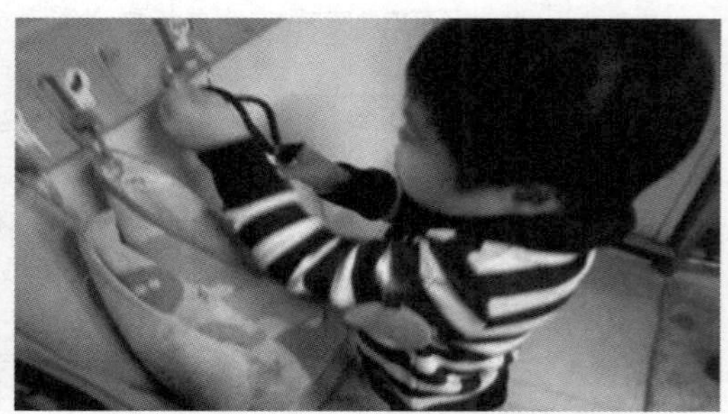

写真３「身辺自立 43」の指導場面

表５　活動チャート「身辺自立 27」

期　間　10月8日～10月30日
目　標
身辺自立　27
茶碗を手に持ち、スプーンを使って、自分で食べる
（少しこぼしてもよい）
記録のしかた
◎…援助なく茶碗を手に持つ
○…茶碗を指さし、声をかけると茶碗を手に持つ
△…手を持つ援助で食器を手で持つ

◎	◎	◎	◎	◎
10/20	10/21	10/26	10/27	10/28
◎	△	◎	△	◎
10/8	10/14	10/15	10/16	10/19

保育所での進め方
1. 給食の時間に行います。
2. スプーンやフォークは三指で持たせます。
3. 茶碗や皿を指さし、「Ｂくん、お茶碗（お皿）を持って食べましょう」と声をかけます。
4. 持たないときは、職員が茶碗を指さし「Ｂくん、お茶碗（お皿）を持って食べましょう」と声をかけます。
5. 無理なときは、職員がＢくんの後方からＢくんの手を持つ援助をしてください。
6. 食器に手を添えたり持って食べることができたときは、「Ｂくん、上手にできたね」とほめてください。

※食器は、本児の手の大きさや状態に合わせた物を使用させてください。
※連続して5つ「◎」や「○」がついたら、達成です。

表６は、身辺自立 43「子どもの背の高さに合わせたフックに手拭きタオルをかける」という行動目標を指導した際の活動チャートです。タオルのループを広げることができなかったため、持ちやすいリングをつけることで、指導３日目には援助なくかけることができるようになりました（写真３参照）。

表６　活動チャート「身辺自立 43」

期　間　1月5日～1月19日
目　標
身辺自立　43
子どもの背の高さに合わせたフックに手拭きタオルをかける
記録のしかた
◎…自分で手拭きタオルをかける
○…職員が手伝うと手拭きタオルをかける
△…大人がかける

○	○	◎	◎	◎	◎
1/5	1/6	1/7	1/8	1/9	1/14

保育所での進め方
1. 手洗いのとき、行います。
2. 「Ｂくん、タオルをかけましょう。」と声をかけ、手拭きタオルを渡します。
3. 自分で、上手にかけることができたら「上手にできたね」とほめてください。
4. 上手くかけることができなければ、大人がモデルでかけ方を示し、教えてください。
   *かけ方：両手または片手でタオルのリングを持って、フックにかけます。
5. モデルを示してもできなければ、大人がＢくんの後方からＢくんの手を持ち、リングを持ってかけてください。

※5回試行中、4回「◎」がつけば達成です。

表７は、認知 36「同じ色を合わせる」という行動目標です。

加配保育士の指示にふざけて従わず困っていたので、指導員（ポーテージ相談員）が教材の指示の仕方、声掛けのタイミング、ほめ方等を提示しました。その後からは加配保育士が指導をしてもできるようになり、10日間で行動目標が達成できました。行動目標が達成したことで、加配保育士の自信にもつながりました（写真４参照）。

表７　活動チャート「認知 36」

期　間　10月28日～11月15日
目　標
認知　36
同じ色を合わせる
記録のしかた
◎…援助なく置く
○…指さしの援助があれば置く
△…手首を持つ援助があれば置く

3	◎	◎	◎	◎	◎	◎	◎
2	△	◎	◎	◎	◎	◎	◎
1	◎	△	◎	◎	◎	◎	◎
	10/26	10/29	11/6	11/7	11/8	11/10	11/11

保育所での進め方
1．３色の色紙を２枚ずつ用意します。（一組は大人用）
2. 机にＢくんと向かい合って着席します。
3. Ｂくんの前に3色の色紙を置きます。
4. Ｂくんに色紙1枚を見せ、「これと同じどこ?」と言います。
同じ色の色紙の所に置くことができたら「やったー」と言って手を叩いてほめます。
5. 置けないときは、指さしの援助をして下さい。それで置けたら、「やったー」と言って手を叩いてほめます。
6. 指さしても置けないときは、手首を持つ援助をしてください。そして「やったー」と言って手を叩いてほめます。

※大人は色の名前を言わないようにします。
※5回試行中、5回「◎」がつけば達成です。

＜家庭での指導場面＞

家庭でも、母親に「活動チャート」を渡して指導をしていただきました。表８は、身辺自立 49「靴下をはく」という行動目標の「活動チャート」です。指導員（ポーテージ指導員）が母親の前で実際に指導を行いその様子を見ていただき、写真５はその後母親が指導をしている場面ですが、概ね２週間で行動目標を達成しました。

表８　活動チャート「身辺自立 49」

期　間　12月24日～1月15日
目　標
身辺自立　49
靴下をはく
記録のしかた
◎…援助なく靴下をはく
○…指さしや声かけがあると靴下をはく
△…大人と一緒にはく

△	△	○	◎	◎	◎	◎
12/24	12/26	1/5	1/6	1/9	1/14	1/15

保育所での進め方
1. 外へ行くときなど靴下を必要とするときに行います。
2. 靴下を見せ、「Ｂくん、靴下をはきましょう」と言って靴下をはくことを伝えます。
3. Ｂくんの前に靴下を置きます。（甲の方を上にして置いてください。）「Ｂくん、靴下をはきましょう」と再度、声をかけ促します。はけた時は、「Ｂくん、上手にはけたね」とほめてください。
4. 上手くはけないときは、持つ位置などを指さしながら「ここをギュー」と言い、靴下をあげるジェスチャーをしてください。はけたときは、「Ｂくん、上手にはけたね」とほめてください。
5. それでもはけない時は、職員がＢくんの後方から本児の手を持ち、靴下を引き上げてください。はけたら「靴下はけたね」と言ってほめてください。

※ゆったりとした短い靴下を使ってください。
※5回中、4回「◎」「○」がついたら、達成です。

写真４　「認知 36」指導場面　先生と一緒に拍手

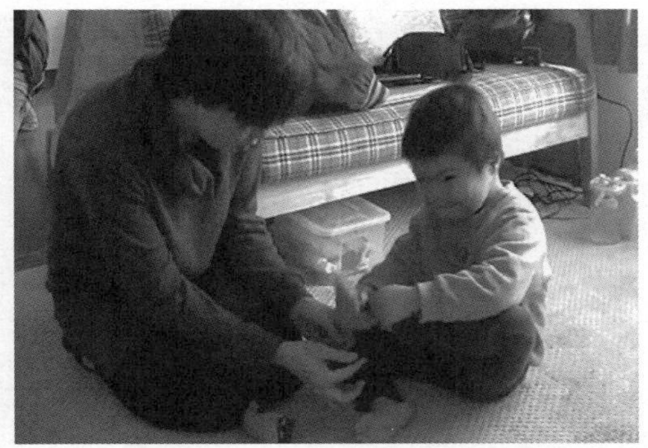

写真５　「身辺自立 49」指導場面　（家庭で母親と）

表９は、B・Cの発達経過表です（初回アセスメント：黒色で塗りつぶし・９月までの達成項目を◆、11 月までの達成項目を▲、12 月までの達成項目を■、１月までの達成項目を●で示しています）。

＜ポーテージ相談、ポーテージプログラムの実践を行っている職員の感想や意見＞
「『活動チャート』を見ながら具体的な支援方法や進め方を学ぶことができました。食事の援助の方法、食器の大きさ、タオルの紐の長さなど気付かない所を助言していただき、子どもの発達がより促されました」
＜保護者の感想や意見＞
「とても細かくホームプログラムを立てていただいて、日頃どのように介助したらよいのか分からなかったりした箇所も解決できて、とても有意義な期間でした。仕事があっても、取り組む内容が簡単だったのでやりやすかったです。先生方には大変な作業だと思います。ありがとうございました」
写真６に、母親・保育士・ポーテージ相談員の話し合い場面を示します。

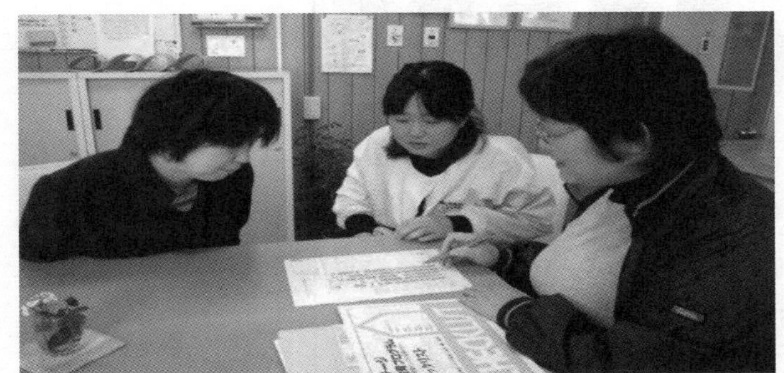

写真６　母親・加配保育士・指導員（ポーテージ相談員）との話し合い場面

表9　発達経過表（事例　B・C）

ポーテージプログラム　発達経過表

評定年月日	最初の評定	■（塗りつぶし）
評定年月日	平成２７年　９月	◆
評定年月日	平成２７年１１月	▲
評定年月日	平成２７年１２月　・	■
評定年月日	平成２８年　１月　・	●
評定年月日	・　　・	

氏　　名

月齢	乳児期の刺激	年齢	社会性	言語	身辺自立	認知	運動	年齢	社会性	言語	身辺自立	認知	運動

（２００５．４．１　改定）

■事例２　Y・W

①　アセスメント

＜対象児＞ＣＡ（生活年齢）５：６　男児

＜診断名＞自閉症スペクトラム障害・知的障害・てんかん

＜発達検査＞結果を表10に示します。

表10　遠城寺式乳幼児分析的発達検査（検査実施日　平成28年8月3日、CA 4：6）

移動運動	手の運動	基本的生活習慣	対人関係	発　語	言語理解
1:4〜1:6	1:0〜1:2	1:0〜1:2	1:2〜1:4	0:10〜0:11	1:4〜1:6

＜教育歴＞

平成26年６月　R乳児保育園　・７月　S療育センター　H通園　（週１回）

（８月　医療センター　てんかん投薬開始）

平成27年４月　K保育園在籍　　短時間通園　（月２回　グループ療育）

平成28年12月　保育所等訪問支援のみ月１回（母親の出産のため）

＜家庭の様子＞

家庭では、母親が出産しY・Wに関わる時間が減ったことや、弟の泣き声で目を覚まし夜間の睡眠が十分でないなどから、生活リズムが整わず体調もくずれることが多くなりました。また、母親に対する甘えがひどく、要求が通らないと指を口の中に入れて泣く・衣服の着脱などまったく自分でしないなど援助の度合いが増え、指導の継続が難しくなりました。そこで、指導員（ポーテージ相談員）が保育園に訪問し直接指導をすることにしました。

②　保育所等訪問支援　個別支援計画（原案）

表11に、保育所等訪問支援におけるポーテージプログラムを取り入れた個別支援計画を示します。表12は、個別支援計画に基づいて指導を実施した結果の評価を示します。

表11　保育所等訪問支援個別支援計画（原案）

記入者名	児童発達支援管理責任者
○○　印	○○○○　印

園児名　○　○　○　（○年○月○日生）　　所属○○保育園

作成日

<援助の目標及び方法>

	目標及び方法		ポーテージ項目	達成時期
1	目標	その日の体調に合わせ、大人を求め甘えるときは受け止め、精神的な安定を優先する。		月１回様子をみていく
	方法	活動に合わせるのではなく、その日の本児の体調や精神状況を見ながら、個別に好きな活動を提供する。		
2	目標	生活面（食事・排泄・更衣・手洗い・歯磨きなど）本児のやる気を育てながら、身体的援助なくできるようにする。	身辺自立 35・37・46	月１回 チェック
	方法	ポーテージプログラムの発達経過を見て、発達に応じた身辺自立の項目について、担任・保護者と連携し、本児のペースに合わせながら指導員が作成した活動チャートを見て指導していくことを伝える。		
3	目標	体調の良い時は、設定の活動に参加し、集団行動がとれるようにし、机上の課題は援助しながら両手協調動作のスキルアップを図る。	言語 ２・4・20・21・22 社会性 21・31・37・40・43・50 認知 19・25・32・33	月１回 チェック
	方法	ポーテージプログラムの発達経過を見て、発達に応じた（社会性・言語・認知・運動）の目標を活動の中で取り入れ指導することを伝える。認知の課題は、可能な時間に指導員が作った活動チャートを見て個別指導を行うことを伝える。		

目標について説明を了承しました

○年○月○日　　　　保護者名　　○○○○

表 12　保育所等訪問支援個別支援計画

記入者名	児童発達支援管理責任者
○○　印	○○○○　印

保育所等訪問支援　個別支援計画

園児名　○　○　○　（○年○月○日生）　　　所属○○保育園

利用者のニーズ

生活のリズムが整い、楽しく活動に参加できるように支援をしてほしい

相談支援事業所からの引継ぎ　事業所名○○事業所　　担当者　○○

サービス等利用計画における援助の全体目標

・○さんの身体機能面を把握し、○さんにあった環境を整えることで、無理させずさまざまな活動に楽しく参加できるようにします。必要に応じて個別対応をしていきます。

・ポーテージプログラムを使用し、所属園の先生方、保護者と一緒に本児の発達に合わせた目標や支援方法を検討していきます。

訪問頻度　　1カ月に1回訪問し評価を実施

＜年間目標　結果＞

		目標及び方法	達成時期	結果（達成項目）
1	目標	その日の体調に合わせ、大人を求め甘えるときは受け止め、精神的な安定を優先する。	6カ月後	泣く頻度は減少している。
	方法	活動に合わせるのではなく、その日の本児の体調や精神状況を見ながら、個別に好きな活動を提供する。		
2	目標	生活面（食事・排泄・更衣・手洗い・歯磨きなど）本児のやる気を育てながら身体援助を軽減する。	H28年10月～ H29年1月	身辺自立 18・ 23・25 ・ 30 38・43・44・ 51
	方法	ポーテージプログラムの発達経過を見て、発達に応じた身辺自立の項目について、担任・保護者と連携し、本児のペースに合わせながら支援していく。	H29年1月～7月	56 35
3	目標	設定の活動に参加し、集団行動がとれるようになる。	H28年10月～ H29年1月	言語17 認知6・8・16 運動42・77・94 社会40
	方法	ポーテージプログラムの発達経過を見て、発達に応じた（社会性・言語・認知・運動）の項目について、担任・保護者と連携し、本児のペースに合わせながら支援していく。	H29年1月～7月	社会31・46

○年○月○日　　　　保護者名　○○○○

③　実施方法

母親に家庭でチェックしていただいた『ポーテージ早期教育プログラム』のチェックリストによる発達アセスメント結果をもとに、加配保育士･母親･指導員（ポーテージ相談員）と一緒に、１年間で達成しそうな項目を推定し長期目標を設定しました。表13は、家庭と保育園のそれぞれで指導するＹ・Ｗの長期の行動目標です。

表13　ポーテージプログラム指導項目（長期目標）ー家庭・保育所で連携ー

	家庭	保育所
社会性	21・37・40・50	21・31・37・40・43・50
言語	2・4・21・22	2・4・20・21・22
身辺自立	35・37・46	35・46
認知	19	19・25・32・33
運動		52・78・84・92

(注) 下線の付いた番号は家庭と保育所で共通して設定した行動目標を示す。

月に１回の保育園訪問時に子どもへの直接支援をしたり、加配保育士に支援方法の助言を行い、行動目標の達成状況を確認し、達成していたら次の行動目標を設定し指導を行いました。母親には電話で報告し、朝母親がＹ・Ｗと登園するときに合わせて保育園を訪問し、加配保育士と指導員（ポーテージ相談員）と母親と三者で懇談を行いました。

＜保育園での指導場面＞

表14は、認知19「きかれると自分や人形などの身体部位を一つ指さす」という行動目標の「活動チャート」で、写真７がその時の指導場面です。指導開始から概ね１週間で、行動目標を達成しました。

表14　活動チャート（「認知 19」）

氏　名　Y・W
担当者
期　間　7月1日～7月8日
目　標　(認知　19)
きかれると、自分や人形などの身体部位を一つ指さす
(3回中3回)

7/1	7/3	7/5	7/6	7/8
足　◎	鼻　◎	鼻　◎	鼻　◎	鼻　◎
		足　◎	足　◎	足　◎

指した部位も記入して下さい

記録のしかた
◎…援助なくできる
○…大人がモデルをして見せる
△…子どもの手をもつ援助をする

保育園での進め方

1. 他児がいない場所で、Yくんが機嫌のよいときに、Yくんと向かい合って座ります。
2. 大人が「Yくん、はなは?」と聞くと、Yくんが自分の鼻を指したら「はなね!」と言って手を叩いてほめます。記録は◎です。
3. ことばかけでできないときは、大人が自分の鼻を指し「Yくん、はなは?」と聞きます。
4. 真似をして子どもが自分の鼻を指すことができたら「はなね!」と言いながら手を叩いてほめます。記録は○です。
5. 真似ができない時は、Yくんの手を持ち「おはな」と言って子どもの鼻をさします。記録は△です。

表 15　活動チャート（「社会性 37」）

保育園で実施するプログラム
氏　名　Y・W
担当者
期　間　6月5日～6月12日
目　標　（社会性　37）
本を読んでもらいたいときに、大人に本を渡す
（4回中3回）
記録のしかた
◎…絵本をもってくる
○…大人が絵本を指さす援助をする

○	○	◎	◎	◎
6/5	6/7	6/8	6/10	6/12

保育園での進め方
1. 机の上にＹくんの好きな絵本「おでかけばいばい」とその他の絵本を2冊置いてください。
2. まず、Ｙくんの好きな絵本を読んであげます。
3. 机の上に戻し、「もう1回、見る?」と聞きます。
4. Ｙくんが絵本を持ってきたら「本、見ようね」と言い、読んであげます。（◎）
5. 持って来ない時は、Ｙくんの好きな絵本を指さし「本ちょうだい」と言い、大人に渡したら「おりこうね見ようね」と言って読んであげます。（○）
6. 指しても絵本を渡さないときは、Ｙくんの手を持ち絵本を持たせ大人の膝に起きます。「本見ようね」と言い絵本を読んであげます。

表 15 は、社会性 37「本を読んでもらいたいときに、大人に本を渡す」という行動目標の「活動チャート」で、写真８がその時の指導場面を示します。この行動目標については、指導開始から１週間ほどで達成しました。

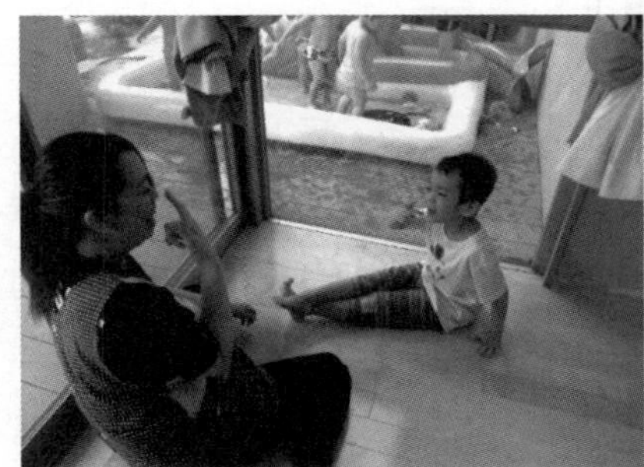
写真７　「認知 19」の指導場面

写真８　「社会性 37」の指導場面

表 16 はＹ・Ｗの発達経過表です。初回アセスメントの結果は黒色で塗りつぶし、１月までの達成項目を●、７月までの達成項目を○で示しています。

< 懇談 >

写真９は、加配保育士・母親・指導員（ポーテージ相談員）との三者懇談の様子です。母親には、保育園でのＹ・Ｗの様子を伝える内容でしたが、行動目標が達成したかどうか、達成しなかった行動目標は、行動目標の設定の内容や、援助の方法等を検討しました。

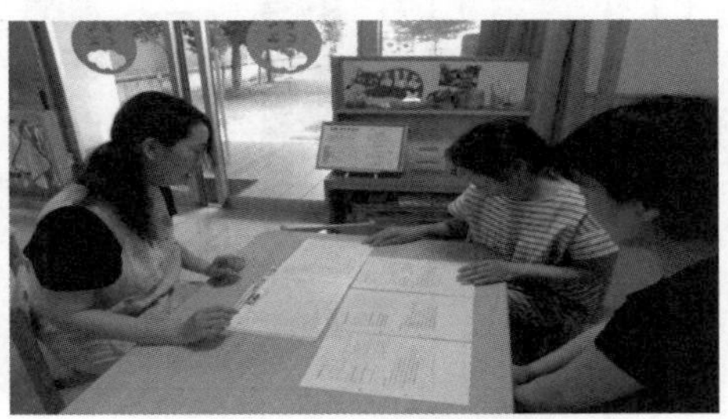
写真９　三者懇談の様子

＜保護者の感想＞

「家庭では､言うことをきいてくれません。昨年８月に下の子が生まれバタバタしていて、なかなか対応できません。保育園では、先生の言うことを聞き、指示に従っている姿が見られて嬉しいです」

表16 発達経過表（事例　Y・W）

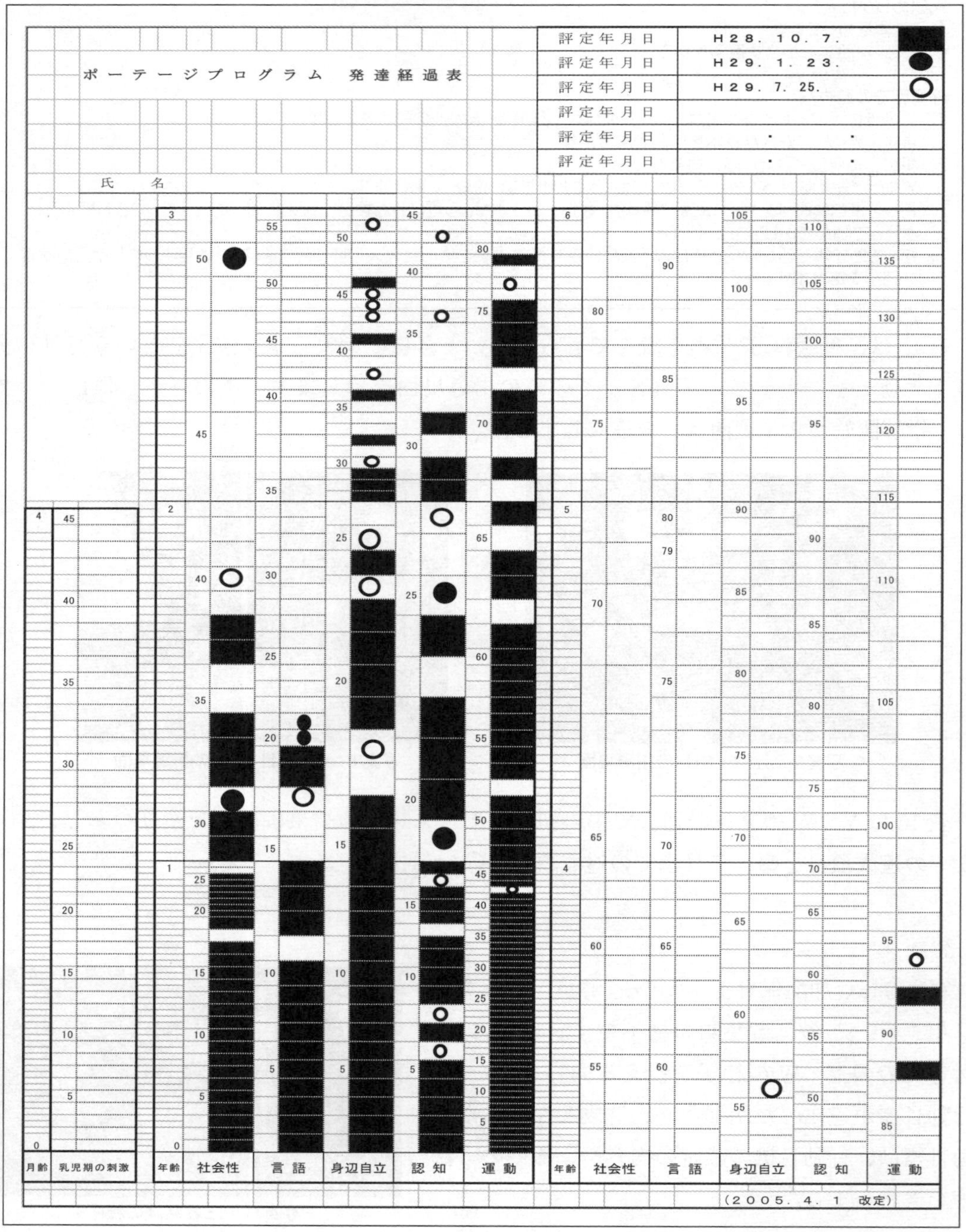

ポーテージプログラム　発達経過表

評定年月日	H28. 10. 7.	■
評定年月日	H29. 1. 23.	●
評定年月日	H29. 7. 25.	○
評定年月日		
評定年月日	・　・	
評定年月日	・　・	

氏　名

月齢	乳児期の刺激	年齢	社会性	言語	身辺自立	認知	運動	年齢	社会性	言語	身辺自立	認知	運動

（2005. 4. 1 改定）

（3）考察

保育所等訪問支援の意義として

○子どもが日常生活を送っている場所で支援できる

○間接支援だけでなく、本人への直接支援も行える

○地域の子どもたちと分離することなく、地域で育ちながら専門的支援を提供できるとともに、地域全体の支援能力を向上させることができる

などがあげられます。

今回紹介した2事例は、指導方法にポーテージプログラムを実施しましたが、子どもの発達に応じた指導目標を所属する園の担任・指導員・保護者と検討し、指導員が、子どもが日常生活を送っている保育所（園）で直接指導でき、担任・保護者に指導方法を伝えることができました。また、関わる大人が同じ方法で対応していくことで、子どもの混乱を防ぎ、担任や保護者は、子どもの目標達成の状況を一緒に確認することができるので、「できた」という自信につながりました。

当児童発達支援センターは、保育所等訪問支援を開始して9年目を迎えましたが、子どもの状態像や子どもを取り巻く環境も様々で、支援がスムーズにいくとは限りません。しかし、だからこそ地域の幼稚園・保育所（園）の先生方と子どもについて共通理解をし、連携してよりよい支援を目指していきたいと考えています。

●参考文献

全国児童発達支援協議会（監修）山根希代子・橋本伸子・岸良至他（著）（2015）『障害児通所支援ハンドブック』エンパワメント研究所．

4 放課後等デイサービスにおけるポーテージプログラムの活用

前 NPO 法人ほわほわの会副会長・
地域福祉創造協会ウインク事務局長・認定 NPO 法人日本ポーテージ協会理事　今林 和哉

（1）沿革

大阪府和泉市に拠点を置く特定非営利活動法人「サポートグループほわほわの会」は、平成15（2003）年に設立されました。最初は、ボランティア活動から始まった障害者支援団体です。まだ障害者に対する世間の認知が低かった頃から、障害者の目線で支援活動を行ってまいりました。法人の理念は、障害者の地域生活や社会参加を支える仕組みを構築し、障害者が暮らしやすい町づくりを目指しております。

放課後等デイサービスにおいてポーテージプログラムを実践するきっかけとなったのは、あらためて利用児童や保護者・家族に対してどのような支援が必要で、何をもって発達支援を実践していると言えるかを考えたことでした。現在、事業所が提供しているサービスの理論的な根拠を説明することができるかと考えた場合に、不安なことはないでしょうか。そこでエビデンスに基づく支援として広く認められているポーテージプログラムを支援実践のなかに導入しました。その結果、個別支援計画の作成や利用児童への支援において根拠のある支援を実践することができました。ただし、事業所内において全ての職員がポーテージプログラムに精通していたわけではないため、『グループ指導カリキュラム』（集団を対象にしたポーテージプログラム）の導入はしませんでした。また、『学齢期の子どもの行動支援プログラム』（学齢期児童を対象としたポーテージプログラム）は、まだ試行中の段階です。そこで法人として取り入れたのは、『新版ポーテージ早期教育プログラム』（発達に遅れや偏りのある乳幼児やその家族を対象にした家庭訪問型の個別プログラム）であり、それを骨格とした実践を行いました。

放課後等デイサービスのなかでポーテージプログラムを活用するうえで最も配慮したことは、ポーテージプログラムの理念や手続きを十分にふまえながら、障害児通所支援の指定基準（後述）を満たす活用の方法でした。アセスメントや目標、計画などの表現は共通していましたが、書式や支援期間のほか事業所に求められている地域支援の考え方などは、ポーテージプログラムの手続きや形式について、いくつかの変更や修正を加える必要がありました。

（2）実践事例：個別支援計画とポーテージプログラムの活用

■事例：K・C

①　アセスメント

放課後等デイサービスにおいて、契約後の利用児童への最初の支援がアセスメントです。フェースシートを用いて基本情報を確認・記入しながら、本人の発達の状態について客観的なアセスメントを行います。

放課後等デイサービスを運営するうえで重要な関係根拠法令として、「児童福祉法に基づく指定通所支援の事業の人員、設備及び運営に関する基準について」（以下、指定基準という）があります。指定基準によるとアセスメントについては、「障害児について、その有する能力、その置かれている環境及び日常生活全般の状況等の評価を通じて、通所給付決定保護者及び障害児の希望する生活並びに課題等の把握」が求められています。

アセスメントにおいては、ポーテージプログラムチェックリストを用いることで、利用児童の「乳児期の発達」、「社会性」、「言語」、「身辺自立」、「認知」、「運動」という６つの発達領域の現状を把握することができます。チェックリストは、子どもの発達の状態をアセスメントするときだけでなく、子どもに指導する行動目標を選ぶときや指導した結果を記録するときにも使います。また、チェックリストの総数576項目の行動目標（『新版ポーテージ早期教育プログラム』の行動目標数です）は、それぞれの年齢範囲において指導

表１　チェックリストによるアセスメントの結果

発達ニーズ・意向等の把握	初期状態の評価（利用者の状況・環境の状況）	支援者の気になること・推測できること（事例の強み・可能性）	
チェックリストの―印項目	プロフィール情報からの抜粋	チェックリストの○項目	プロフィール情報からの抜粋
社会性		**社会性**	
対人		対人	
40 イスに座って1分以上待つ	目的がない多動さがみられる	48 親の家事を手伝おうとする	洗濯たたみのお手伝いが好き
42 おもちゃを貸す、食べ物を分ける	友達とうまくかかわれない		職員の手伝いが大好き
47「どうぞ」と「ありがとう」を言う	友達とうまくかかわれない	62 親以外の大人の言うこと、2回に1回は従う	A先生が好き
56 おもちゃを「貸して」と言う	集団での遊びでトラブルになることが多い		
遊び		遊び	
53 子どもの動作をマネて遊びのルールに従う	集団での遊びでトラブルになることが多い	55 大人に指導されて集団遊びをする	課題が明確になると集中できる
61 年長の子に指導されて集団遊びをする	手の動きと対人関係に課題がある	59 助けてくれる人の写真を指さす	A先生が好き
		66 みんなの前で歌ったり踊ったりする	ダンスが好き
言語		**言語**	
表出		表出	
		55 カテゴリーの名称を使う	虫や生き物に興味があり
		58「もう1回」要求する	一方的に話す
			よくおしゃべりをする
理解		理解	
60 指示で関連のない2つの動作をする	視線が合いにくい	44 音を聞かせると何の音か言う	興味や関心があることを一方的に話す
70 指示で連続した3つの動作をする	行動が衝動的で激しい	49 指示で連続した2つの動作をする	課題が明確になると集中できる
身辺自立		**身辺自立**	
食事		食事	
53 箸ではさんで食べる	箸がうまく使えない	30 箸やフォークですくって食べる	手づかみで食べることがある
		46 フォークで刺して食べる	手づかみで食べることがある
更衣		更衣	
67 大きなボタンをはめる	ボタンつけ、ひも結びが難しい	74 ファスナーの先を止め金にはめる	ファスナーはできるときがある
72 着ている衣服のボタンをはめる	ボタンつけ、ひも結びが難しい		
排泄		排泄	
		87 トイレで排尿・排泄	自立
整容			
安全			
45 危険な場所には近づかない	目を離すとベランダから出ようとする		
認知		**認知**	
操作		操作	
		85 まねして積み木10個でピラミッドをつくる	ブロック遊びが好き
照合			
比較概念			
空間概念・身体部位			
描き			
読み書き			
数			
運動		**運動**	
粗大		粗大	
		121 ジャングルジムなどにのぼっておりる	身体を使って遊ぶことが好き
		135 片足とびでその場を回る	トランポリン代わりに飛び跳ねて遊ぶ
微細		微細	
85 はさみで紙を切る	手の動きと対人関係に課題がある	77 ブロックなどを　はめたり外したりする	ブロック遊びが好き
92 小さな包みをあける	ボタンつけ、ひも結びが難しい	84 ペグ5本をたたいて入れる	

の目標として選び出すときに便利なように配置されていますが、実際の活用においては、子どもの状況に応じて家族と相談しながら決めていきます。今回、チェックリストを使用して、Ｋ・Ｃについて総数576項目の行動目標のすべてをチェックしました。５つの発達領域において、Ｋ・Ｃのアセスメントの結果は、表１のように把握されました（表内の数字は、行動目標の番号を示します。チェックリストの－印項目は達成していない行動目標、チェックリストの○印項目は、達成している行動目標です）。

初回アセスメントを終えると、ポーテージプログラムにおける次の手順として指導目標の設定を行います。子どもが興味を持っている遊びや活動、親（保護者）の要望に沿った子どもの活動、いま身につけると子どもの生活に役立つと思われる実用的な技能、さらには発達の系列性や習得の可能性などの視点をもって、本人を含めた家族とともに行動目標（到達目標と理解してよいでしょう）を選び出します。

指定基準においては、アセスメント後は、「児童発達支援計画の原案を作成」することが求められています。その際に、「障害児に対する指定児童発達支援の提供に当たる担当者等を招集して行う会議」の開催が重要になっています。この会議においては、子どもおよび保護者に対して「児童発達支援計画の原案について意見を求める」ことや「支援計画について説明し、文書により同意を得る」ことが求められています。支援計画については、子どもの発達支援のみならず、家族支援や地域支援を行うことを指定基準は求めています。Ｋ・Ｃの具体的な支援目標は表２のようになりました。

表２　支援目標

発達ニーズ・意向等の把握	初期状態の評価 （利用者の状況・環境の状況）	支援者の気になること・推測できること （事例の強み・可能性）	解決すべき課題 左記のシートをもとに導いた　解決すべき課題
プロフィール情報からの抜粋	プロフィール情報からの抜粋	プロフィール情報からの抜粋	
家族支援 目が離せない	道路に飛び出す 買い物時に手を離すといなくなる ベランダから出ようとする	家ではアニメのTVを見ている。 洗濯たたみのお手伝いが大好き。	飛び出し・行方不明に備えることが課題
たまにはゆっくり休みたい	お母さんは、本児や弟の子育てに取り組んでいるが、疲れがみえる。 子どもの将来への不安もある。	実家の祖父母の協力がある。 子育て支援サークルや絵本の読み聞かせ会へ参加している。	子育て協力者の理解とお母さんの心配事の軽減が課題。
地域連携 発達に特性があっても今までどおり保育園を利用したい。	保育園職員とはサービス担当者会議で名刺交換のみ。	主任保育士が障害について理解がある。	保育園との連携体制をつくることが課題

支援目標の選定後は、支援内容の作成が必要です。指定基準においても、「児童発達支援計画の原案を作成」することが求められており、その記載事項として「保護者及び障害児の生活に対する意向」「総合的な支援目標及びその達成時期、生活全般の質を向上させるための課題」「支援の具体的内容」「留意事項その他」「保険医療サービス又は福祉サービスとの連携」が挙げられています。

ポーテージプログラムにおいては、「ポーテージ家庭記録表」や「活動チャート」が指導計画の内容を記載するものです。行動目標（課題）を「ポーテージ家庭記録表」に書いて親（保護者）に渡します。「ポーテージ家庭記録表」には、家庭での取り組み方とその結果について親（保護者）が記録する欄があります。課題分析をしたステップの１つの標的行動を指導するときに、「活動チャート」という記録用紙を使います。このポーテージプログラムの考え方を活かして、K・Cについての個別支援計画を、表３の個別支援計画の様式に記入します。特徴のひとつに、指定基準の記載事項をふまえながら、「発達支援」だけではなく「家族支援」および「地域支援」の項目があることです。

表３　個別支援計画

個別支援計画	利用者名		作成年月日　年　月　日		
	長期（内容、期間等）	（1年後）			
	短期（内容、期間等）	（6か月後）			
項目	具体的な到達目標	支援内容（内容・留意点）	支援期間（頻度・時間・期間等）	担当者	優先順位
発達支援					
家族支援					
地域支援					
総合的な支援方針					
利用者氏名　印			児童発達支援管理責任者　印		

指定基準とともに事業運営において重要な指針、国が定めた『放課後等デイサービスガイドライン』では、「放課後等デイサービスの基本的役割」として、障害児に対する「発達支援」と地域の子育て支援施設等への「後方支援」と「保護者支援」が求められているために、これらも支援計画に盛り込みました。

支援計画で最も重要な事項である支援内容を具体的に考える際に、ポーテージプログラムによる課題分析の方法を活用することは利点があります。課題分析とは、達成可能な連続するステップ（標的行動）に細分化することによって、順次、迅速かつ確実に長期の最終目標に到達する手続きのことです。表４に示すように、選び出した行動目標を４つの要素（「誰が」「どんな条件のもとで」「どの程度上手に」「何をする」）を含む文章に書き換えました。このように課題分析をすることにより、到達目標に至る道筋が分かりやすくなり、その方法も家族と共有することができます。

表４　選び出した行動目標の課題分析の過程

発達領域	誰が	何をする	どんな条件のもとで		どのくらい上手に
社会性 47	Kくんは	「ありがとう」を言う	4 大人の援助なしで 3 大人が「ブロックもらったら何て言うの？」と聞くと 2 大人が「ありが・・・」と言い誘うと 1 大人が「ありがとう」とモデルを見せると	自由遊びの時間 友達からブロック1片を手渡される場面	3場面中3回
言語 60	Kくんは	「A先生といっしょにタオルたたみをした後で、教室の虫カゴ持ってきてね」の2つの動作をする。	4 担任の「A先生といっしょにタオルたたみした後で、教室の虫カゴ持ってきてね」の声かけだけで 3 担任が タオルたたみの絵カードと 虫カゴの絵カードを手渡して、「A先生といっしょにタオルたたみした後で、教室の虫カゴ持ってきてね」の声かけをすると 2 担任が タオルたたみの絵カードと 虫カゴの絵カードを手渡して、「A先生といっしょにタオルたたみした後で、教室の虫カゴ持ってきてね」の声かけした上で遠くから見守っておくと 1 担任が タオルたたみの絵カードと 虫カゴの絵カードを手渡して、一緒にカードを確認しながら 行動を見守ると	自由遊びの時間 午後に外遊びへ行く準備の場面	1日1回
身辺自立 53	Kくんは	箸ではさんで食べる	4 大人の援助なしで 3 大人が「お箸つかってね」と言うと 2 大人が横で箸をはさんで食べる姿を見せると 1 大人が Kくん の背後からお箸を持った手の甲を支えると	昼食時間 はし スプーンまたはフォークを用意して いずれか使用すれば良いことを決めた場面	食事時間 30分中15分間

ポーテージプログラムの課題分析は、支援会議を通して見出された支援目標に対して、場面状況や教材・教具の配置や形態とともに、支援者がどのような援助を与えるかを段階的に細分化する作業に用いました。その結果、具体的な支援内容をつくることや望ましい行動の生起を促す方法、子どもが現在できることの確認などさまざまな情報を得ることができました。もっとも大きな効果は、援助の方法を段階的に細分化するため、提供した支援内容で達成できなかったときに別の支援方法が明確になっていることでした。つまり、提供する援助に根拠が示せることでした。

指定基準や『児童発達支援ガイドライン』のような行政の指針をふまえながら、ポーテージプログラムを活用した結果、最終的に作成した児童発達支援計画書が表５です。記載事項のなかの「発達支援」「家族支援」「地域支援」は『児童発達支援ガイドライン』を、達成時期などは指定基準を踏まえています。支援内容の「うまくできないとき」や「３場面中３回」はポーテージプログラムの「活動チャート」を参考にしました。

表５　児童発達支援計画書

項目		具体的な到達目標	支援内容 （内容・留意点）	支援期間 （頻度・時間・期間等）	担当者	優先 順位
	長期（内容、期間等）	（1年後）　友達とのコミュニケーションをうまくとれるようになる。				
	短期（内容、期間等）	（6か月後）◎◎園と△△保育園の並行生活になれる。				
発達 支援	社会性	Kくん は、 大人が「ありが･･･」と言い誘うと 「ありがとう」を言う	友達からブロック1片を手渡される場面をつくる。 できたときは→ 「ありがとうって言えたね」と言ってほめる。 → なかよしシートに◎を書く。 うまくできないときは、 大人が「ありがとう」とモデルを見せることで、 Kくん の、「ありがとう」を導く。	3場面中3回 自由遊びの時間 4/1から9/30まで	保育士	1
	言語	Kくん は、 担任が タオルたたみの絵カードと 虫カゴの絵カードを手渡して、 「A先生といっしょにタオルたたみした後で、 教室の虫カゴ持ってきてね」の 声かけをすると 2つの動作をする	午後に外遊びへ行く準備の場面で実施する。 できたときは→ 大人が「A先生が喜んでたよ」と言ってほめる。 うまくできないときは、 担任が タオルたたみの絵カードと 虫カゴの絵 カードを手渡して、 「A先生といっしょにタオルたたみした後で、 教室の虫カゴ持ってきてね」の声かけした上で 遠くから見守っておくことで、 Kくん の、2つの動作をすることを導く。	1日1回 自由遊びの時間 4/1から9/30まで		2
	身辺自立	Kくん は、 大人が「お箸つかってね」と言うと 箸ではさんで食べる	はし スプーンまたはフォークを用意して いずれ か使用すれば良いことを決めた場面をつくる。 できたときは→ 大人が「お箸 うまくなったね」と言ってほめる。 うまくできないときは、 大人が横で箸をはさんで食べる姿を見せることで、 Kくん の、箸ではさんで食べることを導く。	30分中15分間 昼食時間 4/1から6/30まで		3
家族 支援	母親 祖父母	飛び出し・行方不明への対応	交通ルール・買い物時の約束を学ぶ機会に、 母・祖父母の参加をうながす。 警察署・消防署へ緊急時の協力依頼をおこなう	母子登園時に、 1時間程度 4/1から9/30まで	主任保育士 および 児童発達支援 管理責任者	
		子育ての心配事を減らしていく	情報交換の機会提供や母との会話をおこなう	母子登園時に、 1時間程度 4/1から9/30まで		
地域 支援		△△保育園との連絡体制をつくる	◎◎園・△△保育園・▲▲相談センターによる 連絡会議を開催する	3か月ごとに 1時間程度 4/1から9/30まで	児童発達支援 管理責任者	
総合的な支援方針 Kくん の発達の特性にあった支援を受けることにより、母の子育ての不安を解消し、楽しい保育園生活や家庭・地域生活が送れるようになろう。						

利用者氏名　　　　　印　　　　　児童発達支援管理責任者　　　　　印

具体的な行動の用語で記載したことで、行動目標や支援方法が明確になりました。また、支援によってできたときに与える強化子や、うまくできなかったときの別の支援方法（修正手続き）を記載しました。支援目標として記載されている行動のみに意識が向き、支援目標を選定した際の基本的な意図を忘れてしまう危険を避けるために有効です。

支援提供の際には、指定基準に「支援の提供日、内容」の記録および保護者へ「支援を提供したことについて確認」を受けることが求められています。ポーテージプログラムによる指導結果の記録は、「ポーテージ家庭記録表」や「活動チャート」に課題について取り組んだ様子を親が記録し、指導経過記録表はポーテージ相談員が個々の子どもの指導経過を記録します。活動チャートは支援計画書でありながら、原則として１週間を目安に繰り返される指導の結果を記録するものであるため、記録方法において活用しました。具体的には、表６のように指定基準をふまえながら、支援者がどのような援助を用いたのか、K・Cがどのように反応したのかを◎（支援によってできた）、△（修正手続きでできた）、−（いやがる、できない）などの記号で記録しました。

表６　支援記録

支援記録	利用者名　K・C					支援期間		年	月から	年	月まで	
	長期（内容、期間等）			（1年後）　友達とのコミュニケーションをうまくとれるようになる。								
	短期（内容、期間等）			（6か月後）◎◎園と△△保育園の並行生活になれる。								
発達 支援	日付 ○/○	日付 ○/○	日付	日付	日付	日付	日付	日付	日付	日付	日付	日付
Kくん は、 大人が「ありが・・・」と言い誘うと「ありがとう」を言う	◎	△										
3場面中3回	記録者	記録者	記録者	記録者	記録者	記録者	記録者	記録者	記録者	記録者	記録者	記録者
自由遊びの時間	備考	備考	備考	備考	備考	備考	備考	備考	備考	備考	備考	備考
Kくん は、 担任が　タオルたたみの絵カードと虫カゴの絵カードを手渡して、「A先生といっしょにタオルたたみした後で、教室の虫カゴ持ってきてね」の声かけをすると2つの動作をする	△	◎										
1日1回	記録者	記録者	記録者	記録者	記録者	記録者	記録者	記録者	記録者	記録者	記録者	記録者
自由遊びの時間	備考	備考	備考	備考	備考	備考	備考	備考	備考	備考	備考	備考
Kくん は、 大人が「お箸つかってね」と言うと箸ではさんで食べる	◎	◎										
30分中15分間	記録者	記録者	記録者	記録者	記録者	記録者	記録者	記録者	記録者	記録者	記録者	記録者
昼食時間	備考	備考	備考	備考	備考	備考	備考	備考	備考	備考	備考	備考
総合的な支援方針 Kくんの発達の特性にあった支援を受けることにより、母の子育ての不安を解消し、楽しい保育園生活や家庭・地域生活が送れるようになろう。												

保護者氏名　　　　　　印　　　　　　児童発達支援管理責任者　　　　　　印

◎・・・支援によってできた。
△・・・修正手続きでできた。
ー・・・いやがる。できない。

②　モニタリング

支援計画の作成後は、モニタリングを行います。指定基準には、「実施状況」「解決すべき課題」を把握したうえで、「６カ月に一回以上」「計画の見直し」や「計画の変更」を行わなければならないとされています。さらに、「モニタリングの結果を記録すること」が求められています。

ポーテージプログラムでも「活動チャート」による記録やチェックリストを用いた指導経過のアセスメントをとおしてモニタリングを行います。チェックリストについては、一定期間内（例えば、３カ月ごと）における、各発達領域のなかでの行動目標の達成状況を把握します。

モニタリングについては、表７に示すように、支援の結果のほかに支援目標及び支援内容を含む支援計画そのものについて、論点を明確にしたうえで話し合えるようにしました。このように、モニタリングにおいては達成状況を数値化することが有効です。

表7　支援に関するモニタリング

モニタリング事項	支援の効果	本人の生活	家族の価値観	取り組みやすさ	本人の興味	点数合計	
発達支援 「ありがとう」を言う	5	4	5	4	5	16	母親
	5	4	4	4	5	12	児発管
						28	計
発達支援 声かけすると2つの動作をする	5	4	5	4	3	20	母親
	4	3	4	4	3	18	児発管
						38	計
発達支援 箸ではさんで食べる	5	5	5	5	5	21	母親
	5	5	5	4	5	15	児発管
						36	計

点数	評価				
5	とてもある	とても適合していた	とても適合していた	とても取り組みやすい	とても興味があった
4	どちらかというとある	どちらかというと適合していた	どちらかというと適合していた	どちらかというと取り組みやすい	どちらかというと興味があった
3	どちらでもない	どちらでもない	どちらでもない	どちらでもない	どちらでもない
2	どちらかというとない	どちらかというと適合していなかった	どちらかというと適合していなかった	どちらかというと取り組みにくい	どちらかというと興味はなかった
1	全くない	全く適合していなかった	全く適合していなかった	とても取り組みにくい	全く興味はなかった

（3）考察

放課後等デイサービスのなかでポーテージプログラムを活用するうえで最も配慮したことは、ポーテージプログラムの理念や手続きを十分に踏まえながら、指定基準を満たす活用を行うことでした。そのために、ポーテージプログラムの考えを用いながら、放課後等デイサービスの指定基準に合うように変更を加えました。具体的な変更や修正としては、アセスメントにおいては課題や弱みとともに強みや活用できる事項を書き出す部分を追加しました。また、支援会議の実施においては、論点を書き出しました。記録用紙に関しては、指定基準の記載事項の例に従うように変更しました。

ポーテージプログラムを活用するなかで課題分析の手法は、支援内容を目標達成に向けて段階的に細分化でき、その結果、提供する援助に根拠を与えることができました。

今後の課題としては支援目標のなかに事業所を利用している時間や活動をどのように織り込んでいくか、集団のなかで個別の支援課題をどのように実践するか、学齢期に達しているために本人の希望や将来の生活から支援内容をどう選定するか、などが挙げられます。

●引用文献

・日本ポーテージ協会（監修）清水直治・吉川真知子（編著）（2015）『発達が気になる子どものためのポーテージプログラム入門』合同出版

・日本ポーテージ協会『新版ポーテージ早期教育プログラム―初級研修セミナーテキスト―』NPO 法人日本ポーテージ協会

おわりに

厚生労働省「児童発達支援に関するガイドライン策定検討会」座長
認定NPO法人日本ポーテージ協会理事
大塚　晃

全ての障害者が、障害者でない者と等しく、基本的人権を享有する個人としてその尊厳が重んぜられ、その尊厳にふさわしい生活を保障される権利を有することを踏まえ、障害を理由とする差別の解消の推進に関する基本的な事項、行政機関等及び事業者における障害を理由とする差別を解消するための措置等を定めることにより、障害を理由とする差別の解消を推進し、もって全ての国民が、障害の有無によって分け隔てられることなく、相互に人格と個性を尊重し合いながら共生する社会の実現に資することを目的とした、「障害を理由とする差別の解消の推進に関する法律（障害者差別解消法）」が平成28（2016）年4月に施行されました。共生社会を実現する上で障害を理由とする差別の解消が重要であることから、国民に障害を理由とする差別の解消の推進に寄与するよう努めなければならないとされたことは、障害者の権利を擁護していく上で大きな前進となるでしょう。また、行政機関等及び事業者が事務または事業を行うに当たり、障害者から現に社会的障壁の除去を必要としている旨の意思の表明があった場合、その実施に伴う負担が過重でないときは、障害者の権利利益を侵害することとならないよう、当該障害者の性別、年齢及び障害の状態に応じて、社会的障壁の除去の実施について必要かつ合理的な配慮をしなければならないものとされています。

障害者権利条約では、障害を理由とするあらゆる差別（「合理的配慮」の不提供を含む）の禁止や障害者の地域社会への参加・包容（インクルージョン）の促進等が定められており、障害のある子どもの支援に当たっては、子ども一人ひとりの障害の状態及び発達の過程・特性等に応じ、合理的な配慮が求められています。地域社会で生活する平等の権利の享受と、地域社会への参加・包容（インクルージョン）の考え方に立ち、障害の有無にかかわらず、全ての子どもが共に成長できるようにしていくことが必要です。また、児童福祉分野においても児童発達支援センター（事業）や放課後等デイサービス事業等においても、個々の利用者への「合理的配慮」の提供が求められています。

「合理的配慮」の提供の根拠は、それぞれの子どもの発達段階やニーズをアセスメントして、それに基づく個別支援計画の実施によって可能となります。このような「根拠に基づいた支援（Evidence Based Practice：EBP）」の実現のために、ポーテージプログラムは大いに活用できるものと考えています。日本の多くの児童発達支援センター（事業）や放課後等デイサービス事業等が、本書で紹介したポーテージプログラムを活用して、「障害をもつ児童が、地域で安心して生活していく」共生社会を実現していくこととなれば幸いです。

資料1

今後の障害児支援について

『今後の障害児支援の在り方について（報告書）』
～「発達支援」が必要な子どもの支援はどうあるべきか～

平成 26 年 7 月 16 日
障害児支援の在り方に関する検討会

（目次）

はじめに

本検討会は、平成 27 年４月にスタートする予定の子ども・子育て支援新制度を踏まえつつ、平成 27 年度の報酬改定や障害者総合支援法（「障害者の日常生活及び社会生活を総合的に支援するための法律」（平成 17 年法律第 123 号））施行３年後の見直しに併せて行う制度見直し等を視野に置いて、今後の障害児支援の在り方について検討するために開催されたものである。

本検討会では、児童発達支援センターの地域支援機能の在り方など、新しい制度の円滑な施行に関する論点に加えて、支援の対象となる「障害児」をどのように捉えるか、障害者権利条約（「障害者の権利に関する条約」）の批准を踏まえ、障害児の地域社会への参加・包容（インクルージョン）[1]をどのように進めるか、家族支援をどのように充実すべきか等の根本的な論点について様々な観点から意見が出された。これらの問題意識に制度的に対応するためには、障害児通所支援・入所支援の枠内で考えるだけではなく、一般施策としての子育て支援も視野に入れる必要がある。地域社会への参加・包容を推進するために、保育所や放課後児童クラブ等の一般的な子育て支援施策における障害児の受入れを進めることにあわせて、教育とも連携をさらに深めた上で、より総合的な形での支援を実践していくことが重要である。そして、障害児支援を、施設・事業所等自らが障害児に対して行う支援に加えて、持っている専門的な知識・経験に基づき、子ども・子育て支援新制度やその他の一般的な施策をバックアップする後方支援として位置づけ、保育所等訪問支援等を積極的に活用して保育所等の育ちの場における障害児の支援に協力できるような体制づくりを進めていくことが必要である。障害児支援は児童福祉法（昭和 22 年法律第 164 号）に基づく個別給付として位置づけられていることから、支援内容は全国一律での対象とするためにある程度定型化せざるを得ない一面はあるが、本検討会では、より柔軟できめ細かな対応が可能となる自治体の予算事業も考慮に入れた上で、「発達支援」[2]が必要な子どもに対して発達の段階に応じて一人ひとりの個性と能力に応じた丁寧に配慮された支援を行うこと、そのためにライフステージに応じて切れ目の無い支援と各段階に応じた関係者の連携（縦横連携）を充実させていくこと、また、丁寧かつ早い段階での保護者支援・家族支援を充実させることを目指して制度の在り方を考えるべきという考え方が共有された。こうした問題意識に立ちつつ、本報告書をとりまとめた。

---

[1] 本報告書で「地域社会への参加・包容（インクルージョン)」の用語は、地域社会において、全ての人が孤立したり排除されたりしないよう援護し、社会の構成員として包み支え合うことを表すものとしている。障害者権利条約第 19 条では「この条約の締約国は、全ての障害者が他の者と平等の選択の機会をもって地域社会で生活する平等の権利を有することを認めるものとし、障害者が、この権利を完全に享受し、並びに地域社会に完全に包容され、及び参加すること（full inclusion and participation in the community）を容易にするための効果的かつ適当な措置をとる」と明記されている。

[2] 本報告書で「発達支援」の用語は、障害のある子ども（またはその可能性のある子ども）の発達上の課題を達成させていくことの他、家族支援、地域支援を包含した概念として用いている。

本報告書では、平成 20 年に行われた「障害児支援の見直しに関する検討会」（平成 20 年３月～７月に開催。以下「旧検討会」という。）の報告書を必要に応じて引用しているが、その中でも特に根本的な考え方として、障害児は「他の子どもと異なる特別な存在ではなく、他の子どもと同じ子どもであるという視点を欠いてはならない」とされ、また、「子どもは次世代を担う社会の宝であり」「心身ともに健全に育つ権利を保障されるべきものである」とされている。本検討会でも、それらの考え方を共有するものである。さらに、本報告書を取りまとめるに当たって、合計 19 の関係団体からヒアリングを行ったほか、事務局においてその他３団体から個別に意見聴取を行い、いただいたご意見について可能な限り本報告書に反映させる形とした。今回ご意見をいただいた各団体にはこの場を借りて感謝申し上げる。[3]

１．平成 24 年度からの新しい障害児支援制度への移行とその後の状況等

（１）新しい障害児支援制度への移行（平成 24 年４月）までの経緯

○ 我が国では、昭和 23 年に施行された児童福祉法において障害のある子どもに対する支援が位置づけられ、その後、昭和 40 年代初頭までに重症心身障害児を含む障害児の入所できる施設が制度に位置づけられた。昭和 40 年代半ばからは通園の制度化が進んだ。その後、制度を利用する仕組みに関する改革が進み、平成 15 年度施行の支援費制度、平成 18 年度施行の障害者自立支援法に併せて各種の制度改正が行われた。

○ 平成 20 年には旧検討会が開催され、専門機関による保育所等への巡回支援の実施、通所・入所施設の再編・一元化、放課後型のデイサービスの創設、通所や相談支援に係る市町村の責任の強化、重症心身障害児（者）通園事業の法定化等が提言された。それらの内容が、障害福祉全般の見直し等とあわせて、平成 22 年 12 月に成立した「障がい者制度改革推進本部等における検討を踏まえて障害保健福祉施策を見直すまでの間において障害者等の地域生活を支援するための関係法律の整備に関する法律」（平成 22 年法律第 71 号。以下「整備法」という。）に盛り込まれ、平成 24 年４月に施行されて現在に至っている。

（２）新しい障害児支援制度への移行後の状況

[3] 意見書全体については厚生労働省ホームページ
（URL: http://www.mhlw.go.jp/stf/shingi/0000050945.html）で閲覧することが可能である。

○　新しい障害児支援制度への移行後の障害児通所支援・入所支援の利用者の伸びをみると、平成 24 年４月の約 8.9 万人から平成 25 年４月の約 11.5 万人となっている[4]。通所支援のみでみると約 8.6 万人から約 11.1 万人である。また、直近の状況をみると、平成 26 年２月時点で、障害児通所支援・入所支援の利用者数合計が約 14.4 万人、そのうち通所支援の利用者は約 14.0 万人となっている。さらに、それにあわせて、障害福祉サービス及び障害児支援に係る国の予算も増加している。

（３）障害児支援の類型ごとの利用の現状等[5]

①　児童発達支援及び放課後等デイサービス

○　障害児通所支援に関し、新しい障害児支援制度では、従来の障害種別で分かれていた体系が再編・一元化されて「児童発達支援」となり、その中で、従来は予算事業として行われていた重症心身障害児（者）通園事業が法定化された。さらに、放課後型のデイサービスとして「放課後等デイサービス」が創設された。平成 26 年２月の状況をみると、児童発達支援は 2,726 事業所（利用者約 6.8 万人）、放課後等デイサービスは 4,132 事業所（約 7.1 万人）となっており、全国的にみると着実に整備が進んできている。一方、本検討会の中では、放課後等デイサービスの整備状況について地域格差があるとの指摘もあった。

○　また、「児童発達支援」のうち「児童発達支援センター」は、医療機関の体制をベースとして肢体不自由児への治療を併せて行う「医療型児童発達支援センター」を含め児童福祉施設として位置づけられ、嘱託医の配置や給食の自園調理等が前提となっている他、地域支援機能を発揮することとされている。具体的には、児童福祉法に基づく指定通所支援の事業等の人員、設備及び運営に関する基準（平成 24 年２月３日厚生労働省令第 15 号）第 51 条第２項において、児童発達支援センターは、通常の事業の実施地域の障害児の福祉に関し、その家庭からの相談に応じ、必要な援助を行うよう努めなければならないこととされている。センターの設置数は、平成 26 年１月現在で福祉型が 410 カ所、医療型が 116 カ所である（厚生労働省調べ）。

---

[4] 障害児支援に係る報酬支払を各都道府県の国民健康保険団体連合会（国保連）経由で行っている自治体のデータを集計したもの（国保連データ）。以降、特に断りの無い限り国保連データを記載。
[5] 障害児が利用できる福祉サービスの体系については、参考資料１を参照。

② 保育所等訪問支援

○ 旧検討会において、保育所等での障害児の受入れを促進する趣旨から、専門機関が保育所等を巡回して療育支援を行う制度を作り、障害児が可能な限り多く保育所等に通えるようにすべきとの提言がなされた。このことを踏まえ、平成 24 年度に「保育所等訪問支援」が創設されている。業務内容は、指定を受けた事業所が保育所、幼稚園、小学校、特別支援学校、認定こども園、その他児童が集団生活を営む施設にスタッフを派遣し、障害児本人に対する集団生活への適応のための訓練や訪問先施設のスタッフに対する支援方法の指導等を行うものである。平成 26 年１月時点で合計 443 カ所が設置されているが（厚生労働省調べ）、同じ時点で実際に事業を行っているのは 247 カ所（利用者約 1,200 人）であり、十分な体制は整っていない状況である。

③ 障害児入所支援

○ 障害児入所支援についても、障害児通所支援の場合と同様に、従来は障害種別に基づき位置づけが分かれていたものが、新しい制度では医療の提供を行うかどうかによって「福祉型」と「医療型」に再編された。平成 25 年 12 月の状況をみると、福祉型は 262 施設（契約による利用者約 2, 900 人）、医療型は 253 施設（同約 3, 200 人）となっている。また、保護者による虐待や養育拒否等の場合等の措置入所者数については、福祉型では 3,764 人、医療型では 946 人となっている（厚生労働省調べ）。

○ なお、新しい制度では、18 歳（遅くとも 20 歳）になったら障害者総合支援法に基づく障害福祉サービス等を利用することとされたが、各障害児入所施設は平成 24 年４月時点で従来からの体制のままで障害者支援施設としてのみなし指定を受け、平成 29 年度までの猶予期間の間に都道府県・市町村とも相談の上で、平成 30 年度からは障害児入所施設のみとして運営するか、障害者支援施設に転換するか、両者の併設施設として運営するかを判断することとされている。

④ その他障害児が利用できる障害福祉サービス等の状況

○ 上記①～③の他、障害者総合支援法に基づく障害福祉サービスのうち、居宅介護、短期入所等は障害児でも利用が可能となっている。また、その他の障害福祉サービスについても、15 歳以上の障害児であって児童相談所からサービスを利用することが適当との意見があった場合には、市町村から支給決定を受けて利用することが可能となっている。

○　また、上記のような具体的なサービスの提供に加え、障害児のいる世帯への所得保障の一環として、一定所得以下の世帯に対して支給される「特別児童扶養手当」と「障害児福祉手当」があり、特別児童扶養手当の１級と障害児福祉手当の併給を受けている場合には月額約６万４千円が支給されている（平成 26 年４月１日現在）。

⑤　障害児相談支援

○　平成 24 年の整備法の施行に際し、原則として障害福祉サービスを利用する全ての場合において相談支援専門員による「サービス等利用計画案」を作成し、市町村が支給決定する際に勘案することとされたが、障害児通所支援については、実施主体が市町村になることに伴い新たに「障害児相談支援」が制度化され、「サービス等利用計画案」に相当するものとして「障害児支援利用計画案」を作成することとされた。これについては、障害福祉サービスに係るサービス等利用計画の策定と同様に体制整備が進んでいない状況にあり、平成 26 年３月現在で障害児通所支援の利用者のうち障害児支援利用計画が既に作成されている者の割合は 32.1%であった（厚生労働省調べ）。平成 27 年４月からは、市町村が給付決定に当たって支援を利用する全ての場合に計画の作成を求めることとされており、今後さらに体制整備を進める必要がある。

（４）障害児をとりまく最近の環境の変化

①　障害者権利条約の批准及び国内法令の整備

○　我が国においては、昭和 57 年に国連障害者の十年の国内行動計画である「障害者対策に関する長期計画」を策定して以降、障害者施策の総合的かつ効果的な推進に努めてきており、平成 14 年には、障害者基本法（昭和 45 年法律第 84 号）に基づく障害者基本計画を策定し、我が国が目指すべき社会を、障害の有無にかかわらず国民誰もが相互に人格と個性を尊重し支え合う「共生社会」とすることを掲げ、各分野において取組が進められてきた。そのような中、平成 18 年 12 月には、国連総会において、障害者の権利の実現のための措置等を規定する障害者権利条約が採択された。我が国では、本年１月に同条約を批准したところであるが、批准に先立ち国内法令の整備を進めるべきとの障害当事者他の意見も踏まえ、平成23年８月の障害者基本法改正から平成25年６月の障害者差別解消法（「障害を理由とする差別の解消の推進に関する法律」（平成25年法律第65号））の成立等まで関係法律の制定・改正が行われた。

○ その中で、障害者基本法では「療育」に関する条項が新設された他、社会的障壁の除去は、それを必要としている障害者が現に存し、かつ、その実施に伴う負担が過重でないときは、その実施について必要かつ合理的な配慮がされなければならないと定められ、障害者差別解消法において差別を解消するための措置等が定められた。今後、同法に基づき、政府において障害を理由とする差別の解消の推進に関する基本方針を定め、また、各省庁等において、事業者が適切に対応するための必要な指針等を定めることとなっている。

② 子ども・子育て支援法の制定

○ 保育所等の一般施策としての子育て支援制度においても、これまで、障害児の受入れが進められてきている。例えば、保育所では平成24年度に全国で約5.1万人の障害児が受け入れられている（保育所利用児童全体の約2.3%：厚生労働省調べ）。また、放課後児童クラブでは平成25年度に全国で約2.5万人の障害児が受け入れられている（放課後児童クラブ利用児童全体の約2.8%：厚生労働省調べ）。

○ さらに、平成27年度からは、子ども・子育て支援法（平成24年法律第65号）に基づく子ども・子育て支援新制度がスタートする予定であるが、その中でも、障害児の支援につながる取組の制度化に関する事項が含まれている。具体的には、

(a) 保育所、幼稚園、認定こども園において障害児を受け入れ、主幹教諭・主任保育士等が関係機関との連携や相談対応等を行う場合に、地域の療育支援を補助する者を配置する。

(b) 小規模保育、家庭的保育等において障害児を受け入れた場合に、障害児２人につき保育士１人を配置する。

(c) 地域型保育事業の１つである「居宅訪問型保育」において、障害児の個別ケアを行う場合、居宅訪問型保育事業者は連携施設（障害児入所施設、その他の市町村の指定する施設）を設定する。

(d) 教育・保育施設や地域の子育て支援事業等を円滑に利用できるように、子どもとその保護者等からの相談に応じ、必要な情報の提供及び助言や、関係機関との連絡調整等を実施する「利用者支援事業」において、障害児を養育する家庭からの相談

等についても、市町村の所管部局、障害児相談支援事業所等と連携し適切な対応を図る。[6]

(e) 家庭において保育を受けることが一時的に困難になった乳幼児の一時的な預かり事業において、児童の居宅において一時的な預かりを行う「訪問型」を創設し、障害児等への対応の充実を図る。

といったことが現在検討されている。また、子ども・子育て支援法に基づく市町村子ども・子育て支援事業計画及び都道府県子ども・子育て支援事業支援計画（以下「子ども・子育て支援事業計画」という。）では、都道府県は障害児等に対する専門的な知識及び技術を要する支援の実施について定めることとされ、市町村は都道府県の実施する施策との連携について定めるよう努めることとされている。

③ 学校教育法施行令の改正

○ 平成 24 年 7 月の中央教育審議会初等中等教育分科会報告「共生社会の形成に向けたインクルーシブ教育システム構築のための特別支援教育の推進」における提言等を踏まえ、平成 25 年 8 月に、学校教育法施行令（昭和 28 年政令第 340 号）の一部改正が行われたが、その中で、障害のある児童生徒の就学先を決定する仕組みの改正が行われた。従来の仕組みでは、同令第 22 条の 3 の表[7]に規定する程度の障害のある児童生徒については特別支援学校への就学を原則とし、例外的に小中学校への就学も可能とされていたが、改正後は、個々の児童生徒について、市町村の教育委員会が、その障害の状態等を踏まえた総合的な観点から就学先を決定する仕組みとされた。

④ 第 4 期障害福祉計画の基本指針告示

○ 都道府県・市町村は、居宅介護、短期入所等の障害福祉サービスについては、障害者総合支援法に基づき 3 年間を 1 期とする市町村障害福祉計画及び都道府県障害福祉計画（以下「障害福祉計画」という。）を作成し、それに沿って計画的な整備を図ることとされている。計画作成に関しては厚生労働省において基本指針（「障害福祉サービス及び相談支援並びに市町村及び都道府県の地域生活支援事業の提供体制の整備並びに自立支援給付及び地域生活支援事業の円滑な実施を確保するための基本的な指針」）を定めている。これまでの基本指針においては、児童福祉法に基づく障害児支援への言及は限られていたが、今後、子育て支援全体に関して子ど

[6] (d)の利用者支援事業については、子ども・子育て支援新制度の本格施行に先立ち、既に実施されている。
[7] 学校教育法第 75 条に基づき、視覚障害者、聴覚障害者、知的障害者、肢体不自由者及び病弱者の障害の程度を定めるもの。

も・子育て支援事業計画が作成される中で障害児支援について言及されることになること等も踏まえ、第４期（平成 27 年度～29 年度）計画に係る指針においては障害児支援についても言及し、各都道府県・市町村における対応について定めるよう努めることとされ、本年５月 15 日に告示されたところである（平成 26 年厚生労働省告示第 231 号）。

⑤ その他障害児をとりまく環境の変化

（介護職員等がたんの吸引等をできるようにするための体制整備）

○ 従来は、障害者支援施設等における利用者のたんの吸引等は、当面のやむを得ない措置として介護職員等により行われてきた実態があったが、平成 24 年度から施行された社会福祉士及び介護福祉士法（昭和 62 年法律第 30 号）の一部改正により、一定の研修を受けた介護職員等において、医療や看護との連携による安全確保が図られていること等の一定の条件の下で実施することが可能となった。

（新少年院法の成立と障害児支援・学校教育・矯正教育の連携）

○ 第 186 回国会で成立した新しい少年院法（平成 26 年法律第 58 号）において、少年院の長は、出院後に自立した生活を営む上での困難を有する在院者（障害児を含む。）に対して、適切な住居等への帰住の支援、医療・療養の支援、修学等の支援を行うこととされている。法務省では、新少年院法の制定を契機として、少年院在院者の円滑な社会復帰に係る支援の充実方策を検討しているところである。

２．今後の障害児支援の在り方を考えるに当たって重要なポイント

障害児支援をとりまく現状をみると、利用者数や関連予算は着実に増加してきているものの、サービスの質の向上など改善が望まれている部分も残っている。また、子ども・子育て支援新制度の施行など、制度面での新たな動きもある。本検討会では、そのような状況を踏まえ、今後の障害児支援の在り方を考えるに当たって必要な事項を改めて次のとおり整理する。厚生労働省においては、下記の基本的な考えも併せて関係者に広めるよう努めるべきである。

（１）基本理念

○ 旧検討会報告書では、「見直しの基本的な視点」として、「子どもの将来の自立に向けた発達支援」「子どものライフステージに応じた一貫した支援」「家族を含めたトー

タルな支援」「できるだけ子ども・家族にとって身近な地域における支援」の４つを基本的な視点として挙げている。本検討会における議論でも、これらの基本的な視点は重要であるとの意見が示されているが、最近の新たな動きを踏まえて検討会の中で重点的に指摘されたものは次のとおりである。

①　地域社会への参加・包容（インクルージョン）の推進と合理的配慮

○　平成 26 年１月に我が国も批准した障害者権利条約では、障害に基づくあらゆる差別（「合理的配慮」の否定を含む。）の禁止や障害者の地域社会への参加・包容（インクルージョン）の促進等が定められている。また、障害者差別解消法では、差別的取扱の禁止が国、地方公共団体から民間事業者までを通じた法的義務とされている他、国や地方公共団体等については合理的配慮の提供が義務化され、民間事業者についても合理的配慮の提供が努力義務とされている。

○　「差別」「合理的配慮」等の具体的内容については今後政府の基本方針等により定められることとなるが、いずれにせよ、障害児が一般施策としての保育、教育等による支援を受ける際にもこれらの条項が適用されることとなる。障害者差別解消法の施行（平成 28 年４月）を視野に置いた上で、具体的な対応について検討し、障害児の地域社会への参加・包容の推進を図る必要がある。

②　障害児の地域社会への参加・包容を子育て支援において推進するための後方支援としての専門的役割の発揮

○　上記①の基本理念を踏まえつつ、今後の障害児支援の進むべき方向性を考えると、全ての子どもには発達支援が必要である中、障害のある子どもについては個々のニーズに応じた丁寧な支援が必要であるという認識に立ち、一人ひとりの個性と能力に応じた支援を行うことができる体制を作っていくべきである。重症心身障害児のように一般の子育て支援の枠内での対応が現実問題として困難なケースもあることは前提としつつも、他の児童も含めた集団の中での「育ち」を保障していくためには、子育て支援を念頭に置きつつ、継続的な見守りを行って、発達支援が必要な場合に特別な支援を行うことを基本とすべきである。

○　また、このためには、保育所や放課後児童クラブ等の一般的な子育て支援施策における障害児の受入れを進めることにあわせて、障害児支援を、施設・事業所等が持っている専門的な知識・経験に基づき一般的な子育て支援施策をバックアップする後方支援として位置づけ、保育所等訪問支援等を積極的に活用して保育所等の育ちの場における障害児の支援に協力できるような体制づくりを進めていくことが必要である。

③　障害児本人の最善の利益の保障

○　障害児支援を行うに当たっては、障害の種別にかかわらず、障害児本人の最善の利益を保障しなければならない。1994 年に我が国も批准した「児童の権利に関する条約」では「生きる権利」「守られる権利」「育つ権利」「参加する権利」が規定されており、それらの観点を踏まえ、関係者が個々に生じた課題に対して積極的に関与して子どもの最善の利益を求めることが重要である。

○　また、障害児本人の最善の利益を保障していくに当たっては、「障害」を本人の機能障害のみではなく「社会的障壁」との関係において総合的に整理し、支援内容を検討することができるＩＣＦ（国際生活機能分類：2001 年に WHO 総会において承認）の考え方（「医学モデル」と「社会モデル」の統合）も重要である。ＩＣＦでは、一人ひとりの情報を「心身機能・身体構造」「活動」「参加」という３つの次元に加えて、「健康状態」「環境因子」「個人因子」やそれらとの相互作用で総合的に整理されている。また、児童期用のものとしては、さらに項目が追加されたＩＣＦ－ＣＹ（国際生活機能分類児童版）が 2006 年の WHO-FIC チュニス会議において承認されている。

④　家族支援の重視

○　障害児支援を進めるに当たっては、当該障害児を育てる家族の支援も重要である。障害児に対する各種の支援自体が、家族の支援の意味も持つものであるが、障害児を育てる家族に対して、発達の各段階に応じて障害児の「育ち」や「暮らし」を安定させることを基本に置いて丁寧な支援を行うことにより、当該障害児自身にも良い影響を与えることが期待される。障害児の家族の支援を直接の目的とした支援の内容としては、大きく分けて次の３つが考えられる。

・　保護者の「子どもの育ちを支える力」を向上させることを目的としたペアレント・トレーニング等の支援
・　家族の精神面でのケア、カウンセリング等の支援
・　保護者等の行うケアを一時的に代行する支援（短期入所等）

○　なお、これまでは家族支援というと一般的には保護者の支援が想定されるケースが多かったが、障害児が育つ家族全体のことを考えると、障害児のきょうだいの支援という観点も重要である。上記のケアの一時的な代行を利用している間に保護者がきょうだいにも十分な関わりをもつ時間を作ることができることを考えると、「きょうだい支援」の一手法と捉えることも可能である。一方、きょうだいの育ちを支援することそのものについても、その在り方を検討すべきである。

○　さらに、子育て支援においては、保護者が子育てと就業とを両立させるための支援（ワークライフバランスの実現）も重要な要素となる。障害児支援においても、特別児童扶養手当等が支給されていることも考慮しつつ、ワークライフバランスの観点は今後基本的に拡充していくべきものである。

（２）グランドデザイン：地域における「縦横連携」を進めるために

上記に整理した基本理念を踏まえ、障害児支援を子育て支援の一環として行う体制を作っていくためには、現在の障害児通所支援や障害児入所支援の枠にとどまらず、他制度との連携を積極的に図っていくことが極めて重要である。具体的には、ライフステージに応じた切れ目の無い支援の推進（縦の連携）と関係者間のスムーズな連携の推進（横の連携）である。前者については、旧検討会においても重点的に議論がなされているが、今後は、子ども・子育て支援新制度の施行その他の動きも踏まえた上で、「横の連携」にも同様に重点を置いた現場レベルでの密接な連携が求められることとなる。以下、その基本的考え方を整理する[8]。

①　ライフステージに応じた切れ目の無い支援（縦の連携）

○　旧検討会報告書では、「支援を必要としている障害児については、入学や進学、卒業などによって、支援を中心的に行う者が替わるため、支援の一貫性が途切れてしまうことがある。子どものライフステージに応じて一貫した支援を行っていくという視点が重要である」とした上で、市町村を基本とした相談支援体制の充実、移行期における支援、個別の支援計画の活用等について挙げられている。これらは、新しい障害児支援制度の中で一定程度は実現されているが、未だ十分と言える状況にはない。障害児及びその家族のライフステージに沿って、保健、医療、福祉、保育、教育、就労支援等を含めた関係者がチームとなって支援を行うことができるよ

---

[8] グランドデザインの全体のイメージについては、参考資料２を参照。

うにさらなる対策が必要である。

②　保健、医療、福祉、保育、教育、就労支援等とも連携した地域支援体制の確立（横の連携）

○　障害の有無にかかわらず、子どもは、ライフステージに応じて関与の度合いは変化するが、保健、医療、福祉、保育、教育、就労支援等の様々な関係者の支援を受けることになる。それらの多くの関係者の連携体制づくりは重要である一方、極めて困難でもあり、そのような「横の連携」を進めるための具体策を打ち出す必要がある。

○　また、そのような「横の連携」を進める上で重要なことは、関係者が他者に依存するだけではなく、自らの役割を明確に意識した上で水平的な関係を保って具体的な支援を担当することである。そのような認識を共有することによって、「横の連携」を進めることができ、障害児及びその家族のニーズを基礎において支援の輪を作っていくことができるものと考えられる。

○　さらに、地域における連携体制を構築する上で、都道府県と市町村によるそれぞれの役割分担に応じた連携と、特に、身近な行政主体である市町村の存在が重要である。各地域における障害児通所支援及び障害児入所支援の整備を計画的に進めるのは都道府県及び市町村の役割であり、（自立支援）協議会の子ども部会等での議論等を踏まえ、障害福祉計画等に沿って的確な対応を行うべきである。また、各都道府県・市町村においては、子ども・子育て支援事業計画等の作成と、新たに障害児支援について定めることが努力義務とされた障害福祉計画の作成について、整合性をもって進めるべきである。

③　支援者の専門性の向上、専門職の確保

○　このような形で支援を行う上で特に重要なのが、家族支援等も含めて適切に対応できる専門職の養成・確保である。関係者による事例検討や具体的な業務に即した養成研修制度と計画的なＯｆｆ－ＪＴ（オフザジョブトレーニング）及びＯＪＴ（オンザジョブトレーニング）の実施により現場で適切な支援を行うことができる専門職を養成し確保していくことが必要である。

○　特に、障害児支援を担当している職員にあっては、自らの事業所に通所している障害児の支援のみならず、障害児が一般施策としての子育て支援策の中でより適切な支援を受けられるように、今後は、地域に出向き（アウトリーチ）、様々な関係者と連携しつつ支援を進めていく必要があり、そのような環境の変化にも対応できるような専門性の向上が重要である。

○　また、一般施策としての子育て支援の事業所等の職員においても、種々の課題が発生した場合にそれらを適切な専門家に「つなぐ」ことのできる専門性が求められる。それぞれの関係者に、自らの職種としての専門性のみではなく、他職種の専門性についても一定の理解をした上で、役割分担を行いつつお互いに相談しあうことができる体制を作って行くための協働・連携の能力が求められるということである。このような形で支援者の専門性の向上を図ることにより、地域全体における障害児支援を含む子育て支援の対応力の向上が進むことが期待される。

④　障害児相談支援の推進（全体を「つなぐ」人を確保する）

○　このような多数の関係者をつなぎ、個々の障害児の支援をライフステージに沿って進めるに当たって中心になるのが、障害児相談支援である。相談支援専門員は、保護者の「気づき」の段階からの丁寧に配慮された発達支援、家族を含めたトータルな支援、関係者をつなぐことによる継続的・総合的なつなぎの支援を行い、また、それらの支援を通じて子育てしやすい地域づくりに貢献するという重要な役割を担っている。特に、サービスを利用する障害児を支え、気持ちが揺れ動く保護者にも寄り添うことができる専門家としての役割が求められている。「障害児支援利用計画」は、それらのニーズについても対応する形で作成されるべきものであるが、現実問題としてどこまで対応できているのかという検証と、子どもの支援という観点からはどのような体制が必要かという点の検討が必要である。

○　基本的な相談支援を障害児及びその家族に提供するのは、市町村の重要な役割の一つである。市町村に求められる相談支援の体制づくりに当たっては、

- 単独あるいは近隣市町村と共同で設置し、相談支援の中核となる基幹相談支援センター
- 困難事例を含めた対応が一義的に期待される市町村からの委託相談支援事業
- 個別の「障害児支援利用計画」の作成を行う障害児相談支援事業

のそれぞれについて役割と機能を整理した上で、重層的な相談支援体制を作ることが求められる。また、その際には、子ども・子育て支援新制度における「利用者支援事業」との連携も十分に念頭に置く必要がある。

○　なお、障害児通所支援に係る障害児支援利用計画の作成は、障害福祉サービスにおけるサービス等利用計画とともに、当初の想定どおり進んでいない状況にある。これらについては様々な問題が本検討会でも指摘されており、それらの問題に適切に対応した上で、18 歳（遅くても 20 歳）になった後のサービスの利用等に係る計画相談支援への移行も含めた形で、ライフステージに応じた障害児支援を進める体制を作ることが必要である。

⑤　支援に係る情報の共有化（関係者が連携を進めるためのツールとする）

○　上記のような担当者の専門性と併せて重要なのが、実際の支援に係る情報を共有化できる体制の整備である。旧検討会報告書でも、そのような体制を実現するために、支援を受ける障害児に係る情報をファイルしたものを保護者が所有して更新し、関係者による支援会議で情報を共有する等の工夫が提言されている。既に、一部の自治体で取り組まれているが、このような情報共有は、関係者が連携を進める上で極めて重要なツールとなる。今後、障害種別にかかわらずより効率的・即応的な連携を図るために、現場に即した工夫に加えて、障害の状況や社会生活への適応行動の状況を把握するための基準[9]に基づくアセスメントの結果等も含めた共有すべき情報の標準化等を図ることが重要である。また、その際には、個人情報の漏洩が起こらないような配慮が求められることも踏まえ、情報管理の責任を明らかにした上で、関係機関において円滑な情報共有を図ることができる体制の構築を進める必要がある。

⑥　障害児入所施設の入所児支援のための児童相談所等との連携

○　障害児入所施設には、養育困難や児童虐待等の家庭環境が原因で行政機関の措置により入所している障害児も多い。このような状況も踏まえ、障害児入所施設に入所した障害児の支援の在り方について、「子どもの最善の利益の保障」の観点、養育困難や児童虐待等の障害児の家族を支援する観点から、児童相談所、市町村、福祉事務所等と障害児入所施設との情報共有や役割分担を踏まえた連携の在り方について検討を進める必要がある。

[9] 例えば、平成 21～23 年度の厚生労働科学研究において我が国への導入を進めるための標準化と信頼性・妥当性の検証が行われた「Vineland-Ⅱ適応行動評価尺度」の日本版があげられる。

3．今後の障害児支援が進むべき方向（提言）

本検討会では、上記の現状認識及び基本的な考え方に沿って、今後の障害児支援が進むべき方向性について、下記のとおり提言をとりまとめた。

（1）地域における「縦横連携」を進めるための体制づくり

① 児童発達支援センター等を中心とした地域支援の推進

○ 障害児への地域支援の推進を図るためには、都道府県全域、障害福祉圏域、市町村域等といった形で区域毎に、それぞれの実情に応じて障害児入所施設や発達障害者支援センター、児童発達支援センター、児童発達支援事業所等が直接的な支援とバックアップ支援の役割分担を明確にし、十分な連携が確保された重層的な支援体制を構築する必要がある。都道府県及び市町村は、下記⑥で示す障害福祉計画の作成の中で、それぞれの支援類型に関する利用者数等を見込むだけでなく、各施設・事業所間の広域的な役割分担の在り方等も含めて検討すべきである[10]。

○ その中で、児童発達支援センターには、その専門的機能を活かし、例えば障害福祉圏域や市町村等を単位として、児童相談所等とも連携しつつ、当該地域で生活している障害児やその家族からの相談に応じるほか、児童発達支援等の事業所や障害児を受け入れている保育所等への専門的な支援の実施、人材育成や地域住民が障害児者に対する理解を深めるための活動を行うなど、当該地域における障害児支援の中核施設としての役割が求められる。このため、センターは、専門的な知識・経験を地域に還元する観点から、保育所等訪問支援及び障害児相談支援の指定を受けることが必要であり、厚生労働省においては、障害児等療育支援事業等との役割分担も踏まえ、各センターが指定を受けることを促進するための具体的な措置を検討すべきである。

○ なお、本検討会では、障害児の地域社会への参加・包容を促進する観点から、障害児についても保育所等で受け入れることを基本とし、児童発達支援センターの基本的機能を通所支援ではなく保育所等訪問支援等のアウトリーチ型支援へと移行していくべきとの意見も出された。これについては、児童発達支援が通所による利用を中心として組み立てられていることとの関係もあり、制度の枠組み全体の見直し

---

10 地域支援体制の整備の方向性のイメージについては、参考資料３を参照。

が必要となるが、長期的視点に立ってそのような選択肢も含めて今後検討していくべきである。

○　その他、保護者の「気づき」の段階からの支援についても関与することができるように、児童発達支援センターにおいては、障害児等療育支援事業や巡回支援専門員整備事業等を受託し、それぞれの役割を踏まえつつ、保育所等訪問支援と併せて車の両輪として実施を進めていくことが望ましい。また、障害児相談支援事業の実施に当たっては、居宅介護、短期入所等の障害福祉サービスを利用する際に一体的な支援が可能となるよう、サービス等利用計画の作成を担当する特定相談支援事業所の指定を併せて受けた上で、基幹相談支援センター等とも連携し、各地域における支援のネットワークづくりを進めることが望ましい。

○　また、アウトリーチ型の支援である保育所等訪問支援は、医療型も含めた児童発達支援センターがその専門的な知識・経験を地域に還元する重要なツールである。さらに多くの関係機関に専門的な知識・経験を還元するために、制度上認められる訪問対象先を拡大し、医療機関や児童養護施設等を追加することを検討すべきである。さらに、保育所等訪問支援の実施主体の多様化を図ることも重要であり、各センターに限らず、医療機関や障害児保育の実績を積んだ保育所等の実施を促進するための方策を検討すべきである。保育所等訪問支援の体制整備が進んでいない理由としては、訪問先の理解が進んでおらず連携が不十分であること、また個別給付の形をとっているため障害児等療育支援事業と比べ柔軟性がないこと等が指摘されているが、これらの問題を踏まえ、報酬上の評価も含めて、利用をさらに進めるための具体的な方策についても検討すべきである。

○　保育所等訪問支援の実施に加えて、市町村や基幹相談支援センター等により運営されている（自立支援）協議会を通じて、地域の実情に応じた柔軟な地域支援体制の整備を進めることも重要である。例えば、小規模の児童発達支援事業所が近隣の保育所等と協力関係を結んで併行通園の実施を進める体制をつくるなど、様々な対応が可能となるような制度的な支援を行うべきである。また、児童発達支援等の事業所から居宅への訪問型の療育支援の制度化に向けて検討を行うべきである。

②　入所施設の機能の活用

○　障害児入所施設が担うべき機能として、①重度・重複障害、行動障害、発達障害等多様な状態像への対応のための「発達支援機能（医療も含む）」、②退所後の地域生活、障害者支援施設への円滑な移行、就労へ向けた対応のための「自立支援機能」、③被虐待児童等の対応のための「社会的養護機能」、④在宅障害児及び家族への対応のための「地域支援機能」が考えられる。それらを基本としつつ、今後の入所施設の在り方について検討し、その機能の活用を図るべきである。

○　具体的な機能としては、短期入所等による家族支援、親子入所等による保護者の育児能力向上への支援、医療機能を持つ施設については医療支援、児童福祉施設等への専門的な支援、施設での実地研修や出張研修による人材育成、あるいは地域住民が障害児者に対する理解を深めるための活動等が期待できる。さらに、特に医療支援その他専門性の高い支援を行うに当たっては、地域で生活する障害児の支援を行う観点から、障害児の身体機能を最大限に伸ばす、あるいは行動障害を軽減する等の一定目的をもった短期入所よりも長い期間の入所の制度的な裏付けを検討することも必要である。厚生労働省においては、今後の制度見直しの検討に当たっては、そのような入所施設の機能の内容について整理して具体化していくべきである。

③　障害児相談支援の役割と拡充の方向性

○　障害児相談支援は、地域における「縦横連携」の要として、今後さらなる体制整備を図っていくべきものである。その中で、特に、障害児相談支援に当たっては障害児本人だけではなく保護者・家族にも寄り添うことが重要であり、保護者が障害の存在を受け入れることが困難な場合があること等、保護者の気持ちへの配慮が必要である。

○　そのため、障害児相談支援については、障害が疑われた段階からの継続的・段階的な関わりにより保護者の気持ちに寄り添った支援や、学校への入学・卒業時等ライフステージの移行時における支援や思春期の不適応行動による支援困難事例への対応等、障害者総合支援法に基づく計画相談支援と比べて一般的に時間や労力がかかる場合が少なくないとの指摘もある。このため、市町村が一般的な相談支援を行う体制を作っていくことが重要であり、また、加えて、障害児相談支援に関する報酬においても、それらの業務負担を踏まえた評価を行うべきである。

○　また、障害児相談支援については、保護者の申請に基づき提供されるものであるが、保護者に対しては、保育所等での日常生活において保護者の「気づき」の段階から寄り添う支援を行うことが重要であることから、厚生労働省においては、個別給付以外の障害児等療育支援事業等の活用、さらに、各種の相談に対して可能な限りワンストップでの対応を進めることを目指して、子ども・子育て支援新制度の「利用者支援事業」とも緊密に連携できるような体制を検討すべきである。[11]

○　なお、本検討会では、「障害児相談支援」という名称や、実際に保護者が相談する際に「障害」という名前がついている書類等が用いられることにより保護者に与える印象が、抵抗感や「敷居」の高さを感じさせる要素になっているという指摘も数多くなされた。旧検討会においても同様の観点からの指摘があり、現在では「児童発達支援」という言葉が用いられているが、今後制度見直しを検討する際には用語の使い方の見直しをさらに進めるべきである。また、市町村等において相談に対応する際に、身体障害者手帳や療育手帳等の所持を求められる場合があり、同様に「敷居」の高さを感じさせる要素になっているが、障害児支援を受ける際にそれらの手帳の所持は必須とはされていない。そのような点について、さらに周知を図るべきである。

④　支援者の専門性を活かすための協働・連携の推進

○　上記のように、個々の障害児の発達支援・療育を行うために、各分野の支援者の専門性が発揮できるような環境づくりが必要である。特に、関係者が連携・協働することによって支援者ごとの専門性をさらに活かすことができるものと考えられ、支援者それぞれが「相手を知ること」「ミッションと目標を共有すること」「お互いの長所を活かし短所を補うこと」等、他の支援者と連携して効果的な支援を行うことができるような能力を涵養できるようにすることが必要である。

○　このような観点からの支援者の能力向上は、切れ目の無い支援を実現するためのサポートファイル(後述)の利用や、標準化されたアセスメント手法やエビデンスのある支援手法の活用、教育と福祉あるいは医療と福祉の連携等の推進によって図られるものと考えられるが、それに加えて、例えば（自立支援）協議会等において、上記のように標準化された支援手法等に係る研修会を行うことにあわせて他職種との交流の機会を設けることや、児童発達支援管理責任者指導者養成研修等のカリキュラムの中に異なる立場や価値観に立つ人々と協働する力の強化に関する項目を入れること等が有用と考えられ、それらについて検討を進めるべきである。

---

[11] 障害児相談支援と利用者支援事業の連携の推進イメージについては、参考資料４を参照。

⑤　地域内の関係者の連携を進めるための枠組みの強化

○　地域において障害児の「育ち」を支援していくためには、児童発達支援センターや保育所等関係機関が有機的な連携のもとで、保護者の「気づき」の段階から障害児の特性や家族の情報をできるだけ早期に把握することが重要である。また、卒園・入学時等のライフステージの移行期に移行前後の教育機関等や障害児相談支援事業所が、これまでの支援内容を共有化の上、新たなライフステージに向けて一貫した切れ目の無い支援を行う等地域の実情に応じた縦の連携を展開していくことが重要である。

○　同様に、関係機関、関係団体並びに障害児の家族及び障害児等の福祉、医療、教育又は雇用に関連する職務に従事する者等が、個々の支援を通じて横の連携の強化を図るとともに、そこで明らかになった地域の課題への対応について、一義的には（自立支援）協議会の事務局としての市町村や基幹相談支援センター等がイニシアティブを持ちつつ地域全体で連携して検討の上、支援体制を整えることが重要である。特に、視覚障害児や聴覚障害児への支援のように、個々の事業者だけでは適切な支援の確保が困難な場合には、このような形での広域的な情報共有・連携の上での対応を進めるべきである。

○　障害者総合支援法に基づく（自立支援）協議会については、現在、ほとんどの自治体において設置されているものの、活動実績が乏しいところや子ども部会等の専門部会が未設置であるところもあるため、（自立支援）協議会の活性化を通じて地域のネットワークを強化していくための具体策を検討すべきである。また、その際、障害児支援の事業所に加えて、保育所等の地域の子育て支援関係者の参加も重要である。さらに、教育機関については、十分な教育が受けられるようにするため、可能な限り障害のある者と障害のない者が共に学ぶインクルーシブ教育システムの構築の観点から、特別支援学校だけではなく、地域の学校や教育委員会からも参加することが重要である。

○　さらに、現状では、子どもへの支援は地域の様々な立場の者によって、それぞれの支援計画等に基づいて行われており、この内容が関係者間で確実に共有されるようになることで、はじめて子どもに対する一貫性のある支援が可能となる。すでに、子どもの支援に関する情報共有を図るためのツールとして、「サポートファイル（仮称）」の活用が全国各地で模索されているが、「情報共有のスピード」や「記載する際の手間」、「個人情報の管理」「利用する分野や地域が限定される」などの理由で普及がなかなか進まないことが課題となっている。これらの課題について考慮した上で、厚生労働省において文部科学省等と連携しつつ、共通の標準化されたアセスメントを位置づけた様式の作成等、情報の共有を容易にする環境づくりを行って普及をさらに進めるための具体的な方策を検討すべきである。

⑥ 行政主体間の連携・市町村の関与のさらなる強化等

○ 旧検討会においても、障害児支援に関する行政の実施主体の在り方について取り上げられている。その中で、市町村の役割を高めていく観点から障害児通所支援の実施主体を市町村とすべきとされ、平成 24 年度から実施された。本検討会でも、地域における連携体制を構築する上で、都道府県と市町村の連携と、特に身近な行政主体である市町村がさらに関与できるような仕組みづくりが必要との認識を共有している。

○ 都道府県は、障害児通所支援の広域的な調整及び障害児入所支援の体制整備の双方の観点から一体的な方針を策定することが必要である。一方、市町村については、障害児入所支援から障害者施策への円滑な移行等の観点から、入所者について継続的に一定の関与を行うことが求められており、そのようなことが可能となるシステムの構築について検討すべきである。なお、その際には児童相談所との役割分担等について整理を行う必要がある。

○ また、本年５月に告示された都道府県・市町村の第４期障害福祉計画（平成 27 年度～29 年度）に係る国の基本指針において、障害児通所支援及び障害児入所支援について都道府県・市町村が利用者数の見込みを立てて計画的な支援体制の整備について定められた。一方、現時点においては、障害福祉計画への記載はあくまでも努力義務にとどまっており、厚生労働省においては、全ての都道府県・市町村において計画が作られるように、他の障害福祉サービスと同様に障害福祉計画への記載義務を法定化する方向で検討すべきである。

（２）「縦横連携」によるライフステージごとの個別の支援の充実

① 保育、母子保健等と連携した保護者の「気づき」の段階からの乳幼児期の障害児支援

○ 乳幼児健康診査（以下「乳幼児健診」という。）は、病気の予防や早期発見、健

康の保持・増進を目的としているが、その機会を通じて、保護者が障害に気づくことも多く、こうした「気づき」を促すための支援を進める上で、重要な役割を担う。そのため、個人情報の保護に留意しつつ、各市町村の母子保健部門から適時適切に障害児支援部門に情報を提供し、障害種別に応じた適切な支援につなぐことができるような体制を作ることが必要である。

○　さらに、そのような乳幼児健診の場だけでなく、地域子育て支援拠点事業や保育所、幼稚園、認定こども園において、有機的な連携を図った上で専門的な支援が必要な子どもを丁寧にフォローしていくことによって、保護者の「気づき」やそれ以降の具体的な支援につなげることができる体制を作ることが重要である。

○　上記の支援は、気になる子どもを具体的な支援につなげることばかりでなく、一般的な子育て支援とも密接な連携をとった上で継続的な見守りを行うという意味でも極めて重要である。特に、保育所、幼稚園、認定こども園等に通う児童の中でより専門的な支援が必要となる子どもを適切に支援するために、療育の専門家が保育所等を巡回して、気になる子どもを適切な支援につなげることが必要である。このためには、「保育所等訪問支援」に進む前の段階からの対応について、障害児等療育支援事業や巡回支援専門員整備事業等の活用を各都道府県・市町村が主導で進めることが求められる。

○　なお、これらの療育の専門家の派遣に当たっては、受け入れる保育所等の側においても体制を整える必要がある。具体的には、保育所等の側が療育の専門家に依存するのではなく、保護者への対応等も含めて水平的な協力関係を築くことが極めて重要であり、保育と障害児支援の専門家（及び下記②を見越して学校との連携のために教育委員会）がチームで対象となる障害児の支援を行うことができるような体制を作ることが求められる。

②　教育支援委員会等と連携した小学校入学前の障害児の支援

○　インクルーシブ教育システムの構築に向け、平成 25 年８月に学校教育法施行令の一部が改正され、障害のある児童生徒の就学先を決定する仕組みの改正が行われたが、文部科学省では、これに際して、市町村教育委員会等が就学手続に関する具体の業務を行う際の参考資料を大幅に改訂した（「教育支援資料」）。その中で、早期からの一貫した支援のために、障害のある幼児児童生徒の成長記録や指導内容等に関する情報を、その扱いに留意しつつ、必要に応じて関係機関が共有し、活用していくことが求められている。

○　また、「教育支援資料」では、就学前の障害児が通っていた児童発達支援センター等からの情報収集や、同センター等の現場での行動観察等について詳細に示されているところである。今後、この「教育支援資料」の現場への普及を通じて、教育関係者と障害児支援関係者の連携を図る体制の構築を促していくべきである。

○　特に、市町村教育委員会等においては、今後、中央教育審議会初等中等教育分科会報告において提言された「教育支援委員会（仮称）」等が設置され、障害の状態、教育上必要な支援の内容、本人・保護者や専門家の意見、地域における教育の体制整備の状況等を踏まえ、総合的な観点から、就学先決定や就学先変更のプロセスをたどっていくこととなるが、個々の子どもの福祉面からの実態を把握する福祉関係者は、積極的に協力していくことが重要である。

③　学校等と連携した学齢期の障害児の支援

○　平成 24 年４月には、新制度施行を踏まえ、障害児支援が適切に行われるために、厚生労働省と文部科学省が連名で「児童福祉法等の改正による教育と福祉の連携の一層の推進について」（平成 24 年４月 18 日付）を発出しているところであるが、引き続き、上記（１）⑤の情報の共有化の推進状況も踏まえつつ、学校と障害児通所支援事業所や障害児相談支援事業所等の緊密な連携を図るとともに、個別の教育支援計画等と障害児支援利用計画等の連携を積極的に進めるべきである。

○　放課後等デイサービスは、授業の終了後等の支援を図るものであり、学校との連携を進める上で重要な位置づけとなる。上記②の「教育支援資料」においても、就学後の障害児の支援に当たって特に学校と放課後等デイサービスの連携が重要であるとしている。今後、その利用に当たっては、障害児支援利用計画や個別支援計画の作成に当たりサービス担当者会議等に必要に応じて学校関係者の参画を求めるなど、支援の実施に当たって学校との連携を進める方向で検討すべきである。

○　なお、放課後等デイサービスは、授業の終了後又は休業日を対象として支援を行うこととされているが、本検討会では、不登校児童が午前中からの支援を希望する場合や、学校を退学したため学籍をなくした障害児が利用を希望する場合、あるいは特別支援学校高等部等に在籍する生徒が 20 歳に達した場合等について利用できるようすべきであるとの意見が出された。また、児童発達支援センターが行う保育所等訪問支援において、18 歳までの障害児を支援すべきとの意見も出されている。これらは、現在支援対象として想定されていない場合について新たに対象とすべきというものであるが、いずれについても、学齢期の児童に対する障害児通所支援の在り方の問題として、受け皿としての事業者の支援体制も考慮に入れつつ今後どのような対応が可能か検討すべきである。

○　また、放課後等デイサービス等について、行われている支援の質に大きな開きがあるのではないかという意見も出されている。今後、放課後等デイサービス等の障害児通所支援において、障害児の社会参加や健全育成の観点、保護者の事情への配慮の観点も含め、どのような発達支援が行われるべきかという点をガイドライン（後述）等で明確に示し、相談支援専門員による障害児支援利用計画作成や継続障害児支援利用援助（モニタリング）を適切に進めること等具体的な対応を検討すべきである。

○　なお、新少年院法の成立を契機に、在院者の矯正教育の計画等にかかる情報を、出院後に少年院から関係機関等に提供できる体制が検討されているところであり、障害のある児童の少年院出院後の支援についても、相談支援事業所での障害児支援利用計画・サービス等利用計画、障害児支援施設、特別支援学校等での個別支援計画、個別の教育支援計画及び少年院における矯正教育の計画等の連携や、それぞれの分野の担当者の連携等が求められることとなる。ついては、今後、そのような情報も活用しつつ、少年院を出院する障害のある児童やその家族等について、矯正教育、障害児福祉、特別支援教育の分野が連携した支援体制の構築を進めるべきである。

④　就労支援等と連携した上での学校卒業後を見据えた支援

○　ライフステージに応じた切れ目のない支援を行う上で、学校卒業後も見据えた情報の引き継ぎが大切である。例えば、滋賀県湖南市では、義務教育終了後も支援を必要とする児童について、中学校卒業後の進路先へ支援をつなぐための取組として、児童本人の意向を中心とした「個別支援移行計画」を作成、実行しており、このような各学校から関係事業所等への情報の引継の取組を、どこの地域でも行えるよう、福祉と教育が連携して支援する体制を検討すべきである。また、その際には、障害福祉サービスの利用を想定し、障害児相談支援事業所は必要に応じて、サービス等利用計画の作成を担当する特定相談支援事業所を自ら実施あるいは連携することが重要である。

○　さらに、学校卒業後の就労に当たっては、学校在学中から、職場実習や就労体験の実施など、就労へ向けての支援が、切れ目の無い支援につながる。学校在学中から就労移行支援事業所等との連携が必要である。このため、学校在学中からのサービス等利用計画の作成に向けて、教育と福祉が協働で会議を行うなどの具体的な対応が必要である。さらに、就労後の職場定着の支援も重要であり、アフターフォローを行っている学校と、企業や障害者就業・生活支援センター等が役割分担を明確にしつつ連携を図ることができる体制を構築すべきである。

（３）継続的な医療支援等が必要な障害児のための医療・福祉の連携

○　障害児支援を進めるに当たって、たとえば強度行動障害のある児童や重症心身障害児の場合に、福祉分野の専門家だけでは適切に対応できないようなことも念頭に置かなければならない。そのような場合に的確に対応するためには、医療分野と福祉分野における専門家の間の一層の連携の拡充が必要である。

○　具体的には、それらの医療と福祉の両方の支援が必要な障害児について、必要に応じて双方の担当者がお互いの分野の支援内容や効果的な連絡方法について理解を深め、必要な支援につなぐことを含めた協力が重要である。そのような協力・連携を進めることができるよう、人材の育成を図ることが極めて重要である。このためには、医療機関や入所施設においてその専門性を活用して、医療と福祉の従事者双方の研修等を行うことが求められる。

①　発達障害児への対応のための支援者のスキルアップ等

○　発達障害は「脳機能の障害」であるとされており、発達障害の専門的な診療機関による「心身状態」の把握が重要であるが、医学的検査の他、継続的な行動観察、日常生活上の適応状況に関する複数の場面での様子など数多くの情報収集が必要であり、関係機関の協力体制が求められる。

○　発達障害の専門的な診療機関がその機能を最大限活用できるようにするためには、かかりつけ医や保健師、保育士、教員、事業所職員等と日常的に情報交換を行い、役割分担を明確化した上で具体的事例において円滑に引き継ぎ等を行うことができるような連携体制を整備することが重要である。本検討会でヒアリングを行った都立小児総合医療センターや三重県立あすなろ学園等では、様々な子どもの心の問題、発達障害等に対応するために地域の医療機関や保健福祉関係機関等の連携体制の構築を図る「子どもの心の診療ネットワーク事業」により地域の関係者の研修等が行われているが、このような拠点となる医療機関の確保、及び、各機関における実践研修等の一層の普及について検討すべきである。

○ また、自傷、他害行為など、危険を伴う行動を頻回に示すことなどを特徴とした行動障害は、障害特性を理解した適切な支援を行うことにより減少することが報告されている。施設等においては、行動障害に対応した加算が算定されているが、虐待事案において行動障害を有する者が被虐待者となる事案も少なくない。平成25年度から、障害特性を理解して適切な支援を行う職員の人材育成を行うため、強度行動障害支援者養成研修が開始されたため、虐待防止と支援の質の向上の観点から、施設、事業所の職員が研修を受講し適切な支援ができる体制の整備を報酬上評価するなど、研修の受講を進めるための具体的な方策を検討すべきである。

② 重症心身障害児者等に係る在宅医療等との連携

○ 重症心身障害児者で、日常的に医療的ケアが必要となる場合は、医療による対応が中心にならざるを得ない。特に、「超重症児者・準超重症児者」といわれる濃厚な医療的ケアが必要な子どもたちも増えてきていると言われており、医療の役割はさらに重要になってきている。ＮＩＣＵ等から在宅生活への移行やその後の在宅生活の継続などを想定し、いかに生活の幅を作り家族の負担を軽減していくことができるかという福祉的ケアの観点も求められている。今後、この医療と福祉の連携をどのように進めていくのかについて検討していく必要がある。

○ 現在、国において実施している重症心身障害児者の地域生活支援モデル事業の取組を踏まえ、地域の重症心身障害児者の実情と課題を明確化し、多様な関係機関で共有することがまず必要である。そのための協議の場の設定やコーディネートする者の配置等を進めるための具体的な方策について検討すべきである。

○ また、それらのような医療的ケアが必要な障害児については、病院、在宅医療、訪問看護等の医療関係者と適切な連携を図ることができるような福祉の現場における担当者の育成を図ることが極めて重要である。加えて、平成 24 年度から介護保険制度の療養通所介護において主に重症心身障害児を通わせる児童発達支援等の指定を受けることができるようになったところであり、具体的な事例の周知等により一層の普及を進めるべきである。

○　将来的には、地域において重症心身障害児者に関する支援のコーディネート機能を持ち、支援者の育成や地域における社会資源の調整等を行う重症心身障害児者支援センター（仮称）といった形の中核機関の整備についても検討すべきである。これにより、医療的ケアが必要な障害児が病院や入所施設等だけではなく地域で生活できるようにするための大きな助けとなる。また、医療的ケアが必要な障害児の地域での生活を支援するためには、医療機関や入所施設において実施する研修を終了した支援に従事する職員の確保を進めることも重要である。

○　また、重症心身障害児者以外でも、難病[12]のある子どもの場合においては、継続的に必要となる医療と障害児支援・障害福祉サービスの連携を進めることが必要であり、その具体的な方策について今後検討を進めるべきである。

（４）家族支援の充実

①　保護者の「子どもの育ちを支える力」の向上

○　障害児の家族支援に当たって、保護者の「子どもの育ちを支える力」を引き出すことが、ひいては障害児本人への支援に良い影響を及ぼす。平成 26 年度からは、家族の対応力の向上を図る観点から発達障害児についてその育てにくさと対応方法を学ぶ「ペアレント・トレーニング」を都道府県等が実施する場合に国庫補助対象となったところであるが、例えば当該トレーニングの指導者養成の在り方について検討するなど、今後一層の推進を図るための具体的方策について検討すべきである。また、将来的には、発達障害に限らず他の障害種別に関しても同様の取組を行うことを検討すべきである。

②　精神面でのケア、カウンセリング等の支援

○　家族支援に当たっては、障害ゆえに特別な支援を要する場合が多いため、子どもの発達段階に応じて丁寧な、また、早い段階での支援が必要であるとともに、家族が子どもの障害を受け止め前向きに捉えることができるようにするための支援が必要である。また、子育ての悩み・ストレスを抱えている場合には、特に精神面でのケア、カウンセリングが必要であり、状況に応じて専門機関へつなげることも重

[12] ここでいう「難病」とは、障害者総合支援法第４条第１項の政令で定める疾病として障害者の日常生活及び社会生活を総合的に支援するための法律施行令（平成 18 年政令第 10 号）別表に掲げる疾病を指している。難病の患者に対する医療等に関する法律（平成 26 年法律第 50 号）の施行を踏まえ、今後、対象疾病の見直しが行われることとなっている。

要である。なお、本検討会では、児童発達支援等において家族のカウンセリングを行うことについて報酬上評価すべきという意見があった。

○　さらに、上記（１）③において、障害児支援といった「障害」という文言の使用について見直しを進めるべきとしたが、これは、家族の心理的な負担を軽減する観点からも重要である。

③　保護者等の行うケアを一時的に代行する支援の充実

○　障害のある子どもについては、短期入所や日中一時支援事業をはじめとした保護者等の行うケアを一時的に代行する支援などにより、障害児を育てる保護者やきょうだいも含めた家族に対する総合的な支援が身近な地域で受けられるようにすることが重要である。特に、障害児が必要な時に身近な場所でサービスを利用できるように、単独型も含めた短期入所について積極的に推進していくべきである。基本的には、各都道府県・市町村が障害福祉計画等に基づき計画的な整備を図っていくべきものであるが、厚生労働省においても、報酬上の評価等、制度的な推進を図ることも併せて検討すべきである。

④　保護者の就労のための支援

○　本検討会では、子どもに障害があるからといって就労が制限されるようなことはあってはならないという考え方が共有された。保護者の就労等によりその監護すべき児童が保育を必要とし、保護者から申し込みがあった場合は保育所において保育することとされているが、保護者の就労支援の観点からは障害児支援の役割も大きい。障害児支援が一般施策としての子育て支援よりも優先して利用されるような状況になると、障害児本人の地域社会への参加・包容の観点から問題との指摘もあり、バランスをとる必要があるが、一般施策における対応が著しく困難であるような濃密な支援を要する場合等においては、保護者の就労のための支援という観点も含めて一体的な対応を進めることが必要である。例えば、重症心身障害児に対して療育を行っている通所支援における受入時間の延長を報酬上評価すること等も考えられる。厚生労働省においては、これらの観点を踏まえつつ、今後望ましい在り方について検討すべきである。

⑤　家族の活動の活性化と障害児の「きょうだい支援」

○　障害のある子どもの家族が抱える悩みや不安については、同じ立場にある者同士が共感し寄り添うことにより軽減できる場合も多い。発達障害児者支援におけるペアレント・メンターの活用をはじめ、支援関係者とも相補的に連携した取組が各地で行われている。このような取組は、今後さらに進めて行くべきことが望まれる。

○　また、障害児が育つ家族全体のことを考えると、障害児のきょうだいの支援も重要である。きょうだいに障害が無い場合には、一義的には一般施策としての子育て支援の中で対応することになるものと考えられるが、同じ立場にある家族仲間として家族会が行っているきょうだい支援の活動を何らかの形で支援していくことも考えられる。

（５）個々のサービスの質のさらなる確保

①　一元化を踏まえた職員配置、専門職の確保等

○　平成 24 年度から障害児通所支援及び障害児入所支援における一元化が行われたが、それまでの障害種別ごとの人員配置基準や報酬体系が残されている状況である。今後、障害種別ごとの専門性を維持することにも配慮した上で、人員配置基準や報酬体系の一元化についてもさらに進めるべきである。また、それにあわせて、各支援類型における支援の在り方や必要な人員配置について改めて検討すべきである。さらに、保育機能の充実を図る観点から、医療型児童発達支援センターの在り方についても併せて検討すべきである。

○　児童発達支援事業所や放課後等デイサービス事業所に配置される者を、保育士の他は現在と同様に「指導員」とするか「児童指導員」とするのかについては、利用者に対する支援の質の維持・向上を図ることを基本としつつ、就学前と学齢期に提供する支援内容が異なること等を踏まえて検討することが必要である。厚生労働省においては、今後策定するガイドライン（後述）において定める児童発達支援事業所等での支援の在り方等も踏まえた上で、「児童指導員」とした場合の職員確保の問題や「指導員」とした場合の質の確保・向上の問題等を踏まえつつ必要な検討を行い、具体的な基準等の検討を行うべきである。

○　また、保育所では「保育所保育指針」、幼稚園では「幼稚園教育要領」、幼保連携型認定こども園では「幼保連携型認定こども園教育・保育要領」といった保育・

教育に関する指針・ガイドラインが定められているが、児童発達支援をはじめとした障害児支援に関するガイドラインは存在していない。障害児支援の内容については、各事業所における理念や目標に基づく独自性や創意工夫も尊重されるものであるが、その一方で、支援の一定の質を担保するための全国共通の枠組みが必要であるため、障害児への支援の基本的事項や職員の専門性の確保等を定めたガイドラインの策定が必要である。特に、平成 24 年度に創設した放課後等デイサービスについては、行われている支援の内容が多種多様で、質の観点からも大きな開きがある状況であり、支援内容の在り方の整理も踏まえつつ、早期のガイドラインの策定が望まれる。

② 入所施設の生活環境の改善等

○ 児童養護施設等については、「社会保障審議会児童部会社会的養護専門委員会」及び「児童養護施設等の社会的養護の課題に関する検討委員会」のとりまとめた報告書の中で施設の小規模化、機能の地域分散化等の方向性が示され、順次対応が進められている。障害児入所施設についても、被虐待児等の入所が増えている状況を鑑み、同様の観点から社会的養護機能の充実を図っていく必要がある。

○ 具体的には、障害児入所施設については、「子どもが育つ環境を整える子どもの施設」「子ども本人が望む暮らしを保障する施設」といった幼児期からの子どもの育ち、発達に係る基本的な観点から、より家庭に近い生活環境、少人数の生活の場、普通の暮らしの環境、個々に配慮した生活環境とすべきである。小規模グループケアを推進するとともに、専門里親等の活用も含めて、より家庭に近い暮らしの場を提供する方向性の検討が必要である。

○ また、障害児入所施設が持つべき機能については、児童養護施設等と同様に、子どもの心の傷を癒やして回復させるための専門的ケアの充実、家庭復帰を目指した親子関係の再構築支援、施設退所後のアフターケアを行う相談支援などが考えられる。さらに、児童相談所等の関係機関とも連携を図った上で、乳児院、児童養護施設等の社会的養護の下で暮らす障害児について、障害児支援の観点から何らかの支援ができないかについても併せて検討を進めるべきである。

○ さらに、重症心身障害児者への入所支援については、成長した後でも本人をよく知る職員が継続して関われるようにするなど、児者一貫した支援が望ましい。そのような重症心身障害の特性を踏まえ、障害児入所施設と療養介護が一体的に実施できる事業所指定の特例措置を恒久的な制度にする必要がある。さらに、その他の障害児入所施設についても、利用者が 20 歳になった後の扱いについて、本人に不利益が起きないようきめ細かな対応を行うべきである。

③ 障害児の利用する障害福祉サービス等の拡充・適用拡大に向けた検討

○ 児童福祉法では障害児通所支援及び障害児入所支援について定められているが、このほか、障害者総合支援法に基づく居宅介護や短期入所等については障害児の利用も可能となっている。一方、その他の障害福祉サービスについても、15 歳以上の障害児であって児童相談所からサービスを利用することが適当との意見があった場合には、市町村から支給決定を受けて利用することが可能である。本検討会では、例えば重度訪問介護については移動支援の目的で活用することができることから、15 歳未満の時点でも利用することが可能となるように検討すべきとの意見が出された。今後、それぞれの障害福祉サービスの趣旨や内容に沿って、具体的な障害児の利用可能性について検討し、必要な対応をとるべきである。

4．まとめ：子ども・子育て支援と障害児支援の計画的進展

○ 本報告書では、今後の障害児支援が進むべき方向性について全体的な議論を行ったが、これらの議論を踏まえ、厚生労働省では、①平成 27 年度報酬改定の中で検討すべき事項②障害者総合支援法の施行３年後の見直しの検討に併せて制度見直しを検討すべき事項③長期的な検討が必要である事項に分けて整理し、まずは平成 27 年度の報酬改定に向け、障害児支援の充実について具体的な検討を行うとともに、制度改正が必要となる事項についてはさらに時間をかけ、関係者の意見も十分に聴取した上で検討を進めるべきである。

○ また、本検討会では、障害児支援についても一般施策としての子育て支援に位置づけるために、子育て支援の担当部局が障害児支援についても併せて所管する体制とすべきという意見が出された。また、市町村の体制について一元化し、相談を受ける際には全て子育て支援の担当部局が受けるようにすべきとの意見もあった。さらに、保育所等と児童発達支援の所管部局が異なるために、様々な関連施策の進展に差異が生じているという意見があった。少なくとも当面の間の対応としては、関係部局間の連携をさらに一層推進することが極めて重要である。これに関して厚生労働省においては、障害児支援を担当する障害保健福祉部は、一般施策としての子育て支援を担当する雇用均等・児童家庭局と密接に連携し、子ども・子育て支援新制

度における公定価格も踏まえた上で障害児支援に関する報酬を設定すべきである。また、厚生労働省として、都道府県・市町村に対しても担当部局間の緊密な連携及び都道府県・市町村間の連携を定期的に要請すべきである。さらに、教育等その他の分野との連携の観点から、文部科学省等他省との連携も併せて進めるべきである。これらの取組が、今後障害児に対して必要な支援を行っていく上で極めて重要であり、本検討会として厚生労働省等に対するさらなる対応を求めるものである。

参考資料

参考資料1－1

障害児が利用できる福祉サービスの体系(1)

区分	サービス名		内容	給付	利用者数	施設・事業所数
障害児通所系	児童発達支援	児	日常生活における基本的な動作の指導、知識技能の付与、集団生活への適応訓練などの支援を行う。	その他の給付	65,328	2,623
障害児通所系	医療型児童発達支援	児	日常生活における基本的な動作の指導、知識技能の付与、集団生活への適応訓練などの支援及び治療を行う。	その他の給付	2,672	103
障害児通所系	放課後等デイサービス	児	授業の終了後又は休校日に、児童発達支援センター等の施設に通わせ、生活能力向上のための必要な訓練、社会との交流促進などの支援を行う	その他の給付	70,955	4,132
障害児通所系	保育所等訪問支援	児	保育所等を訪問し、障害児に対して、障害児以外の児童との集団生活への適応のための専門的な支援などを行う。	その他の給付	1,288	258
障害児入所系	福祉型障害児入所施設	児	施設に入所している障害児に対して、保護、日常生活の指導及び知識技能の付与を行う。	その他の給付	措置 3,764 契約 2,933	262
障害児入所系	医療型障害児入所施設	児	施設に入所又は指定医療機関に入院している障害児に対して、保護、日常生活の指導及び知識技能の付与並びに治療を行う。	その他の給付	措置 946 契約 3,209	253
相談支援系	障害児相談支援	児	【障害児利用援助】 ・障害児通所支援の申請に係る給付決定の前に利用計画案を作成 ・給付決定後、事業者等と連絡調整等を行うとともに利用計画を作成 【継続障害児支援利用援助】 ・障害児通所支援の利用状況等の検証(モニタリング) ・事業所等との連絡調整、必要に応じて新たな通所給付決定等に係る申請の勧奨	その他の給付	7,125	1,270
相談支援系	計画相談支援	者 児	【サービス利用支援】 ・サービス申請に係る支給決定前にサービス等利用計画案を作成 ・支給決定後、事業者等と連絡調整等を行い、サービス等利用計画を作成 【継続利用支援】 ・サービス等の利用状況等の検証(モニタリング) ・事業所等と連絡調整、必要に応じて新たな支給決定等に係る申請の勧奨	その他の給付	618	
相談支援系	地域移行支援	者	住居の確保等、地域での生活に移行するための活動に関する相談、各障害福祉サービス事業所への同行支援等を行う。	その他の給付	0	
相談支援系	地域定着支援	者	常時、連絡体制を確保し障害の特性に起因して生じた緊急事態等における相談、障害福祉サービス事業所等と連絡帳など、緊急時の各種支援を行う。	その他の給付	1	

※障害児の利用者数（計画相談支援・地域移行支援・地域定着支援の利用者数）

(注)1. 表中の「者」は「障害者」、「児」は「障害児」であり、利用できるサービスにマークを付している。
「者」のサービスについては、15歳以上の障害児であって児童相談所からサービスを利用することが適当との意見があった場合には、市町村から支給決定を受けて利用することが可能。
2. 障害児入所施設の利用者数及び施設・事業所数については、厚生労働省調べ(平成25年12月現在)、それ以外については平成26年2月現在の国保連データ。

参考資料1－2

障害児が利用できる福祉サービスの体系（2）

系	サービス名	対象	内容	給付	障害児の利用者数
訪問系	居宅介護（ホームヘルプ）	者 児	自宅で、入浴、排せつ、食事の介護等を行う。	介護給付	9,510
訪問系	重度訪問介護	者	重度の肢体不自由者又は重度の知的障害若しくは精神障害により行動上著しい困難を有する者であって常に介護を必要とする人に、自宅で、入浴、排せつ、食事の介護、外出時における移動支援等を総合的に行う。	介護給付	18
訪問系	同行援護	者 児	視覚障害により、移動に著しい困難を有する人が外出する時、必要な情報提供や介護を行う。	介護給付	172
訪問系	行動援護	者 児	自己判断能力が制限されている人が行動するときに、危険を回避するために必要な支援、外出支援を行う。	介護給付	2,736
訪問系	重度障害者等包括支援	者 児	介護の必要性がとても高い人に、居宅介護等複数のサービスを包括的に行う。	介護給付	0
日中活動系	短期入所（ショートステイ）	者 児	自宅で介護する人が病気の場合などに、短期間、夜間も含め施設で、入浴、排せつ、食事の介護等を行う。	介護給付	5,116
日中活動系	療養介護	者	医療と常時介護を必要とする人に、医療機関で機能訓練、療養上の管理、看護、介護及び日常生活の世話を行う。	介護給付	0
日中活動系	生活介護	者	常に介護を必要とする人に、昼間、入浴、排せつ、食事の介護等を行うとともに、創作的活動又は生産活動の機会を提供する。	介護給付	168
施設系	施設入所支援	者	施設に入所する人に、夜間や休日、入浴、排せつ、食事の介護等を行う。	介護給付	119
居住系	共同生活援助（グループホーム）	者	夜間や休日、共同生活を行う住居で、相談、入浴、排せつ、食事の介護、日常生活上の援助を行う。	訓練等給付	66
訓練系・就労系	自立訓練（機能訓練）	者	自立した日常生活又は社会生活ができるよう、一定期間、身体機能の維持、向上のために必要な訓練を行う。	訓練等給付	3
訓練系・就労系	自立訓練（生活訓練）	者	自立した日常生活又は社会生活ができるよう、一定期間、生活能力の維持、向上のために必要な支援、訓練を行う。	訓練等給付	126
訓練系・就労系	就労移行支援	者	一般企業等への就労を希望する人に、一定期間、就労に必要な知識及び能力の向上のために必要な訓練を行う。	訓練等給付	182
訓練系・就労系	就労継続支援（A型＝雇用型）	者	一般企業等での就労が困難な人に、雇用して就労する機会を提供するとともに、能力等の向上のために必要な訓練を行う。	訓練等給付	42
訓練系・就労系	就労継続支援（B型）	者	一般企業等での就労が困難な人に、就労する機会を提供するとともに、能力等の向上のために必要な訓練を行う。	訓練等給付	134

（注）1．表中の「者」は「障害者」、「児」は「障害児」であり、利用できるサービスにマークを付している。
「者」のサービスについても、15歳以上の障害児であって児童相談所からサービスを利用することが適当との意見があった場合には、市町村から支給決定を受けて利用することが可能。
2．障害児の利用者数は平成26年2月現在の国保連データ。（共同生活援助は旧ケアホームと旧グループホームの数値を合算したもの）

参考資料2

地域における「縦横連携」のイメージ

関係者間の共通理解・情報共有
→ 途切れない支援の調整

成年期

本人（家族）
計画相談支援
就労支援
障害福祉
医療
地域保健
職場・地域生活

卒業

学齢期

本人・家族
障害児相談支援
社会的養護
障害児支援
後方支援
医療
学校保健
学校等

入学

乳幼児期

本人・家族
障害児相談支援
社会的養護
障害児支援
後方支援
医療
母子保健
保育所等

「気づきの段階」からの支援

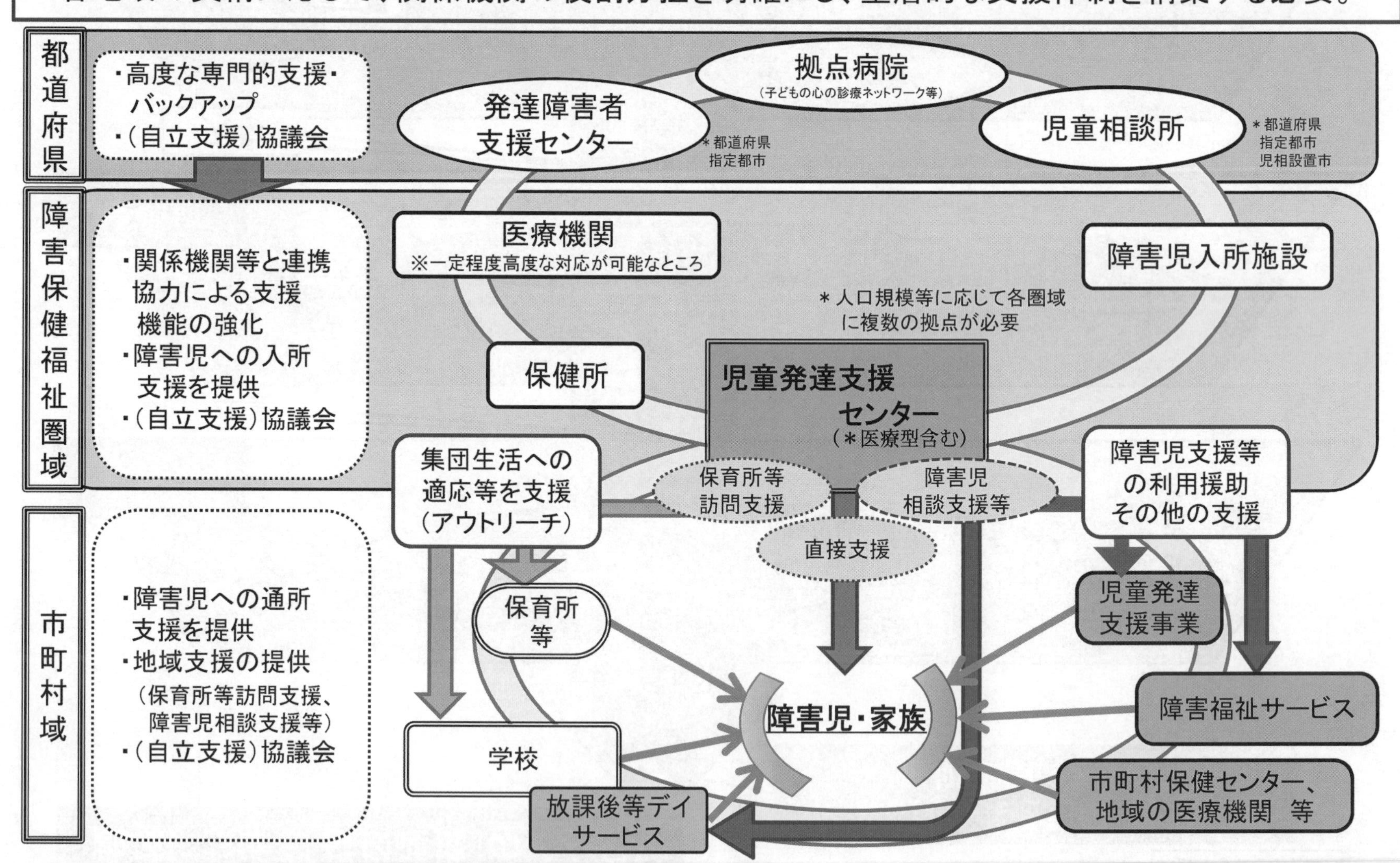

参考資料3
障害児の地域支援体制の整備の方向性のイメージ
各地域の実情に応じて、関係機関の役割分担を明確にし、重層的な支援体制を構築する必要。
都道府県
・高度な専門的支援・バックアップ
・（自立支援）協議会
拠点病院
（子どもの心の診療ネットワーク等）
発達障害者支援センター
＊都道府県 指定都市
児童相談所
＊都道府県 指定都市 児相設置市
障害保健福祉圏域
・関係機関等と連携協力による支援機能の強化
・障害児への入所支援を提供
・（自立支援）協議会
医療機関
※一定程度高度な対応が可能なところ
障害児入所施設
＊人口規模等に応じて各圏域に複数の拠点が必要
保健所
児童発達支援センター
（＊医療型含む）
集団生活への適応等を支援（アウトリーチ）
保育所等訪問支援
障害児相談支援等
直接支援
障害児支援等の利用援助その他の支援
市町村域
・障害児への通所支援を提供
・地域支援の提供
（保育所等訪問支援、障害児相談支援等）
・（自立支援）協議会
保育所等
児童発達支援事業
障害児・家族
障害福祉サービス
学校
放課後等デイサービス
市町村保健センター、地域の医療機関 等

参考資料4

障害児相談支援と子ども･子育て支援新制度「利用者支援事業」の連携の推進(イメージ)

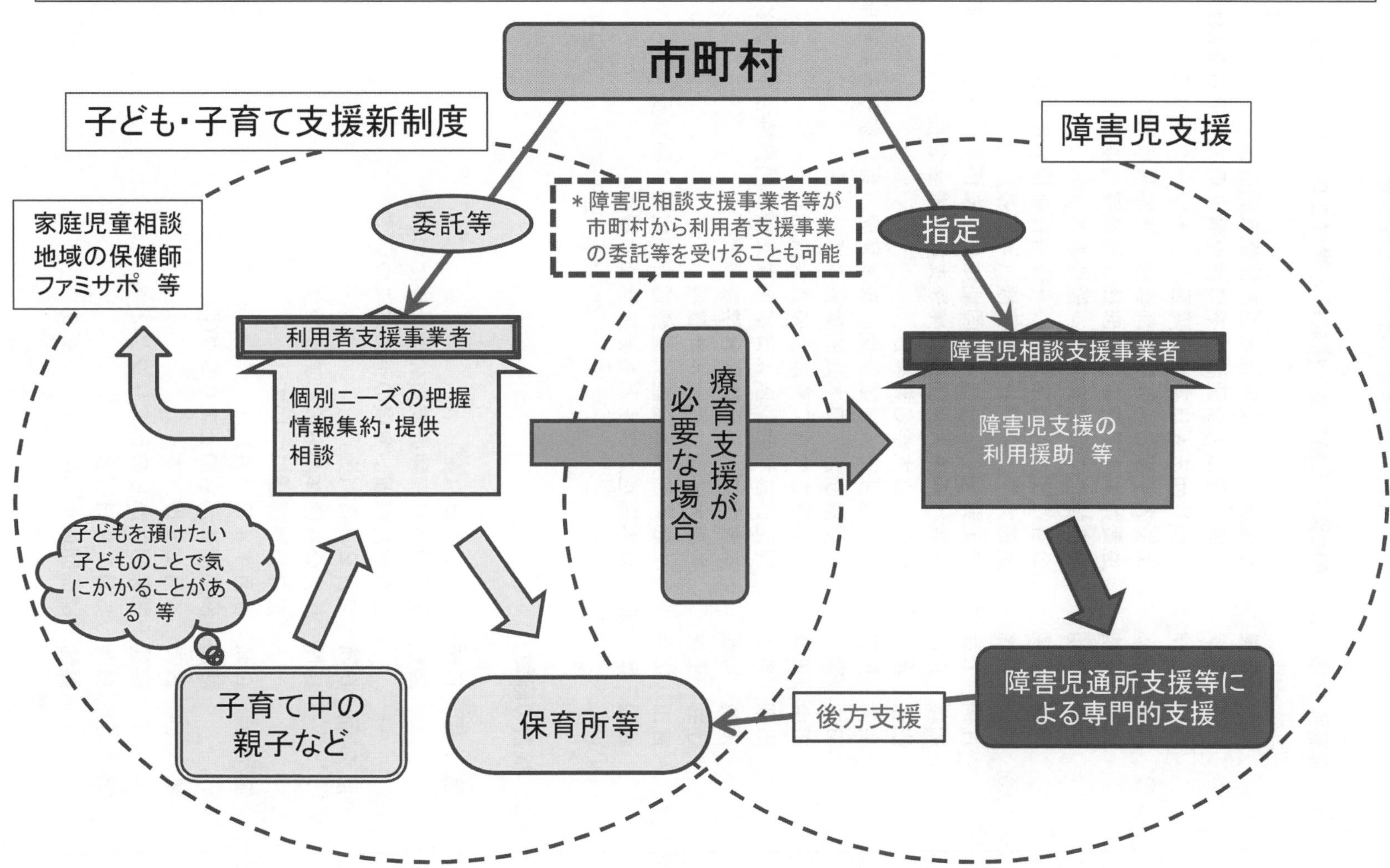

参考資料５

検討会構成員名簿・検討経緯等

１．障害児支援の在り方に関する検討会　構成員名簿（２６．７．１現在）

	氏名	所属
	朝貝　芳美	全国肢体不自由児施設運営協議会副会長
	石橋　吉章	一般社団法人全国肢体不自由児者父母の会連合会副会長
	市川　宏伸	一般社団法人日本発達障害ネットワーク理事長
○	大塚　晃	上智大学総合人間科学部教授（＊座長代理）
	大濱　早苗	滋賀県湖南市健康福祉部社会福祉課発達支援室長
	大南　英明	全国特別支援教育推進連盟理事長
	岡田　喜篤	公益社団法人日本重症心身障害福祉協会理事長
◎	柏女　霊峰	淑徳大学総合福祉学部教授（＊座長）
	片桐　公彦	特定非営利活動法人全国地域生活支援ネットワーク事務局長
	加藤　正仁	一般社団法人全国児童発達支援協議会会長
	佐藤　進	埼玉県立大学名誉教授
	高木　正三	社会福祉法人全国重症心身障害児（者）を守る会理事
	田中　齋	公益財団法人日本知的障害者福祉協会
	田中　正博	全国手をつなぐ育成会連合会統括
	田畑　寿明	特定非営利活動法人日本相談支援専門員協会事務局次長
	柘植　雅義	筑波大学人間系障害科学域教授
	辻井　正次	中京大学現代社会学部教授
	宮田　広善	一般社団法人全国児童発達支援協議会副会長
	渡辺　顕一郎	日本福祉大学子ども発達学部教授

（敬称略、五十音順）　◎座長　○座長代理

２．検討の経緯

第１回　日時：１月３１日（金）
　　　　議題：障害児及び障害児支援の現状等について
　　　　　　　主な検討課題、今後の進め方について
第２回　日時：２月２８日（金）
　　　　議題：地方公共団体からのヒアリング
　　　　　　　主な検討課題について
第３回　日時：４月１４日（月）
　　　　議題：関係団体からのヒアリング①
第４回　日時：４月２３日（木）
　　　　議題：関係団体からのヒアリング②
第５回　日時：５月　９日（金）
　　　　議題：関係団体からのヒアリング③

第６回　日時：５月２０日（火）
　　　　議題：今後の議論の内容等について
第７回　日時：６月　３日（火）
　　　　議題：報告書案について①
第８回　日時：６月１８日（水）
　　　　議題：報告書案について②
第９回　日時：６月２７日（金）
　　　　議題：とりまとめ①
第10回　日時：７月　９日（水）
　　　　議題：とりまとめ②

３．ヒアリング実施団体と実施日

①　４月１４日(月)　・一般社団法人全国児童発達支援協議会
　　　　　　　　　　・一般社団法人日本発達障害ネットワーク
　　　　　　　　　　・特定非営利活動法人日本相談支援専門員協会
　　　　　　　　　　・特定非営利活動法人全国地域生活支援ネットワーク
　　　　　　　　　　・全国肢体不自由児施設運営協議会
　　　　　　　　　　・日本肢体不自由児療護施設連絡協議会
　　　　　　　　　　・全国盲ろう難聴児施設協議会
②　４月２３日(水)　・公益社団法人日本重症心身障害福祉協会
　　　　　　　　　　・社会福祉法人全国重症心身障害児（者）を守る会
　　　　　　　　　　・全国特別支援教育推進連盟
　　　　　　　　　　・一般社団法人日本自閉症協会
　　　　　　　　　　・全国児童青年精神科医療施設協議会
　　　　　　　　　　・全国自閉症者施設協議会
③　５月　９日(金)　・全国重症心身障害日中活動支援協議会
　　　　　　　　　　・全国訪問看護事業協会
　　　　　　　　　　・日本訪問看護財団
　　　　　　　　　　・一般社団法人全国肢体不自由児者父母の会連合会
　　　　　　　　　　・社会福祉法人全日本手をつなぐ育成会
　　　　　　　　　　・公益財団法人日本知的障害者福祉協会

○　事務局において個別に意見聴取をした団体
　　　　　　　　　・社会福祉法人日本盲人会連合
　　　　　　　　　・一般社団法人全日本ろうあ連盟
　　　　　　　　　・認定特定非営利活動法人難病の子ども支援全国ネットワーク

資料2

『児童発達支援ガイドライン』

児童発達支援ガイドライン

（目次）

第１章　総則

平成 24 年の児童福祉法改正において、障害のある子どもが身近な地域で適切な支援が受けられるように、従来の障害種別に分かれていた施設体系が一元化され、この際、児童発達支援は、主に未就学の障害のある子どもを対象に発達支援を提供するものとして位置づけられた。

この後、平成 26 年７月に取りまとめられた障害児支援の在り方に関する検討会報告書「今後の障害児支援の在り方について」において、「障害児支援の内容については、各事業所において理念や目標に基づく独自性や創意工夫も尊重されるものである。その一方で、支援の一定の質を担保するための全国共通の枠組みが必要であるため、障害児への支援の基本的事項や職員の専門性の確保等を定めたガイドラインの策定が必要」との提言を受けた。これを受けて、平成 27 年４月に、提供される支援の内容が多種多様で、支援の質の観点からも大きな開きがあるとの指摘がなされている状況にあった放課後等デイサービスについて、「放課後等デイサービスガイドライン」を策定した。

児童発達支援については、平成 24 年４月では、約 1,700 カ所の事業所数であったが、平成 29 年１月には、約 4,700 カ所となっており、この事業所数や利用者数は、放課後等デイサービスに次いで増加している状況にある。

このような状況にある中、児童発達支援についても、支援の質の確保及びその向上を図り、障害のある子ども本人やその家族のために児童発達支援を提供していく必要がある。このため、今般、児童発達支援が提供すべき支援の内容を示し、支援の一定の質を担保するための全国共通の枠組みを示すために、「児童発達支援ガイドライン」として策定し、公表するものである。

なお、本ガイドラインは、児童発達支援を実施するに当たって必要となる基本的事項を示すものである。各事業所には、本ガイドラインの内容を踏まえつつ、各事業所の実情や個々の子どもの状況に応じて不断に創意工夫を図り、提供する支援の質の向上に努めることが求められる。また、各事業所の不断の努力による支援の質の向上とあいまって、今後も本ガイドラインの見直しを行い、本ガイドラインの内容も向上させていくものである。

１　目的

（１）この「児童発達支援ガイドライン」は、児童発達支援について、障害のある子ども本人やその家族に対して質の高い児童発達支援を提供するため、児童発達支援センター及び児童発達支援事業所（以下「児童発達支援センター等」という。）における児童発達支援の内容や運営及びこれに関連する事項を定めるものである。

（２）各児童発達支援センター等は、このガイドラインにおいて規定される児童発達支援の内容等に係る基本的な事項等を踏まえ、各児童発達支援センター等の実情に応じて創意工夫を図り、その機能及び質の向上を図らなければならない。

２　障害児支援の基本理念

（1）障害のある子ども本人の最善の利益の保障

児童福祉法（昭和22年法律第164号）第１条において、「全て児童は、児童の権利に関する条約の精神にのっとり、適切に養育されること、その生活を保障されること、愛され、保護されること、その心身の健やかな成長及び発達並びにその自立が図られることその他の福祉を等しく保障される権利を有する。」と規定され、児童福祉法第２条第１項において、「全て国民は、児童が良好な環境において生まれ、かつ、社会のあらゆる分野において、児童の年齢及び発達の程度に応じて、その意見が尊重され、その最善の利益が優先して考慮され、心身ともに健やかに育成されるよう努めなければならない。」と規定されている。このように、障害のある子どもの支援を行うに当たっては、その気づきの段階から、障害の種別にかかわらず、子ども本人の意思を尊重し、子ども本人の最善の利益を考慮することが必要である。

（2）地域社会への参加・包容（インクルージョン）の推進と合理的配慮

障害者権利条約では、障害を理由とするあらゆる差別（「合理的配慮」の不提供を含む。）の禁止や障害者の地域社会への参加・包容（インクルージョン）の促進等が定められており、障害のある子どもの支援に当たっては、子ども一人一人の障害の状態及び発達の過程・特性等に応じ、合理的な配慮が求められる。

また、地域社会で生活する平等の権利の享受と、地域社会への参加・包容（インクルージョン）の考え方に立ち、障害の有無にかかわらず、全ての子どもが共に成長できるようにしていくことが必要である。

障害のある子どもへの支援に当たっては、移行支援を含め、可能な限り、地域の保育、教育等の支援を受けられるようにしていくとともに、同年代の子どもとの仲間作りを図っていくことが求められる。

（3）家族支援の重視

障害のある子どもへの支援を進めるに当たっては、障害のある子どもを育てる家族への支援が重要である。障害のある子どもに対する各種の支援自体が、家族への支援の意味を持つものであるが、子どもを育てる家族に対して、障害の特性や発達の各段階に応じて子どもの「育ち」や「暮らし」を安定させることを基本に置いて丁寧な支援を行うことにより、子ども本人にも良い影響を与えることが期待できる。

（4）障害のある子どもの地域社会への参加・包容（インクルージョン）を子育て支援において推進するための後方支援としての専門的役割

障害のある子どもの地域社会への参加・包容（インクルージョン）を進めるため、障害のない子どもを含めた集団の中での育ちをできるだけ保障する視点が求められる。このため、専門的な知識・技術に基づく障害のある子どもに対する支援を、一般的な子育て支援をバックアップする後方支援として位置づけ、保育所等訪問支援等を積極的に活用し、子育て支援における育ちの場において、障害のある子どもの支援に協力できるような体制づくりを進めていくことが必要である。

また、障害のある子どもの健やかな育成のためには、子どものライフステージに沿って、地域の保健、医療、障害福祉、保育、教育、就労支援等の関係機関が連携を図り、切れ目の無い一貫した支援を提供する体制の構築を図る必要がある。

3　児童発達支援の役割

（1）児童発達支援は、児童福祉法第6条の2の2第2項の規定に基づき、障害のある子どもに対し、児童発達支援センター等において、日常生活における基本的な動作の指導、知識技能の付与、集団生活への適応訓練その他の便宜を提供するものである。

（2）児童発達支援センター等は、児童福祉法等の理念に基づき、障害のある子どもの最善の利益を考慮して､児童発達支援を提供しなければならない。

（3）児童発達支援センター等は、主に未就学の障害のある子ども又はその可能性のある子どもに対し、個々の障害の状態及び発達の過程・特性等に応じた発達上の課題を達成させていくための本人への発達支援を行うほか、子どもの発達の基盤となる家族への支援に努めなければならない。また、地域社会への参加・包容（インクルージョン）を推進するため、保育所、認定こども園、幼稚園、小学校、特別支援学校（主に幼稚部及び小学部）等（以下「保育所等」という。）と連携を図りながら支援を行うとともに、専門的な知識・経験に基づき、保育所等の後方支援に努めなければならない。

（4）特に､児童発達支援センターは､地域における中核的な支援機関として、保育所等訪問支援や障害児相談支援、地域生活支援事業における巡回支援専門員整備や障害児等療育支援事業等を実施することにより、地域の保育所等に対し、専門的な知識・技術に基づく支援を行うよう努めなければならない。

（5）児童発達支援の目的を達成するため、専門性を有する職員が、保護者や地域の様々な社会資源との緊密な連携のもとで、障害のある子どもの状態等を踏まえて支援を行わなければならない。

4　児童発達支援の原則

（1）児童発達支援の目標

ア　乳幼児期は、障害の有無に関わらず、子どもの生涯にわたる人間形成にとって極めて重要な時期である。このため、児童発達支援センター等においては、子どもが充実した毎日を過ごし、望ましい未来を作り出す力の基礎を培うために、子どもの障害の状態及び発達の過程・特性等に十分配慮しながら、子どもの成長を支援する必要がある。

イ　児童発達支援においては、障害の気づきの段階から継続的な支援を行い、将来の子どもの発達・成長の姿を見通しながら、日常生活や社会生活を円滑に営めるよう、今、どのような支援が必要かという視点を持ち、子どもの自尊心や主体性を育てつつ発達上の課題を達成させることが必要である。

ウ　児童発達支援センター等は、通所する子どもの保護者に対し、その意向を受け止め、子どもと保護者の安定した関係に配慮し、児童発達支援センター等の特性や児童発達支援に携わる職員の専門性を活かして、支援に当たる必要がある。

（２）児童発達支援の方法

児童発達支援の目標を達成するために、児童発達支援に携わる職員は、次の事項に留意して、障害のある子どもに対し、児童発達支援を行わなければならない。

ア　一人一人の子どもの状況や家庭及び地域社会での生活の実態について、アセスメントを適切に行い、子どもと保護者のニーズや課題を客観的に分析した上で支援に当たるとともに、子どもが安心感と信頼感を持って活動できるよう、子どもの主体としての思いや願いを受け止めること。

イ　子どもの生活リズムを大切にし、健康、安全で情緒の安定した生活ができる環境や、自己を十分に発揮できる環境を整えること。

ウ　一人一人の子どもの発達や障害の特性について理解し、発達の過程に応じて、個別又は集団における活動を通して支援を行うこと。その際、子どもの個人差に十分配慮すること。

エ　子どもの相互の関係作りや互いに尊重する心を大切にし、集団における活動を効果あるものにするよう援助すること。

オ　子どもが自発的、意欲的に関われるような環境を構成し、子どもの主体的な活動や子ども相互の関わりを大切にすること。特に、乳幼児期にふさわしい体験が得られるように支援を行うこと。

カ　子どもの成長は、「遊び」を通して促されることから、周囲との関わりを深めたり、表現力を高めたりする「遊び」を通し、職員が適切に関わる中で、豊かな感性や表現する力を養い、創造性を豊かにできるように、具体的な支援を行うこと。

キ　単に運動機能や検査上に表される知的能力にとどまらず、「育つ上での自信や意欲」、「発話だけに限定されないコミュニケーション能力の向上」、「自己選択、自己決定」等も踏まえながら、子どものできること、得意なことに着目し、それを伸ばす支援を行うこと。

ク　一人一人の保護者の状況やその意向を理解し、受容し、それぞれの親子関係や家庭生活等に配慮しながら、様々な機会をとらえ、適切に援助すること。

（３）児童発達支援の環境

児童発達支援の環境には、児童発達支援に携わる職員や子ども等の人的環境、施設や遊具等の物的環境、更には自然や社会の事象等がある。

児童発達支援センター等は、こうした人、物、場等の環境が相互に関連し合い、子どもの生活が豊かなものとなるよう、次の事項に留意しつつ、計画的に環境を構築し、工夫して児童発達支援を行わなければならない。

ア　子ども自らが環境に関わり、自発的に活動し、様々な経験を積んでいくことができるよう配慮すること。

イ　子どもの活動が豊かに展開されるよう、児童発達支援センター等の設備や環境を整え、児童発達支援センター等の保健的環境や安全の確保等に努めること。

ウ　子どもが生活する空間は、温かな親しみとくつろぎの場となるとともに、障害の特性を踏まえ、時間や空間を本人にわかりやすく構造化した環境の中で、生き生きと活動できる場となるように配慮すること。

エ　子どもが人と関わる力を育てていくため、子ども自らが周囲の子どもや大人と関わっていくことができる環境を整えること。

（4）児童発達支援の社会的責任

ア　児童発達支援センター等は、子どもの人権に十分配慮することを徹底するとともに、子ども一人一人の人格を尊重して児童発達支援を行わなければならない。

イ　児童発達支援センター等は、地域社会との交流や連携を図り、保護者や地域社会に、当該児童発達支援センター等が行う児童発達支援の内容を適切に説明しなければならない。

ウ　児童発達支援センター等は、常に計画に基づいて提供される支援の内容や役割分担について定期的に点検し、その質の向上が図られるようにしなければならない。

エ　児童発達支援センター等は、通所する子ども等の個人情報を適切に取り扱うとともに、保護者の相談や申入れ等に対し、その解決を図らなければならない。

5　障害のある子どもへの支援

乳幼児期は、子どもの成長が著しく、障害の有無に関わらず、周囲との信頼関係に支えられた生活の中で、適切な環境や活動を通じて子どもの健全な心身の発達を図りつつ、生涯にわたる人間形成の基礎を培う極めて重要な時期である。

このため、児童発達支援に携わる職員は、子どもの障害の状態及び発達の過程・特性等を理解し、発達及び生活の連続性に配慮して児童発達支援を行わなければならない。また、子ども自身の力を十分に認め、一人一人の障害の状態及び発達の過程・特性等に応じた適切な援助及び環境構成を行うことが重要である。

また、乳児から3歳未満の障害のある子どもの場合には、健康状態や生活習慣の育成に十分な配慮を行いながら、子どもの心身の発達に即して支援を行うとともに、親子関係の形成期にあることを踏まえ、保護者の子どもの障害特性の理解等に配慮しながら支援を行う必要がある。

3歳以上の障害のある子どもの場合には、個の成長と、子ども相互の関係や協同的な活動が促されるよう配慮しながら支援を行うとともに、地域社会への参加・包容（インクルージョン）を推進する観点から、できる限り多くの子どもが、保育所や認定こども園、幼稚園の利用に移行し、障害の有無に関わらず成長できるように、児童発達支援センター等においては児童発達支援計画を組み立てる必要がある。

第２章　児童発達支援の提供すべき支援

児童発達支援に携わる職員は、保育所等との連携及び移行支援を行うために、保育所保育指針（平成 20 年厚生労働省告示第 141 号。以下「保育所保育指針」という。）の「養護」のねらい及び内容を理解するとともに、次の事項に留意しながら、支援にあたる必要がある。

・一人一人の子どもの健康状態や発育及び発達状態を的確に把握する。また、家庭環境や生活の実態を知り、社会的養護等の支援の必要性を感じる場合は、速やかに適切に対応する。
・家庭との連携を密にし、主治医や嘱託医、協力医療機関と連携を図りながら、保健的で安全な支援環境の維持及び向上に努める。
・清潔で安全な環境を整え、適切な援助や応答的な関わりを通して子どもの生理的欲求を満たしていく。また、家庭と協力しながら、適切な生活リズムが作られていくようにする。
・適度な運動と休息を取ることができるようにする。また、食事、衣類の着脱、排泄、身の回りを清潔にすることなどについて、子どもが意欲的に生活できるよう適切に援助する。
・子どもの欲求を適切に満たしながら、応答的な触れあいや言葉がけを行う。また、子どもの気持ちを受容し、共感しながら、継続的な信頼関係を築いていく。
・人との信頼関係を基盤に、主体的な活動、自発性や探索意欲等を高め、自信を持つことができるよう成長の過程を見守り、適切に働きかける。

また、児童発達支援センター等においては、保育所保育指針の「健康」、「人間関係」、「環境」、「言葉」及び「表現」のねらい及び内容に準じて支援にあたるとともに、障害のある子どもが家庭や地域社会で健やかに育つために、「児童発達支援」を提供するものとする。

この児童発達支援は、大別すると、「発達支援（本人支援及び移行支援）」、「家族支援」及び「地域支援」からなり、障害のある子どもの個々のニーズに対し、支援ごとのねらいを達成するために、それに必要な支援内容を具体的に提供しながら、総合的に支援を行うものである。

また、「本人支援」の各領域に示すねらい及び支援内容は、子どもが家庭や地域社会における生活を通じ、様々な体験を積み重ねる中で、相互に関連を持ちながら達成に向かうものである。このため、「本人支援」だけでなく、「移行支援」や「家族支援」、「地域支援」を通して、育ちの環境を整えていくことが極めて重要である。

さらに、発達支援により得られた、障害のある子どもが健やかに育っていくための方法について、家庭や地域に伝えていくことも重要である。

なお、幼稚園教育要領、特別支援学校幼稚部教育要領及び幼保連携型認定こども園教育・保育要領のねらい及び内容についても理解し、支援に当たることが重要である。特に、特別支援学校幼稚部教育要領の「自立活動」は、障害のある幼児がその障害による学習上又は生活上の困難の改善・克服のための指導について示していることに留意する必要がある。

１　児童発達支援の内容

児童発達支援は、障害のある子どもに対し、身体的・精神的機能の適正な発達を促し、日常生活及び社会生活を円滑に営めるようにするために行う、それぞれの障害の特性に応じた福祉的、心理的、教育的及び医療的な援助である。具体的には、障害のある子どものニーズに応じて、「発達支援（本人支援及び移行支援）」、「家族支援」及び「地域支援」を総合的に提供していくものである。

また、児童発達支援は、障害のある子どもの個々のニーズにあった質の高い支援の提供が必要であり、そのためには、児童発達支援センター等において、子どもそれぞれに児童発達支援計画を作成し、これに基づき、標準的な支援を提供していくものである。

この児童発達支援計画の作成に当たっては、標準化されたツールの活用も含め、子どもの多様なニーズを総合的に把握するためにアセスメントを行うことが必要である。この際は、子ども本人の発達等の状況や家族・地域社会の状況のみならず、子どもや家族の意向を適切に把握することが必要である。

このアセスメントを踏まえ、児童発達支援計画に、子ども本人のニーズに応じた「支援目標」を設定し、それを達成するために必要な支援について、「発達支援（本人支援及び移行支援）」、「家族支援」及び「地域支援」で示す支援内容から子どもの支援に必要な項目を適切に選択し、その上で、具体的な支援内容を設定するものである。なお、選択した支援内容の項目については、具体的な支援内容と共に、児童発達支援計画に明記することが必要である。また、「いつ」、「どこで」、「誰が」、「どのように」、「どのくらい」支援するかということが、児童発達支援計画の中に常に明確になっていることが必要である。

適切な支援を提供するためには、適時のモニタリングにより、必要な支援の検討・改善を行うことが必要である。このためには、児童発達支援計画の見直し等を行う支援の一連の流れ、すなわちＰＤＣＡサイクル（Plan（計画）→Do（実行）→Check（評価）→Action（改善）で構成されるプロセス）が必要である。

なお、これらの支援の結果は、記録・評価され、次の支援に活かしていくものである。

（１）発達支援

ア　本人支援

「本人支援」は、障害のある子どもの発達の側面から、心身の健康や生活に関する領域「健康・生活」、運動や感覚に関する領域「運動・感覚」、認知と行動に関する領域「認知・行動」、言語・コミュニケーションの獲得に関する領域「言語・コミュニケーション」、人との関わりに関する領域「人間関係・社会性」の５領域にまとめられるが、これらの領域の支援内容は、お互いに関連して成り立っており、重なる部分もある。

また、この「本人支援」の大きな目標は、障害のある子どもが、将来、日常生活や社会生活を円滑に営めるようにするものである。また、児童発達支援センター等で行われる本人支援は、家庭や地域社会での生活に活かされるために行われるものであり、保育所等に引き継がれていくものである。

(ア) 健康・生活

a　ねらい

（ａ）健康状態の維持・改善

（ｂ）生活のリズムや生活習慣の形成

（ｃ）基本的生活スキルの獲得

b　支援内容

（ａ）健康状態の把握

健康な心と体を育て自ら健康で安全な生活を作り出すことを支援する。また、健康状態の常なるチェックと必要な対応を行う。その際、意思表示が困難である子どもの障害の特性及び発達の過程・特性等に配慮し、小さなサインから心身の異変に気づけるよう、きめ細かな観察を行う。

（ｂ）健康の増進

睡眠、食事、排泄等の基本的な生活のリズムを身に付けられるよう支援する。また、健康な生活の基本となる食を営む力の育成に努めるとともに、楽しく食事ができるよう、口腔内機能・感覚等に配慮しながら、咀嚼・嚥下、姿勢保持、自助具等に関する支援を行う。さらに、病気の予防や安全への配慮を行う。

（ｃ）リハビリテーションの実施

日常生活や社会生活を営めるよう、それぞれの子どもに適した身体的、精神的、社会的訓練を行う。

（ｄ）基本的生活スキルの獲得

身の回りを清潔にし、食事、衣類の着脱、排泄等の生活に必要な基本的技能を獲得できるよう支援する。

（ｅ）構造化等により生活環境を整える

生活の中で、さまざまな遊びを通して学習できるよう環境を整える。

また、障害の特性に配慮し、時間や空間を本人に分かりやすく構造化する。

(イ) 運動・感覚

a　ねらい

（ａ）姿勢と運動・動作の向上

（ｂ）姿勢と運動・動作の補助的手段の活用

（ｃ）保有する感覚の総合的な活用

b　支援内容

（ａ）姿勢と運動・動作の基本的技能の向上

日常生活に必要な動作の基本となる姿勢保持や上肢・下肢の運動・動作の改善及び習得、関節の拘縮や変形の予防、筋力の維持・強化を図る。

（ｂ）姿勢保持と運動・動作の補助的手段の活用

姿勢の保持や各種の運動・動作が困難な場合、姿勢保持装置など、様々な補助用具等の補助的手段を活用してこれらができるよう支援する。

（ｃ）身体の移動能力の向上

自力での身体移動や歩行､歩行器や車いすによる移動など、日常生活に必要な移動能力の向上のための支援を行う。

（ｄ）保有する感覚の活用

保有する視覚、聴覚、触覚等の感覚を十分に活用できるよう、遊び等を通して支援する。

（ｅ）感覚の補助及び代行手段の活用

保有する感覚器官を用いて状況を把握しやすくするよう眼鏡や補聴器等の各種の補助機器を活用できるよう支援する。

（ｆ）感覚の特性（感覚の過敏や鈍麻）への対応

感覚や認知の特性（感覚の過敏や鈍麻）を踏まえ、感覚の偏りに対する環境調整等の支援を行う。

（ウ）認知・行動

ａ　ねらい

（ａ）認知の発達と行動の習得

（ｂ）空間・時間、数等の概念形成の習得

（ｃ）対象や外部環境の適切な認知と適切な行動の習得

ｂ　支援内容

（ａ）感覚や認知の活用

視覚、聴覚、触覚等の感覚を十分活用して、必要な情報を収集して認知機能の発達を促す支援を行う。

（ｂ）知覚から行動への認知過程の発達

環境から情報を取得し、そこから必要なメッセージを選択し､行動につなげるという一連の認知過程の発達を支援する。

（ｃ）認知や行動の手掛かりとなる概念の形成

物の機能や属性、形、色、音が変化する様子、空間・時間等の概念の形成を図ることによって、それを認知や行動の手掛かりとして活用できるよう支援する。

（ｄ）数量、大小、色等の習得

数量、形の大きさ、重さ、色の違い等の習得のための支援を行う。

（ｅ）認知の偏りへの対応

認知の特性を踏まえ、自分に入ってくる情報を適切に処理できるよう支援し、認知の偏り等の個々の特性に配慮する。また、こだわりや偏食等に対する支援を行う。

（ｆ）行動障害への予防及び対応
感覚や認知の偏り、コミュニケーションの困難性から生ずる行動障害の予防、及び適切行動への対応の支援を行う。

(エ) 言語・コミュニケーション
ａ　ねらい
（ａ）言語の形成と活用
（ｂ）言語の受容及び表出
（ｃ）コミュニケーションの基礎的能力の向上
（ｄ）コミュニケーション手段の選択と活用

ｂ　支援内容
（ａ）言語の形成と活用
具体的な事物や体験と言葉の意味を結びつける等により、体系的な言語の習得、自発的な発声を促す支援を行う。
（ｂ）受容言語と表出言語の支援
話し言葉や各種の文字・記号等を用いて、相手の意図を理解したり、自分の考えを伝えたりするなど、言語を受容し表出する支援を行う。
（ｃ）人との相互作用によるコミュニケーション能力の獲得
個々に配慮された場面における人との相互作用を通して、共同注意の獲得等を含めたコミュニケーション能力の向上のための支援を行う。
（ｄ）指差し、身振り、サイン等の活用
指差し、身振り、サイン等を用いて、環境の理解と意思の伝達ができるよう支援する。
（ｅ）読み書き能力の向上のための支援
発達障害の子どもなど、障害の特性に応じた読み書き能力の向上のための支援を行う。
（ｆ）コミュニケーション機器の活用
各種の文字・記号、絵カード、機器等のコミュニケーション手段を適切に選択、活用し、環境の理解と意思の伝達が円滑にできるよう支援する。
（ｇ）手話、点字、音声、文字等のコミュニケーション手段の活用
手話、点字、音声、文字、触覚、平易な表現等による多様なコミュニケーション手段を活用し、環境の理解と意思の伝達ができるよう支援する。

(オ) 人間関係・社会性
ａ　ねらい
（ａ）他者との関わり（人間関係）の形成
（ｂ）自己の理解と行動の調整
（ｃ）仲間づくりと集団への参加

b　支援内容

（ａ）アタッチメント（愛着行動）の形成

人との関係を意識し、身近な人と親密な関係を築き、その信頼関係を基盤として、周囲の人と安定した関係を形成するための支援を行う。

（ｂ）模倣行動の支援

遊び等を通じて人の動きを模倣することにより、社会性や対人関係の芽生えを支援する。

（ｃ）感覚運動遊びから象徴遊びへの支援

感覚機能を使った遊びや運動機能を働かせる遊びから、見立て遊びやつもり遊び、ごっこ遊び等の象徴遊びを通して、徐々に社会性の発達を支援する。

（ｄ）一人遊びから協同遊びへの支援

周囲に子どもがいても無関心である一人遊びの状態から並行遊びを行い、大人が介入して行う連合的な遊び、役割分担したりルールを守って遊ぶ協同遊びを通して、徐々に社会性の発達を支援する。

（ｅ）自己の理解とコントロールのための支援

大人を介在して自分のできること、できないことなど、自分の行動の特徴を理解するとともに、気持ちや情動の調整ができるように支援する。

（ｆ）集団への参加への支援

集団に参加するための手順やルールを理解し、遊びや集団活動に参加できるよう支援する。

イ　移行支援

地域社会で生活する平等の権利の享受と、地域社会への参加・包容（インクルージョン）の考え方に立ち、障害の有無にかかわらず、全ての子どもが共に成長できるよう、障害のある子どもに対する「移行支援」を行うことで、可能な限り、地域の保育、教育等の支援を受けられるようしていくとともに、同年代の子どもとの仲間作りを図っていくことが必要である。

また、児童発達支援においては、障害のある子どもの発達の状況や家族の意向をアセスメントし、地域において保育・教育等を受けられるように保育所等への支援を行う「後方支援」の役割が求められている。

（ア）ねらい

a　保育所等への配慮された移行支援
b　移行先の保育所等との連携（支援内容等の共有や支援方法の伝達）
c　移行先の保育所等への支援と支援体制の構築
d　同年代の子どもとの仲間作り

（イ）支援内容

a　具体的な移行を想定した子どもの発達の評価
b　合理的配慮を含めた移行に当たっての環境の評価
c　具体的な移行先との調整
d　家族への情報提供や移行先の見学調整
e　移行先との援助方針や支援内容等の共有、支援方法の伝達
f　子どもの情報・親の意向等についての移行先への伝達
g　併行通園の場合は、利用日数や時間等の調整
h　移行先の受け入れ体制づくりへの協力
i　相談支援等による移行先への支援
j　地域の保育所等や子育て支援サークルとの交流

ウ　支援に当たっての配慮事項

児童発達支援に携わる職員は、障害のある子どもの発達の状態及び発達の過程・特性等を理解し、一人一人の子どもの障害種別、障害の特性及び発達の状況に応じた支援を行うことが必要である。

また、障害種別に応じて、設備・備品への配慮のほか、子どもや保護者との意思の疎通、情報伝達のための手話等による配慮が必要である。

○　視覚に障害のある子どもに対しては、聴覚、触覚及び保有する視覚等を十分に活用しながら、様々な体験を通して身近な物の存在を知り、興味・関心や意欲を育てていくことが必要である。また、ボディイメージを育て、身の回りの具体的な事物・事象や動作と言葉とを結び付けて基礎的な概念の形成を図るようにすることが必要である。

○　聴覚に障害のある子どもに対しては、保有する聴覚や視覚的な情報等を十分に活用して言葉の習得と概念の形成を図る指導を進める必要がある。また、言葉を用いて人との関わりを深めたり、日常生活に必要な知識を広げたりする態度や習慣を育てる必要がある。

○　知的障害のある子どもに対しては、活動内容や環境の設定を創意工夫し、活動への意欲を高めて、発達を促すようにすることが必要である。また、ゆとりや見通しをもって活動に取り組めるよう配慮するとともに、周囲の状況に応じて安全に行動できるようにすることが必要である。

○　発達障害のある子どもに対しては、予定等の見通しをわかりやすくしたり、感覚の特性（感覚の過敏や鈍麻）に留意し、安心できる環境づくりが必要である。また、具体的又は視覚的な手段を用いながら、活動や場面の理解ができるようにすることや、人とかかわる際の具体的な方法や手段を身に付けることが必要である。

○　精神的に強い不安や緊張を示す子どもに対しては、活動内容や環境の設定を創意工夫し、情緒の程よい表出を促すとともに、人との関わりを広げていけるようにすることが必要である。また、少人数でゆったりと落ち着いた受容的な環境を用意することが必要である。

○　肢体不自由の子どもに対しては、幼児の身体の動きや健康の状態等に応じ、可能な限り体験的な活動を通して経験を広げるようにするこ

とが必要である。また、興味や関心をもって、進んで身体を動かそうとしたり、表現したりするような環境を創意工夫することが必要である。

○　病弱・身体虚弱の子どもに対しては、病気の状態等に十分に考慮し、活動と休息のバランスを取りながら、様々な活動が展開できるようにすることが必要である。心臓病等により乳幼児期に手術等を受けている子どもは、治療過程で運動や日常生活上での様々な制限を受けたり、同年代の子どもとの関わりが少なくなるなど、学習の基礎となる経験が不足することがある。小児慢性特定疾病や難病等の子どもを含め、子どもが可能な限り体験的な活動を経験できるよう、児童発達支援センター等は、主治医からの指示・助言や保護者の情報を３者で共有しながら支援を行うことが必要である。

○　医療的ケアが必要な子どもや重症心身障害のある子どもに対しては、心身や健康の状態、病気の状態等を十分に考慮し、活動と休息のバランスを取りながら、様々な活動が展開できるようにすることが必要である。また、健康状態の維持・改善に必要な生活習慣を身に付けることができるようにすることが必要である。さらに、子どもが可能な限り体験的な活動を経験できるよう、児童発達支援センター等は、主治医からの指示・助言や保護者の情報を３者で共有しながら支援を行うことが必要である。

○　重症心身障害のある子どもに対しては、重度の知的障害及び重度の肢体不自由があるため、意思表示の困難さに配慮し、子どもの小さなサインを読み取り、興味や関心を持った体験的な活動の積み重ねができるようにすることが必要である。また、筋緊張を緩和する環境づくりと、遊び、姿勢管理により、健康状態の維持・改善を支えることが必要である。

○　複数の種類の障害を併せ有する子どもに対しては、それぞれの障害の特性に配慮した支援が必要である。

（２）家族支援

障害のある子どもを育てる家族に対して、障害の特性に配慮し、子どもの「育ち」や「暮らし」を安定させることを基本に、丁寧な「家族支援」を行うことが必要である。

特に、保護者が子どもの発達を心配する気持ちを出発点とし、障害があっても子どもの育ちを支えていける気持ちが持てるようになるまでの過程においては、関係者が十分な配慮を行い、日々子どもを育てている保護者の思いを尊重し、保護者に寄り添いながら、子どもの発達支援に沿った支援が必要である。

ア　ねらい

（ア）家族からの相談に対する適切な助言やアタッチメント形成（愛着行動）等の支援

（イ）家庭の子育て環境の整備

（ウ）関係者・関係機関との連携による支援

イ　支援内容

（ア）子どもに関する情報の提供と定期的な支援調整
（イ）子育て上の課題の聞きとりと必要な助言
（ウ）子どもの発達上の課題についての気づきの促しとその後の支援
（エ）子どもを支援する輪を広げるための橋渡し
（オ）相談支援専門員との定期的な支援会議や支援計画の調整
（カ）関係者・関係機関の連携による支援体制の構築
（キ）家族支援プログラム（ペアレント・トレーニング等）の実施
（ク）心理的カウンセリングの実施
（ケ）家族の組織化と定期的な面会
（コ）兄弟姉妹等の支援

ウ　支援に当たっての配慮事項

○　家族支援は、家族が安心して子育てを行うことができるよう、さまざまな家族の負担を軽減していくための物理的及び心理的支援等を行うことである。

○　家族支援は、大きなストレスや負担にさらされている母親が中心となる場合が多いが、父親や兄弟姉妹、さらには祖父母など、家族全体を支援していく観点が必要である。

○　家族が子どもの障害の特性等を理解していくための支援となるが、理解のプロセス及び態様は、それぞれの家族で異なることを理解することが重要である。

○　特に、子どもの障害の特性等の理解の前段階として、「気づき」の支援も重要な家族支援の内容であり、個別性に配慮して慎重に行うことが大切である。

○　家族支援において明らかとなってくる虐待（ネグレクトを含む）の疑いや心理カウンセリングの必要性など、専門的な支援が必要な場合は、適切な対応が求められる。

○　家族支援は、必要に応じて、障害児相談支援事業所、他の児童発達支援センターや児童発達支援事業所、居宅介護（ホームヘルプ）や短期入所（ショートステイ）等を実施する障害福祉サービス事業所、発達障害者支援センター、児童相談所、専門医療機関、保健所等と緊密な連携を行って実施することが必要である。

（３）地域支援

障害のある子どもの地域社会への参加・包容（インクルージョン）を推進するため、児童発達支援センター等は、保育所等の子育て支援機関等の関係機関との連携を進め、地域の子育て環境や支援体制の構築を図るための「地域支援」を行うことが必要である。

ア　ねらい

（ア）地域における連携の核としての役割
（イ）地域の子育て環境の構築

（ウ）地域の支援体制の構築

イ　支援内容

（ア）児童発達支援センター等

（ａ）保育所等の子育て支援機関との連携

（ｂ）医療機関、保健所、児童相談所等の専門機関との連携

（ｃ）児童委員、主任児童委員等地域の関係者等との連携

（ｄ）地域支援の体制の構築のための会議の開催

（ｅ）個別のケース検討のための会議の開催

（ｆ）（自立支援）協議会等への参加

（ｇ）要保護児童対策地域協議会等への参加

（ｈ）児童発達支援センター等に対する理解促進のための地域集会等への積極的な参加

（イ）特に児童発達支援センター

（ａ）連携・ネットワークの中核機関としての役割

（ｂ）保育所等訪問支援の実施

（ｃ）障害児等療育支援事業、巡回支援専門員整備事業の実施

ウ　支援に当たっての配慮事項

○　地域支援は、支援を利用する子どもが地域で適切な支援を受けられるよう関係機関等と連携することのみならず、地域全体の子育て支援力を高めるためのネットワークを普段から構築しておくという視点が必要である。

○　そのためには、支援を利用する個々の子どもに対する個別の支援会議から生じた課題等を地域の「（自立支援）協議会」において検討するなど、地域全体の課題として取り組んでいくことが重要である。

○　地域の支援体制を構築していくためには、平成26年7月の障害児支援の在り方に関する検討会の報告書「今後の障害児支援の在り方について～「発達支援」が必要な子どもの支援はどうあるべきか～」において示された、「地域における縦横連携のイメージ」や、都道府県域、障害保健福祉圏域、市町村域等における重層的な支援体制のイメージが参考となる。

第３章　児童発達支援計画の作成及び評価

１　障害児支援利用計画との整合性のある児童発達支援計画の作成と児童発達支援の実施（障害児相談支援事業所との連携）

児童発達支援センター等による児童発達支援の適切な実施に当たっては、障害のある子どもや保護者の生活全般における支援ニーズとそれに基づいた総合的な支援方針等を把握した上で、具体的な支援内容を検討し実施する必要がある。そのためには、障害児相談支援事業者と連携し、障害児支援利用計画との整合性のある児童発達支援計画の作成と児童発達支援の実施が重要である。なお、障害児支援利用計画と児童発達支援計画は、個々の子どもの支援における合理的配慮の根拠となるものである。

（１）障害児相談支援事業者による障害児支援利用計画案の作成と支給決定

○　障害児相談支援事業に従事する相談支援専門員は、児童発達支援センター等の利用を希望する子どもや保護者の求めに応じて障害児支援利用計画案の作成を行う。

○ 相談支援専門員は、子どもや保護者との面談により、子どもの心身の状況や置かれている環境、日常生活の状況、現に受けている支援、支援の利用の意向等を子どもや保護者から聞き取った上で、それらに基づいたアセスメントによりニーズを明らかにし、総合的な援助方針を提案する。

○ そして、子どもや家族の意向と総合的な援助方針に基づき、個々の子どもの障害の状態及び発達の過程・特性等に応じた発達上の課題を達成させ、生活全般のニーズを充足するために、必要な支援を検討する。

○　乳幼児期の障害のある子どもへの支援には、児童福祉法に基づき、通所により発達支援を行う「児童発達支援」や「医療型児童発達支援」の他、重度の障害等により外出が著しく困難な障害児に対し、居宅を訪問して発達支援を行う「居宅訪問型児童発達支援」（平成30年４月施行予定）、保育所等を利用している障害児に対し支援を行う「保育所等訪問支援」がある。また、障害者の日常生活及び社会生活を総合的に支援するための法律（平成17年法律第123号）に基づき、居宅で入浴や排泄、食事の介護等を行う居宅介護（ホームヘルプ）や、自宅で介護する人が病気の場合等に、短期間、施設で入浴や排泄、食事の介護等を行う短期入所（ショートステイ）等の障害福祉サービスが利用できる。

○　障害児支援利用計画案は、これらの支援の中から、必要な支援を選択又は組み合わせ、個々の支援の目的や内容及び量について検討し、子ども又は保護者の同意のもと作成するものである。

○　市町村は、作成された障害児支援利用計画案を勘案し、児童発達支援センター等の利用についての支給決定を行うこととなる。

（２）サービス担当者会議の開催と障害児支援利用計画の確定

○ 相談支援専門員は、市町村による支給決定後、子どもや保護者の希望を踏まえて、支援を提供する事業者の調整を行い、それらの事業者等を集めたサービス担当者会議を開催する。児童発達支援センター等を利用する場合、サービス担当者会議には、子どもや家族、児童発達支援センター等の児童発達支援管理責任者や従業者、他の支援等を利用している場合にはその担当者、その他必要に応じて、子どもや保護者への支援に関係する者が招集される。

○　サービス担当者会議では、障害児支援利用計画案の作成に至る経緯、子どもや保護者の意向と総合的な援助方針、ニーズと支援目標、支援内容等について参加者で共有する。

○　サービス担当者会議の参加者は、障害児支援利用計画案の内容について意見交換を行うが、その際、児童発達支援センター等の担当者は、児童発達支援の専門的な見地からの意見を述べることが求められる。また、障害児支援利用計画案に位置づけられた当該事業所に期待される役割を確認するとともに、障害のある子どもが、地域の中で他の子どもと共に成長できるようにするため、子どもの最善の利益の観点から、支援の提供範囲にとどまらない意見を述べることが重要である。

○　相談支援専門員は、参加者による意見交換を受けて支援の提供の目的や内容を調整し、各担当者の役割を明確にした上で、子ども又は保護者の同意のもと障害児支援利用計画を確定する。確定した障害児支援利用計画は、子どもや保護者を始め、支給決定を担当する市町村、児童発達支援センター等の支援を提供する者に配付され共有される。

（３）児童発達支援計画に基づく児童発達支援の実施

○　児童発達支援センター等の児童発達支援計画は、児童発達支援管理責任者が、障害児支援利用計画における総合的な援助方針や、当該事業所に対応を求められるニーズや支援目標及び支援内容を踏まえて、児童発達支援の具体的な内容を検討し、作成する。

○　児童発達支援センター等は、作成された児童発達支援計画に基づき児童発達支援を実施する。

（４）障害児相談支援事業者によるモニタリングと障害児支援利用計画の見直し

○　一定期間毎に、相談支援専門員は、子どもと保護者に対する面談により、障害児支援利用計画に基づいた支援の提供状況や効果、支援に対する満足度についてモニタリングを実施する。また、各事業者から支援の提供状況や効果について確認した結果、現在の支援がニーズの充足のために適切でなかったり、当初のニーズが充足してニーズが変化していたり、新たなニーズが確認された場合は、必要に応じてサービス担当者会議を開催し、障害児支援利用計画を見直す。

○　サービス担当者会議において、児童発達支援センター等の児童発達支援管理責任者は、その時点までの児童発達支援の提供状況を踏まえて、課題への達成度や気づきの点等の情報を積極的に述べ、必要に応じた障害児支援利用計画の見直しに寄与することが重要である。そのためには、児童発達支援センター等の設置者・管理者は、児童発達支援管理責任者や従業者のうち、当該子どもの状況に精通した最もふさわしい者を参画させなければならない。

○　障害児支援利用計画の内容が見直され、総合的な支援方針や児童発達支援センター等に求められる役割が変更された場合には、児童発達支援管理責任者は、必要に応じて児童発達支援計画を変更し、適切な児童発達支援を実施する。

（5）その他の連携について

○　児童発達支援センター等による児童発達支援は、子どもや保護者への生活全般における支援の一部を継続的に実施するものである。このため、日々の支援を担う児童発達支援センター等は、子どもや保護者のニーズの変化を細やかに把握することができる。また、継続的な関わりは、専門的なアセスメントを深め、潜在的なニーズの顕在化にもつながる。

○　しかし、それらのニーズは、児童発達支援センター等のみで対応できるものばかりではなく、他の支援機関による対応が必要な場合もある。その場合は適切な支援が調整され提供されるように、速やかに障害児相談支援事業者などの関係機関と連絡を取り合う必要がある。

以上のように、障害児相談支援事業者と児童発達支援センター等の関係性は、単に相談支援専門員が作成した障害児支援利用計画に基づき、児童発達支援管理責任者が児童発達支援計画を作成し、支援を実施するという上下の関係にはない。児童発達支援センター等から障害児相談支援事業者へ積極的に働きかけ、子どもや保護者の生活全般のニーズを充足するための双方向のやり取りを行う関係であることに留意して連携する必要がある。

2　児童発達支援計画の作成及び評価

児童発達支援管理責任者は、児童発達支援を利用する子どもと保護者のニーズを適切に把握し、児童発達支援が提供すべき支援の内容を踏まえて児童発達支援計画を作成し、すべての従業者が児童発達支援計画に基づいた支援を行っていけるように調整する。また、提供される支援のプロセスを管理し、客観的な評価等を行う役割がある。

（1）子どもと保護者及びその置かれている環境に対するアセスメント

○　児童発達支援管理責任者は、子どもや家族への面談等により専門的な視点からのアセスメントを実施する。子どもと保護者及びその置かれている環境を理解するためには、子どもの障害の状態だけでなく、子どもの適応行動の状況を、標準化されたアセスメントツールを使用する等により確認する必要がある。

また、子どもの発育状況、自己理解、心理的課題、子どもの興味・関心、養育環境、これまで受けてきた支援、現在関わっている機関に関すること、地域とのつながり、利用に当たっての希望、将来展望等について必要な情報をとり、子どもと保護者のニーズや課題を客観的に分析する。

○　保護者のニーズと子ども自身のニーズは必ずしも一致するわけではないので、子どものニーズを明確化していくことがまず求められる。また、この発達の段階にある子どものニーズは変化しやすいため、日頃から状況を適切に把握して対応していく必要がある。

（２）児童発達支援計画の作成

○　障害児相談支援事業者等が作成した障害児支援利用計画や、自らの事業所でアセスメントした情報について課題整理表等を用いて整理しながら児童発達支援におけるニーズを具体化した上で、児童発達支援の具体的な内容を検討し、児童発達支援計画を作成する。

○　児童発達支援計画には、子どもと保護者の生活に対する意向、総合的な支援目標とその達成時期、生活全般の質を向上させるための課題、児童発達支援の提供すべき支援の内容を踏まえた具体的な支援内容、留意事項を含める。

○　児童発達支援計画に、子ども本人のニーズに応じた「支援目標」を設定し、それを達成するために、「発達支援（本人支援及び移行支援）」、「家族支援」及び「地域支援」で示す支援内容から子どもの支援に必要な項目を適切に選択し、その上で、具体的な支援内容を設定する。なお、選択した支援内容の項目についても、具体的な支援内容と共に、児童発達支援計画に明記することが必要である。また、「いつ」、「どこで」、「誰が」、「どのように」、「どのくらい」支援するかということが、児童発達支援計画において常に明確になっていることが必要である。

○　子ども又は保護者に対し、本ガイドラインの「児童発達支援の提供すべき支援」の「発達支援（本人支援及び移行支援）」、「家族支援」及び「地域支援」のねらい及び支援内容と、これに基づき作成された「児童発達支援計画」を示しながら説明を行い、子どもや家族の支援に必要な内容になっているかについて同意を得る必要がある。

○　将来に対する見通しを持った上で、障害種別、障害の特性や子どもの発達の段階を丁寧に把握し、それらに応じた関わり方を考えていくことが必要である。

○　支援手法については、個別活動と集団活動をその子どもに応じて適宜組み合わせる。

○　計画の作成に際しては、従業者から児童発達支援計画の原案について意見を聞くなど、担当の従業者を積極的に関与させることが必要である。

（３）タイムテーブル、活動プログラムに沿った発達支援の実施

○　児童発達支援センター等における時間をどのようにして過ごすかについて、一人一人の児童発達支援計画を考慮し、一日のタイムテーブルを作成する。タイムテーブルは、子どもの生活リズムを大切にし、日常生活動作の習得や、子どもが見通しを持って自発的に活動できるよう促されることが期待される。ただし、提供される活動プログラムを固定化することは、経験が限られてしまうことにもなるため、活動プログラムの組合せについて、創意工夫が求められる。

○　発達支援の時間は十分に確保されなければならず、送迎の都合で発達支援の時間が阻害されることのないようタイムテーブルを設定しなければならない。

○　活動プログラムは、子どもの障害種別、障害の特性、発達の段階、生活状況や課題等に応じた内容を組み立て、従業者も交えながらチームで検討していくことが必要である。

○　集団活動の場合は、対象児の年齢や障害の状態の幅の広さを考慮しながら、活動プログラムを作成する必要がある。子どもの年齢や発達課題が異なることも多いことから、年齢別又は障害別、発達課題別に支援グループを分けることも考慮する必要がある。

○　活動プログラムの内容は、本ガイドラインに記載されている児童発達支援の提供すべき支援の内容等を十分に踏まえたものでなければならない。

（４）児童発達支援計画の実施状況の把握（モニタリング）

○　児童発達支援計画は、概ね６ヶ月に１回以上モニタリングを行うことになっているが、子どもの状態や家庭状況等に変化があった場合にはモニタリングを行う必要がある。モニタリングは、目標達成度を評価して支援の効果を測定していくためのものであり、単に達成しているか達成していないかを評価するものではなく、提供した支援の客観的評価を行い、児童発達支援計画の見直しの必要性を判断する。

（５）モニタリングに基づく児童発達支援計画の変更及び児童発達支援の終結

○　モニタリングにより、児童発達支援計画の見直しが必要であると判断された場合は、児童発達支援計画の積極的な見直しを行う。その際、支

援目標の設定が高すぎたのか、支援内容があっていなかったのか、別の課題が発生しているのか等の視点で、これまでの支援内容等を評価し、今後もその支援内容を維持するのか、変更するのかを判断していく。現在提供している児童発達支援の必要性が低くなった場合は、児童発達支援計画の支援目標の大幅な変更や児童発達支援の終結を検討する。なお、児童発達支援計画の支援目標の大幅な変更や児童発達支援の終結時には、設置者・管理者へ報告する。

○ 児童発達支援計画の支援目標の大幅な変更や児童発達支援の終結に当たっては、児童発達支援センター等から家族や障害児相談支援事業所、保育所等の関係機関との連絡調整を実施し、障害児支援利用計画の変更等を促す。また、他の機関・団体に支援を引き継ぐ場合には、これまでの児童発達支援の支援内容等について、適切に情報提供することが必要である。

第４章　関係機関との連携

障害のある子どもの発達支援は、子ども本人が支援の輪の中心となり、様々な関係者や関係機関が関与して行われる必要があり、これらの関係者や関係機関は連携を密にし、情報を共有することにより、障害のある子どもに対する理解を深めることが必要である。

このため、児童発達支援センター等は、日頃から市町村の障害児支援担当部局、母子保健や子ども・子育て支援、社会的養護等の児童福祉担当部局、保健所・保健センター、病院・診療所、訪問看護ステーション、発達障害者支援センター、障害児相談支援事業所、保育所、認定こども園、幼稚園、小学校、特別支援学校（幼稚部及び小学部)、児童委員や主任児童委員等の関係機関と連携を図り、児童発達支援が必要な子どもと保護者が、円滑に児童発達支援の利用に繋がるとともに、その後も、子どもの支援が保育所や学校等に適切に移行され、適切な支援が引き継がれていくことが必要である。

また、子ども本人が中心となった支援の輪の中において、児童発達支援センター等に期待される役割を認識し、子どもに対し適切な支援を提供することが必要である。

さらに、障害のある子どもが健全に発達していくためには、地域社会とのふれあいが必要であり、そうした観点からは児童発達支援センター等が地域社会から信頼を得ることが重要であるが、そのためには、地域社会に対して、児童発達支援に関する情報発信を積極的に行うなど、地域に開かれた事業運営を心がけることが求められる。

１　母子保健や医療機関等との連携

（１）母子保健等との連携

子どもの発達支援の必要性は、新生児聴覚検査、乳幼児健康診査、市町村保健センター等の発達相談、保育所等の利用等を通して気づかれる場合があり、気づきの段階から継続的な支援を行うため、母子保健や子ども・子育て支援等の関係者や関係機関と連携した支援が必要である。

（２）医療機関や専門機関との連携

医療的ケアが必要な子どもや重症心身障害のある子どもが医療機関（ＮＩＣＵ等）から在宅生活に移行し、その後も在宅生活を継続していくために、地域の保健、医療、保育、教育等の関係機関と連携した支援が必要である。

子どもの事故やけが、健康状態の急変が生じた場合に備え、近隣の協力医療機関をあらかじめ定めておく必要がある。特に、医療的ケアが必要な子どもや重症心身障害のある子どもは、事前に協力医療機関を受診し、医師に子どもの状態について理解しておいてもらうことも必要である。

また、医療的なケアが必要な子どもを受け入れる場合は、子どもの主治医等との連携体制を構築しておく必要がある。

さらに、保護者による子どもの虐待等により福祉的介入が必要とされるケースについては、市町村が設置する要保護児童対策地域協議会等を活用しながら、児童相談所や児童家庭支援センター、市町村の児童虐待対応窓口、保健所等の関係機関・団体と連携して対応を図る必要がある。

2　保育所や幼稚園等との連携

子どもが成長し、児童発達支援センター等から地域の保育所や認定こども園、幼稚園、特別支援学校（幼稚部）等に支援を移行する際には、児童発達支援計画と個別の教育支援計画等を含め、子どもの発達支援の連続性を図るため、保護者の了解を得た上で、子ども本人の発達の状況や障害の特性、児童発達支援センター等で行ってきた支援内容等について情報を共有しながら相互理解を図り、円滑に支援が引き継がれるようにすることが必要である。

また、この際は、引継ぎを中心とした移行支援会議において、障害児相談支援事業所と連携することが重要である。

さらに、児童発達支援センターにおいては、保育所等の職員が障害のある子どもへの対応に不安を抱える場合等に、保育所等訪問支援や巡回支援専門員整備、障害児等療育支援事業等の積極的な活用を図ることにより、適切な支援を行っていくことが重要である。

加えて、保育所や認定こども園、幼稚園、特別支援学校（幼稚部）等との交流や、同年代の障害のない子どもと活動する機会の確保も必要である。

3　他の児童発達支援センターや児童発達支援事業所等との連携

地域の児童発達支援センターや児童発達支援事業所は、障害種別や障害の特性の理解、障害種別や障害の特性に応じた活動や支援方法、支援困難事例等について、合同で研修を行うことやそれぞれから助言をし合うことにより、連携を図りながら適切な支援を行っていく必要がある。

また、発達障害者支援センター等の専門機関と連携し、助言や研修等を受けることも必要である。

さらに、発達支援上の必要性により、他の児童発達支援センター等を併せて利用する子どもについて、支援内容を相互に理解しておくため、保護者の了解を得た上で、他の児童発達支援センター等の事業所との間で、子ども本人の日常生活動作の状況や留意事項、相互の支援内容や個別の支援計画の内容等について情報共有を図ることが必要である。

4　学校や放課後等デイサービス事業所等との連携

○　子どもが成長し、児童発達支援センター等から小学校や特別支援学校（小学部）に進学する際には、児童発達支援計画と個別の教育支援計画等を含め、子どもの発達支援の連続性を図るため、保護者の了解を得た上で、児童発達支援計画の内容だけでなく、子ども本人の発達の状況や障害の特性、児童発達支援センター等で行ってきた支援内容等について情報共有を図り、円滑に支援が引き継がれるようにすることが必要である。

また、児童発達支援センターにおいては、小学校や特別支援学校（小学部）への保育所等訪問支援等の実施により、子どもの支援が継続できるようにしていくことも必要である。

○　放課後等デイサービスの利用を開始する場合についても、放課後等デイサービス計画が適切に作成されるよう、学校の場合と同様に情報の共有が必要である。また、放課後等デイサービス利用開始後も、より適切な発達支援を実施するために連携体制を継続し、必要な情報提供や助言を行うことが望ましい。

こうした、支援の移行の際は、引継ぎを中心とした移行支援会議において、障害児相談支援事業所と連携することが重要である。

5　協議会等への参加や地域との連携

児童発達支援センター等は、（自立支援）協議会子ども部会や地域の子ども・子育て会議、要保護児童対策地域協議会等へ積極的に参加すること等により、関係機関・団体等と連携して、地域支援体制を構築していく必要がある。

また、日頃から地域の行事や活動に参加できる環境を作るため、自治会の会合に参加することや、地域のボランティア組織と連絡を密にする等の対応をとることが必要である。

第５章　児童発達支援の提供体制

１　定員

設置者・管理者は、設備、従業者等の状況を総合的に勘案し、適切な生活環境と事業内容が確保されるよう、障害のある子どもの情緒面への配慮や安全性の確保の観点から、適切な利用定員を定めることが必要である。

２　職員配置及び職員の役割

（１）適切な職員配置

○　児童発達支援センターにおいては、嘱託医、児童発達支援管理責任者、児童指導員及び保育士、機能訓練担当職員（機能訓練を行う場合）の配置が必須であり、主に重症心身障害のある子どもに対して児童発達支援を行う場合は、看護師、機能訓練担当職員の配置を行い、医療的ケア等の体制を整える必要がある。

○　児童発達支援事業所においては、児童発達支援管理責任者、指導員又は保育士、機能訓練担当職員（機能訓練を行う場合）の配置が必須であり、主に重症心身障害のある子どもに対して児童発達支援を行う場合は、指導員に代えて児童指導員、さらに嘱託医、看護師、機能訓練担当職員の配置を行い、医療的ケア等の体制を整える必要がある。

○　常時見守りが必要な子どもや医療的ケアが必要な子ども、重症心身障害のある子ども等への支援のために、指導員又は保育士、看護師について、人員配置基準を上回って配置することも考慮する必要がある。

○　児童発達支援管理責任者が個々の子どもについて作成する児童発達支援計画に基づき、適切な知識と技術をもって活動等が行われるよう、支援の単位ごとに、従業者を統括する指導的役割の職員が配置されている必要があり、この職員には保育士等の資格を保有する者を充てるなど、支援の質の確保の視点から、適切な職員配置に留意する必要がある。

（２）設置者・管理者の責務

○　設置者・管理者は、児童発達支援センター等の役割や社会的責任を遂行するために、法令等を遵守し、設置者・管理者としての専門性等の向上を図るとともに、児童発達支援の質及び職員の資質向上のために必要な環境の確保を図らなければならない。

○　設置者・管理者は、児童発達支援センター等が適切な支援を安定的に提供することにより、障害のある子どもの発達に貢献するとともに、子どもや保護者の満足感、安心感を高めるために、組織運営管理を適切に行わなければならない。

○　設置者・管理者は、各職員が目指すキャリアパスに応じた研修等に参加することができるよう、職員の勤務体制等を工夫し、職員一人一人の資質及び専門性の向上の促進を図らなければならない。

○　設置者・管理者は、職員一人一人の倫理観及び人間性を把握し、職員としての適性を適確に判断する責任がある。

○　設置者・管理者は、質の高い支援を確保する観点から、従業者等が心身ともに健康で意欲的に支援を提供できるよう、労働環境の整備を図る必要がある。

（３）設置者・管理者による組織運営管理

設置者・管理者は、事業所の運営方針や、児童発達支援計画、日々の活動に関するタイムテーブルや活動プログラムについて、児童発達支援管理責任者及び従業者の積極的な関与のもとでＰＤＣＡサイクルを繰り返し、事業所が一体となって不断に支援の質の向上を図ることが重要である。

また、設置者・管理者は、ＰＤＣＡサイクルを繰り返すことによって、継続的に事業運営を改善する意識を持って、児童発達支援管理責任者及び従業者の管理及び事業の実施状況の把握その他の管理を行わなければならない。

ア　事業運営の理念・方針の設定・見直しと職員への徹底

○　児童発達支援センター等の事業所ごとに、運営規程を定めておくとともに、児童発達支援管理責任者及び従業者に運営規程を遵守させておかなければならない。運営規程には以下の重要事項は必ず定めておく必要がある。

【運営規程の重要事項】

- 事業の目的及び運営の方針
- 従業者の職種、職員数及び職務の内容
- 営業日及び営業時間
- 利用定員
- 児童発達支援の内容並びに保護者から受領する費用の種類及びその額
- 通常の事業の実施地域
- 支援の利用に当たっての留意事項
- 緊急時等における対応方法
- 非常災害対策
- 事業の主たる対象とする障害の種類を定めた場合には当該障害の種類
- 虐待の防止のための措置に関する事項
- その他運営に関する重要事項

○　事業の目的及び運営方針は、本ガイドラインに記載されている児童発達支援の役割や児童発達支援の提供すべき内容、地域での子どもや保護者の置かれた状況、児童発達支援が公費により運営される事業であること等を踏まえ、適切に設定する。

○　事業の目的及び運営方針の設定や見直しに当たっては、児童発達支援管理責任者及び従業者が積極的に関与できるように配慮する。

○　児童発達支援管理責任者及び従業者の採用に当たっては、事業所の目的及び運営方針を始めとした運営規程の内容を丁寧に説明するとともに、様々な機会を通じて繰り返しその徹底を図る。

イ　複数のサイクル（年・月等）での目標設定と振り返り

○　ＰＤＣＡサイクルにより不断に業務改善を進めるためには、児童発達支援管理責任者及び従業者が参画して、複数のサイクル（年間のほか月間等）で事業所としての業務改善の目標設定とその振り返りを行うことが必要である。

ウ　自己評価結果の公表

○　本ガイドラインに加え、別添の「児童発達支援センター等における事業所全体の自己評価の流れ」を踏まえ、「事業所職員向け児童発達支援自己評価表」（別紙１）を活用して行う児童発達支援センター等の職員による事業所の支援の評価及び別添の「保護者等向け児童発達支援評価表」（別紙２）を活用して行う保護者等による事業所評価を踏まえ、事業所全体として自己評価を行う必要がある。

○　事業所の自己評価結果による児童発達支援の質の評価及び改善の内容については、事業所全体による自己評価に基づき、「事業所における自己評価結果（公表）」（別紙３）及び「保護者等からの事業所評価の集計結果（公表）」（別紙４）を用いて、概ね１年に１回以上、利用者や保護者等に向けて、インターネットのホームページや会報等で公表していくことが必要である。

○　また、この事業所による自己評価のほか、可能な限り、第三者による外部評価を導入して、事業運営の一層の改善を図ることが必要である。

エ　コミュニケーションの活性化等

○　ＰＤＣＡサイクルによる業務改善が適切に効果を上げるには、現状の適切な認識・把握と、事業所内での意思の疎通・情報共有が重要である。

○　支援提供の日々の記録については、児童発達支援管理責任者が把握する以外に、従業者同士での情報共有を図ることも支援の質の向上のために有用である。職場での何でも言える雰囲気作りや職員同士のコミュニケーションの活性化も設置者・管理者の役割である。

○　児童発達支援計画の作成・モニタリング・変更の結果について、児童発達支援管理責任者から報告を受けるなど、児童発達支援管理責任者や従業者の業務の管理及び必要な指揮命令を行う。

○　支援内容の共有や職員同士のコミュニケーションの活性化が事業所内虐待の防止や保護者による虐待の早期発見に繋がるものであることも認識しておくとともに、設置者・管理者も、適切な支援が提供されているか把握しておく必要がある。

オ　子どもや保護者の意向等の把握

○　ＰＤＣＡサイクルによる業務改善を進める上で、アンケート調査等を実施して、支援を利用する子どもや保護者の意向や満足度を把握することが必要である。

○　特に子どもや保護者の意向等を踏まえて行うこととした業務改善への取組については、子ども及び保護者に周知していくことが必要である。

カ　支援の継続性

○　児童発達支援は、子どもや保護者への支援の継続性の観点から継続的・安定的に運営することが必要である。やむを得ず事業を廃止し又は休止しようとする時は、その一月前までに都道府県知事等に届け出なければならない。この場合、子どもや保護者に事業の廃止又は休止しようとする理由を丁寧に説明するとともに、他の児童発達支援センター等を紹介するなど、子どもや保護者への影響が最小限に抑えられるように対応することが必要である。

3　施設及び設備

○　児童発達支援センター等は、児童発達支援を提供するための設備及び備品を適切に備えた場所である必要がある。設置者・管理者は、様々な障害のある子どもが安全に安心して過ごすことができるようバリアフリー化や情報伝達への配慮等、個々の子どもの態様に応じた工夫が必要である。

○　児童発達支援事業所の指導訓練室については、床面積の基準は定められていないが、児童発達支援センターが児童発達支援事業を行う場合においては、子ども一人当たり２．４７㎡の床面積が求められていることを参考としつつ、適切なスペースの確保に努めることが必要である。

○　子どもが生活する空間については、指導訓練室のほか、おやつや昼食がとれる空間、静かな遊びのできる空間、雨天等に遊びができる空間、子どもが体調の悪い時等に休息できる静養空間、年齢に応じて更衣のできる空間等を工夫して確保することが必要である。

また、室内のレイアウトや装飾にも心を配り、子どもが心地よく過ごせるように工夫することが必要である。

○　屋外遊びを豊かにするため、屋外遊技場の設置や、近隣の児童遊園・公園等を有効に活用することが必要である。

○　備品については、遊具のほか、障害種別、障害の特性及び発達状況に応じた支援ツールを備えることも考慮していくことが必要である。

4　衛生管理、安全対策

設置者・管理者は、障害のある子どもや保護者が安心して児童発達支援センター等の支援を受け続けられるようにするためには、児童発達支援センター等を運営する中で想定される様々なリスク、例えば、子どもの健康状態の急変、非常災害、犯罪、感染症の発生と蔓延等に対する対応マニュアルの策定や発生を想定した訓練、関係機関・団体との連携等により、日頃から十分に備えることが必要である。

（1）衛生・健康管理

○　設置者・管理者は、感染症の予防や健康維持のために、職員に対し常に清潔を心がけさせ、手洗い、手指消毒の励行、換気等の衛生管理を徹底することが必要である。

○　設置者・管理者は、感染症又は食中毒が発生した場合の対応や、排泄物又は嘔吐物等に関する処理方法についての対応マニュアルを策定し職員に周知徹底を図るとともに、マニュアルに沿って対応できるようにすることが必要である。

○　設置者・管理者は、子どもの健康状態の把握及び感染症発生の早期発見のために、子どもの来所時の健康チェック及び保護者との情報共有の体制を構築しておくことが必要である。また、感染症発生動向に注意を払い、インフルエンザやノロウイルス等の感染症の流行時には、子どもの来所時の健康チェック及び保護者との情報共有体制を強化する必要がある。さらに、インフルエンザやノロウイルス等の感染症により集団感染の恐れがある場合は、子どもの安全確保のために、状況に応じて休所とする等の適切な対応を行うともに、保護者や各関係機関・団体との連絡体制を構築しておく必要がある。

○　職員は、事前に、服薬や予防接種、てんかん発作等の子どもの状況を確認しておくとともに、子どもの健康管理に必要となる器械器具の管理等を適正に行う必要がある。

○　設置者・管理者は、食物アレルギーのある子どもについて、医師の指示書に基づき、食事やおやつを提供する際に、除去食や制限食で対応できる体制を整えることが必要である。

○　設置者・管理者は、重症心身障害のある子どもなど、全身性障害がある子どもについては、常に骨折が起こりやすいことを念頭におき、適切な介助が行える体制を整えるとともに、誤嚥性肺炎を起こさないよう、摂食時の姿勢や車いすの角度等の調整、本人の咀嚼・嚥下機能に応じた適切な食事の介助を計画的・組織的に行えるようにすることが必要である。

（２）非常災害・防犯対策

○　設置者・管理者は、非常災害に備えて消火設備等の必要な設備を設けるとともに、非常災害に関する具体的計画を立て、非常災害時の避難方法や、関係機関・団体への通報及び連絡体制を明確にするとともに、それらを定期的に職員や保護者に周知しなければならない。

○　設置者・管理者は、非常災害の発生に備え、定期的に避難、救出その他必要な訓練を行わなければならない。

○　設置者・管理者は、重大な災害の発生や台風の接近等により危険が見込まれる場合には、子どもの安全確保のために、状況に応じて児童発達支援センター等を休所とする等の適切な対応を行うとともに、保護者や保育所等の関係機関・団体との連絡体制を構築しておく必要がある。また、地震や風水害等の緊急事態に対して、重要な事業を継続又は早期に復旧させるための事業継続計画（ＢＣＰ）を策定することが望ましい。

○　職員は、障害種別や障害の特性ごとの災害時対応について理解しておくとともに、児童発達支援管理責任者は、子どもごとの児童発達支援計画に災害時の対応について記載することも必要である。

特に医療的ケアが必要な子どもについては、保護者や主治医、嘱託医及び協力医療機関等との間で災害発生時の対応について綿密に意思疎通を図っておくことが重要であり、設置者・管理者は、職員に徹底する必要がある。

○　設置者・管理者は、外部からの不審者の侵入を含め、子どもが犯罪に巻き込まれないよう、事業所として防犯マニュアルの策定や、地域の関係機関・団体等と連携しての見守り活動、子ども自身が自らの安全を確保できるような学習支援など、防犯に係る安全確保への取組を行う必要がある。

（３）緊急時対応

○　設置者・管理者は、子どもの事故やケガ、健康状態の急変が生じた場合は、速やかに保護者、協力医療機関及び主治医に連絡を行う等の必要な措置を講じなければならない。

○　設置者・管理者は、緊急時における対応方法について「緊急時対応マニュアル」を策定するとともに、職員が緊急時における対応方針について理解し、予め設定された役割を実行できるように訓練しておく必要がある。

また、設置者・管理者は、例えば、てんかんのある子どもが急な発作を起こした場合に速やかに対応できるよう、個々の子どもに応じた緊急の対応方法や搬送先等について、個別の緊急時対応マニュアルとして策定して、職員間で共有することも必要である。

○　職員は、医療的ケアを必要とする子ども等の支援に当たっては、窒息や気管出血等、生命に関わる事態への対応を学び、実践できるようにしておく必要がある。

（４）安全確保

○　職員は、支援の提供中に起きる事故やケガを防止するために、室内や屋外の環境の安全性について毎日点検し、必要な補修等を行い、危険を排除することが必要である。

また、職員は、衝動的に建物から出てしまう子ども等もいるため、子どもの特性を理解した上で、必要な安全の確保を行う必要である。

○　設置者・管理者は、発生した事故事例や、事故につながりそうな事例の情報を収集し、ヒヤリハット事例集を作成し、職員間で共有することが必要である。

５　適切な支援の提供

○　設置者・管理者は、設備、職員等の状況を総合的に勘案し、適切な生活環境と事業内容が確保されるよう、障害のある子どもの情緒面への配慮や安全性の確保の観点から、利用定員の規模や、室内のレイアウトや装飾等に心を配り、必要に応じて改善を図る。

○　職員は、児童発達支援の提供すべき支援の内容等について理解するとともに、児童発達支援計画に沿って、それぞれの子どもたちの障害種別、障害の特性、発達の段階、生活状況や課題に細やかに配慮しながら支援を行うことが必要である。

○　職員は常に意思の疎通を図り、円滑なコミュニケーションが取れるようにすることが必要である。

○　支援開始前には職員間で必ず打合せを実施し、その日行われる支援の内容や役割分担について把握する。

○　支援終了後に職員間で打合せを実施し、その日の支援の振り返りをし、子どもや家族との関わりで気づいた点や、気になった点について職員間で共有する。

○　職員は、その日行った支援の手順、内容、利用者の反応や気づきについて、記録をとらなければならない。また、日々の支援が目標や計画に沿って行われているか、記録に基づいて検証し、支援の改善や自らのスキルアップに繋げていく必要がある。

6　保護者との関わり

職員は、子どもや保護者の満足感、安心感を高めるために、提供する支援の内容を保護者とともに考える姿勢を持ち、子どもや保護者に対する丁寧な説明を常に心がけ、子どもや保護者の気持ちに寄り添えるように積極的なコミュニケーションを図る必要がある。

（1）保護者との連携

○　職員は、日頃から子どもの状況を保護者と伝え合い、子どもの発達の状況や課題について共通理解を持つことが重要である。このため、医療的ケアの情報や介助の方法、適切な姿勢、気になることがあった場合の情報等について、連絡ノート等を通じて保護者と共有することが必要である。また、必要に応じて、家庭内での養育等についてペアレント・トレーニング等を活用しながら、子どもの育ちを支える力をつけられるよう支援したり、環境整備等の支援を行ったりすることが必要である。

○　設置者・管理者は、送迎時の対応について、事前に保護者と調整していくことが必要である。また、施設内でのトラブルや子どもの病気・事故の際の連絡体制について、事前に保護者と調整し、その内容について職員間で周知徹底しておく必要がある。

○　設置者・管理者は、職員が行う保護者への連絡や支援について、随時報告を受けることや記録の確認等により、把握・管理することが必要である。

（2）子どもや保護者に対する説明責任等

職員は、子どもや保護者が児童発達支援を適切かつ円滑に利用できるよう、説明責任を果たすとともに、必要な支援を行う責務がある。

ア　運営規程の周知

設置者・管理者は、運営規程について、事業所内の見やすい場所に掲示する等により、その周知を図る。

イ　子どもや保護者に対する運営規程や児童発達支援計画の内容についての丁寧な説明

設置者・管理者は、子どもや保護者に対し、利用申込時において、運営規程や支援の内容を理解しやすいように説明を行う必要がある。

特に、支援の内容、人員体制（資格等）、利用者負担、苦情解決の手順、緊急時の連絡体制等の重要事項については文書化の上、対面で説明する。

また、児童発達支援管理責任者は、児童発達支援計画の内容について、その作成時、変更時に子どもと保護者に対して丁寧に説明を行う必要がある。

ウ　保護者に対する相談援助等

○　職員は、保護者が悩み等を自分だけで抱え込まないように、保護者からの相談に適切に応じ、信頼関係を築きながら、保護者の困惑や将来の不安を受け止め、専門的な助言を行うことも必要である。例えば、保護者との定期的な面談（最低限モニタリング時に実施することが望ましい）や訪問相談等を通じて、子育ての悩み等に対する相談を行ったり、子どもの障害について保護者の理解が促されるような支援を行ったりすることが必要である。

○　職員は、父母の会の活動を支援したり、保護者会等を開催したりすることにより、保護者同士が交流して理解を深め、保護者同士のつながりを密にして、安心して子育てを行っていけるような支援を行うことが必要である。また、家族支援は保護者に限った支援ではなく、兄弟姉妹や祖父母等への支援も含まれる。特に兄弟姉妹は、心的負担等から精神的な問題を抱える場合も少なくないため、例えば、兄弟姉妹向けのイベントを開催する等の対応を行っていくことも必要である。

○　設置者・管理者は、職員に対して、保護者との定期的な面談や保護者に対する相談援助について、その適切な実施を促すとともに、随時報告を受けることや記録の確認等により、把握・管理する必要がある。

エ　苦情解決対応

○　設置者・管理者は、児童発達支援に対する子どもや保護者からの苦情（虐待に関する相談も含む）について、迅速かつ適切に対応するために、苦情を受け付けるための窓口や苦情受付担当者、苦情解決責任者、第三者委員の設置、解決に向けた手順の整理等、迅速かつ適切に解決が図られる仕組みを構築することが必要である。

○　設置者・管理者は、苦情受付窓口について、子どもや保護者に周知するとともに、第三者委員を設置している場合には、その存在についても、子どもや保護者に周知する必要がある。

○　設置者・管理者は、苦情解決責任者として、迅速かつ適切に対応する必要がある。

オ　適切な情報伝達手段の確保

○　事業所は、定期的に会報等を発行し、活動概要や行事予定、連絡体制等の情報を子どもや保護者に対して発信することが必要である。

○　視覚障害や聴覚障害等の障害種別に応じて、子どもや保護者との意思の疎通、情報伝達のための手話等による配慮が必要である。

7　地域に開かれた事業運営

○　設置者・管理者は、地域住民の事業所に対する理解の増進や地域の子どもとしての温かい見守り、地域住民との交流活動の円滑な実施等の観点から、事業所はホームページや会報等を通じて活動の情報を積極的に発信することや、事業所の行事に地域住民を招待する等地域に開かれた事業運営を図ることが必要である。

○　実習生やボランティアの受入れは、事業所及び実習生やボランティア双方にとって有益であり、設置者・管理者は、積極的に対応することが望ましい。ただし、実習生やボランティアの受入れに当たっては、事故が起きないよう適切な指導を行う等の対応が必要である。また、実習生やボランティアの受入れに当たっては、事業所の理念やプログラム内容及び障害のある子どもの支援上の注意事項等を理解させることが必要である。

8　秘密保持等

○　設置者・管理者は、職員等（実習生やボランティアを含む。以下同じ。）であった者が、その業務上知り得た秘密を漏らすことがないよう、誓約書の提出や雇用契約に明記するなど、必要な措置を講じなければならない。

○　職員は、関係機関・団体に子ども又はその家族に関する情報を提供する際は、あらかじめ文書により保護者等の同意を得ておかなければならない。また、ホームページや会報等に子ども又は保護者の写真や氏名を掲載する際には、保護者の許諾を得ることが必要である。

○　職員等は、その職を辞した後も含めて、正当な理由がなく業務上知り得た秘密を漏らしてはならない。

第６章　支援の質の向上と権利擁護

１　支援の質の向上への取り組み

児童福祉法第 21 条の５の 17 第２項の規定において、指定障害児事業者等は、その提供する障害児通所支援の質の評価を行うことその他の措置を講ずることにより、障害児通所支援の質の向上に努めなければならないとされている。そのためには、設置者・管理者は、「第三者評価共通基準ガイドライン（障害者・児福祉サービス版）」等により、第三者による外部評価を活用することが有効である。

また、適切な支援を安定的に提供するとともに、支援の質を向上させるためには、支援に関わる人材の知識・技術を高めることが必要であり、そのためには、設置者・管理者は、様々な研修の機会を確保するとともに、知識・技術の取得意欲を喚起することが重要である。

さらに、職員が児童発達支援センター等における課題について共通理解を深め、協力して改善に努めることができる体制を構築するためには、日常的に職員同士が主体的に学び合う姿勢が重要である。そのため、設置者・管理者は、児童発達支援センター等において職場研修を実施し、職員は当該研修を通じて、常に自己研鑽を図る必要がある。

加えて、設置者・管理者は、職員が外部で行われる研修等へ積極的に参加できるようにし、職員が必要な知識・技術の修得、維持及び向上を図れるようにする必要がある。

（１）職員の知識･技術の向上

○　職員の知識・技術の向上は、児童発達支援の提供内容の向上に直結するものであり、職員の知識・技術の向上への取組は、設置者・管理者の重要な管理業務の一つである。

○　設置者・管理者は、職員の資質の向上の支援に関する計画を策定し、その計画に係る研修の実施又は研修の機会を確保することが必要である。資質の向上の支援に関する計画の策定に際しては、職員を積極的に参画させることが必要である。

○　児童発達支援を適切に提供する上で､児童発達支援に期待される役割、障害のある子どもの発達の段階ごとの特性、障害種別・障害の特性、関連する制度の仕組み、関係機関・団体の役割、児童虐待への対応、障害者の権利に関する条約の内容等を理解することが重要であり、設置者・管理者は、職員に対してこうした知識の修得に向けた意欲を喚起する必要がある。

○　障害種別、障害の特性に応じた支援や発達の段階に応じた支援、家族支援等に係る適切な技術を職員が修得することが、子どもの発達支援や二次障害の予防、家庭養育を支えるといった視点から重要であり、設置者・管理者は、職員に対してこうした技術の修得に向けた意欲を喚起する必要がある。

（２）研修受講機会等の提供

○　設置者・管理者は、職員の資質向上を図るため、研修を実施する等の措置を講じなければならない。

具体的には自治体や障害児等関係団体が実施する研修等への職員の参加、事業所における研修会や勉強会の開催（本ガイドラインを使用した研修会や勉強会等）、事業所に講師を招いての研修会の実施、職員を他の事業所等に派遣しての研修、事業所内における職員の自己研鑽のための図書の整備等が考えられる。また、医療的ケアが必要な子どもや重症心身障害のある子どもに対し、適切な支援が行われるよう、喀痰吸引等の研修を受講させることが必要である。

○　児童発達支援管理責任者は、従業者に対する技術指導及び助言を行うことも業務となっており、設置者・管理者は、事業所内における研修の企画等に当たっては、児童発達支援管理責任者と共同して対応していくことが必要である。

2　権利擁護

障害のある子どもの支援に当たっては、児童の権利に関する条約、障害者の権利に関する条約、児童福祉法等が求める子どもの最善の利益が考慮される必要がある。特に、障害のある子どもが、自由に自己の意見を表明する権利並びにこの権利を実現するための支援を提供される権利を有することを認識することが重要である。具体的には、職員は、子どもの意向の把握に努める等により、子ども本人の意思を尊重し、子ども本人の最善の利益を考慮した支援を日々行う必要がある。

また、障害のある子どもの権利擁護のために、虐待等の子どもの人権侵害の防止に関する次のような取組も積極的に行っていくことが重要である。

（１）虐待防止の取組

○　設置者・管理者は、職員による子どもに対する虐待を防止するため、虐待防止委員会の設置など、必要な体制の整備が求められる。

虐待防止委員会の責任者は、通常、管理者が担うこととなる。虐待防止委員会を組織的に機能させるために、苦情解決の第三者委員等の外部委員を入れてチェック機能を持たせるとともに、児童発達支援管理責任者等、虐待防止のリーダーとなる職員を虐待防止マネージャーとして配置し、研修や虐待防止チェックリストの実施など、具体的な虐待防止への取組を進める。

○　設置者・管理者は、職員に対する虐待防止啓発のための定期的な研修を実施し、又は自治体が実施する研修を受講させるほか、自らが虐待防止のための研修を積極的に受講する等により、児童虐待の防止等に関する法律（平成12年法律第82号。以下「児童虐待防止法」という。）及び障害者虐待の防止、障害者の養護者に対する支援等に関する法律（平成23年法律第79号。以下「障害者虐待防止法」という。）について理解し、虐待の防止への取組を進める必要がある。特に、「障害者福祉施設等における障害者虐待の防止と対応の手引き」は必ず読むようにする。

各都道府県で実施する虐待防止や権利擁護に関する研修を受講した場合には、児童発達支援センター等で伝達研修を実施することが重要である。

○　職員等からの虐待（特に性的虐待）は、密室化した場所で起こりやすいことから、設置者・管理者は、送迎の車内を含め、密室化した場所を極力作らないよう、常に周囲の目が届く範囲で支援が実施できるようにする必要がある。

○　職員等から虐待を受けたと思われる子どもを発見した場合（相談を受けて虐待と認識した場合を含む。）、その職員は、障害者虐待防止法第16条に規定されている通報義務に基づき、児童発達支援の通所給付決定をした市町村の窓口に通報する。この時に、市町村に通報することなく、事業所の中だけで事実確認を進め、事態を収束させてしまうと通報義務に反することとなるため、必ず市町村に通報した上で行政と連携して対応を進める必要がある。

○　職員は、虐待を発見しやすい立場にあることを認識し、子どもの状態の変化や家族の態度等の観察や情報収集により、虐待の早期発見に努めさせる必要がある。

○　職員は、保護者による虐待について、保護者に対する相談支援やカウンセリング等により未然防止に努めることが重要であることを認識する。

○　職員は、保護者による虐待を発見した場合は、児童虐待防止法第6条に規定されている通告義務に基づき、市町村、都道府県の設置する福祉事務所又は児童相談所等へ速やかに通告するよう徹底する必要がある。虐待等により福祉的介入が必要とされるケースについては、市町村等が設置する要保護児童対策地域協議会等を活用しながら、児童相談所や児童家庭支援センター、市町村の児童虐待対応窓口、保健所等の関係機関・団体と連携して対応を図っていくことが求められる。

（２）身体拘束への対応

○　職員等が自分の体で利用者を押さえつけて行動を制限することや、自分の意思で開けることのできない居室等に隔離すること等は身体拘束に当たり、障害のある子どもや他の障害のある子どもの生命又は身体を保護するために緊急やむを得ない場合を除き、禁止されている。

○　やむを得ず身体拘束を行う場合は、切迫性、非代替性、一時性が要件となるが、身体拘束の検討が必要なケースについては、代替性がないか等について慎重に検討した上で、それでもなお、身体拘束を行わざるを得ない事態が想定される場合には、いかなる場合にどのような形で身体拘束を行うかについて、設置者・管理者は組織的に決定する必要がある。また、児童発達支援管理責任者は、児童発達支援計画に、身体拘束が必要となる状況、身体拘束の態様・時間等について、子どもや保護者に事前に十分に説明をし、了解を得た上で記載させることが必要である。

○　身体拘束を行った場合には、設置者・管理者は、身体拘束を行った職員又は児童発達支援管理責任者から、その様態及び時間、その際の利用者の心身の状況並びに緊急やむを得ない理由等必要な事項の記録とともに報告を受ける。なお、必要な記録がされていない場合は、運営基準違反となることを認識しておく必要がある。

（３）その他

○　設置者・管理者は、子どもの権利擁護に関する研修会を実施するなど、職員が子どもの人権を尊重した支援を行うために必要な取組を進めることが必要である。

別　添

児童発達支援センター等における事業所全体の自己評価の流れ

○　児童発達支援ガイドラインの第５章「児童発達支援の提供体制」－「１　職員配置及び職員の役割」－「（３）設置者・管理者による組織運営管理」－「ウ　自己評価結果の公表」は、以下の手順に示すとおり、「事業所職員向け児童発達支援自己評価表」（別紙１）を活用して行う児童発達支援センター等の職員による事業所の支援の評価及び「保護者等向け児童発達支援評価表」（別紙２）を活用して行う保護者等による事業所評価を踏まえ、事業所全体として自己評価を行うものです。

○　事業所の自己評価結果による児童発達支援の質の評価及び改善の内容については、事業所全体における自己評価に基づき、「事業所における自己評価結果（公表）」（別紙３）及び「保護者等からの事業所評価の集計結果（公表）」（別紙４）を用いて、おおむね１年に１回以上、利用者や保護者等に向けて、インターネットのホームページや会報等で公表していくことが必要です。

ステップ１
職員による自己評価

○事業所の職員が「事業者向け児童発達支援自己評価表」（別紙１）を用いて、事業所の支援の評価を行う。その際、「はい」「いいえ」等にチェックするだけでなく、各項目について「工夫している点」「課題や改善すべき点」等について自己評価する。

ステップ２
保護者等による評価

○事業者から保護者等に対して、「保護者等向け児童発達支援評価表」（別紙２）を配布してアンケート調査を行う。保護者等から回答をとりまとめ、「ご意見」欄の記述も含め集計する。

ステップ３
事業所全体による自己評価

○事業所の職員による自己評価及び保護者等による事業所評価の結果を踏まえ、職員全員で討議し、項目ごとに評価を行う。特に、「課題や改善すべき点」について、認識をすり合わせる。
○職員間で認識が共有された課題や改善すべき点について検討を行い、速やかに改善の対応を図る、若しくは、改善目標を立てる。なお、討議の結果は書面に記録し、職員間で共有する。
○討議に際しては、保護者等に対するアンケート調査結果を十分に踏まえ、支援の提供者の認識と保護者等の認識のずれを客観的に分析する。

ステップ４
自己評価結果の公表

○事業所全体による自己評価に基づき、「事業所における自己評価結果（公表）」（別紙３）を公表する。
○併せて、「保護者等からの事業所評価の集計結果」（別紙４）を公表する。

ステップ５
支援の改善

○課題や改善すべき点の検討結果を踏まえ、速やかに改善の対応を図る、若しくは、立てられた改善目標に沿って、支援を改善していく。

別紙1

事業所職員向け　児童発達支援自己評価表

		チェック項目	はい	いいえ	工夫している点、課題や改善すべき点など
環境・体制整備	①	利用定員が指導訓練室等スペースとの関係で適切であるか			
	②	職員の配置数は適切であるか			
	③	生活空間は、本人にわかりやすく構造化された環境になっているか。また、障害の特性に応じ、事業所の設備等は、バリアフリー化や情報伝達等への配慮が適切になされているか			
	④	生活空間は、清潔で、心地よく過ごせる環境になっているか。また、子ども達の活動に合わせた空間となっているか			
業務改善	⑤	業務改善を進めるためのPDCAサイクル（目標設定と振り返り）に、広く職員が参画しているか			
	⑥	保護者等向け評価表により、保護者等に対して事業所の評価を実施するとともに、保護者等の意向等を把握し、業務改善につなげているか			
	⑦	事業所向け自己評価表及び保護者向け評価表の結果を踏まえ、事業所として自己評価を行うとともに、その結果による支援の質の評価及び改善の内容を、事業所の会報やホームページ等で公開しているか			
	⑧	第三者による外部評価を行い、評価結果を業務改善につなげているか			
	⑨	職員の資質の向上を行うために、研修の機会を確保しているか			
適切な支援の提供	⑩	アセスメントを適切に行い、子どもと保護者のニーズや課題を客観的に分析した上で、児童発達支援計画を作成しているか			
	⑪	子どもの適応行動の状況を図るために、標準化されたアセスメントツールを使用しているか			
	⑫	児童発達支援計画には、児童発達支援ガイドラインの「児童発達支援の提供すべき支援」の「発達支援（本人支援及び移行支援）」、「家族支援」、「地域支援」で示す支援内容から子どもの支援に必要な項目が適切に選択され、その上で、具体的な支援内容が設定されているか			
	⑬	児童発達支援計画に沿った支援が行われているか			

	⑭	活動プログラムの立案をチームで行っているか			
	⑮	活動プログラムが固定化しないよう工夫しているか			
	⑯	子どもの状況に応じて、個別活動と集団活動を適宜組み合わせて児童発達支援計画を作成しているか			
	⑰	支援開始前には職員間で必ず打合せをし、その日行われる支援の内容や役割分担について確認しているか			
	⑱	支援終了後には、職員間で必ず打合せをし、その日行われた支援の振り返りを行い、気付いた点等を共有しているか			
	⑲	日々の支援に関して記録をとることを徹底し、支援の検証・改善につなげているか			
	⑳	定期的にモニタリングを行い、児童発達支援計画の見直しの必要性を判断しているか			
関係機関や保護者との連携関係機関や保護者との連携	㉑	障害児相談支援事業所のサービス担当者会議にその子どもの状況に精通した最もふさわしい者が参画しているか			
	㉒	母子保健や子ども・子育て支援等の関係者や関係機関と連携した支援を行っているか			
	㉓	（医療的ケアが必要な子どもや重症心身障害のある子ども等を支援している場合） 地域の保健、医療、障害福祉、保育、教育等の関係機関と連携した支援を行っているか			
	㉔	（医療的ケアが必要な子どもや重症心身障害のある子ども等を支援している場合） 子どもの主治医や協力医療機関等と連絡体制を整えているか			
	㉕	移行支援として、保育所や認定こども園、幼稚園、特別支援学校（幼稚部）等との間で、支援内容等の情報共有と相互理解を図っているか			
	㉖	移行支援として、小学校や特別支援学校（小学部）との間で、支援内容等の情報共有と相互理解を図っているか			
	㉗	他の児童発達支援センターや児童発達支援事業所、発達障害者支援センター等の専門機関と連携し、助言や研修を受けているか			
	㉘	保育所や認定こども園、幼稚園等との交流や、障害のない子どもと活動する機会があるか			

	㉙	（自立支援）協議会子ども部会や地域の子ども・子育て会議等へ積極的に参加しているか			
	㉚	日頃から子どもの状況を保護者と伝え合い、子どもの発達の状況や課題について共通理解を持っているか			
	㉛	保護者の対応力の向上を図る観点から、保護者に対して家族支援プログラム（ペアレント・トレーニング等）の支援を行っているか			
保護者への説明責任等	㉜	運営規程、利用者負担等について丁寧な説明を行っているか			
	㉝	児童発達支援ガイドラインの「児童発達支援の提供すべき支援」のねらい及び支援内容と、これに基づき作成された「児童発達支援計画」を示しながら支援内容の説明を行い、保護者から児童発達支援計画の同意を得ているか			
	㉞	定期的に、保護者からの子育ての悩み等に対する相談に適切に応じ、必要な助言と支援を行っているか			
	㉟	父母の会の活動を支援したり、保護者会等を開催する等により、保護者同士の連携を支援しているか			
	㊱	子どもや保護者からの相談や申入れについて、対応の体制を整備するとともに、子どもや保護者に周知し、相談や申入れがあった場合に迅速かつ適切に対応しているか			
	㊲	定期的に会報等を発行し、活動概要や行事予定、連絡体制等の情報を子どもや保護者に対して発信しているか			
	㊳	個人情報の取扱いに十分注意しているか			
	㊴	障害のある子どもや保護者との意思の疎通や情報伝達のための配慮をしているか			
	㊵	事業所の行事に地域住民を招待する等地域に開かれた事業運営を図っているか			
非常時等の対応	㊶	緊急時対応マニュアル、防犯マニュアル、感染症対応マニュアル等を策定し、職員や保護者に周知するとともに、発生を想定した訓練を実施しているか			
	㊷	非常災害の発生に備え、定期的に避難、救出その他必要な訓練を行っているか			
	㊸	事前に、服薬や予防接種、てんかん発作等のこどもの状況を確認しているか			

	㊹	食物アレルギーのある子どもについて、医師の指示書に基づく対応がされているか			
	㊺	ヒヤリハット事例集を作成して事業所内で共有しているか			
	㊻	虐待を防止するため、職員の研修機会を確保する等、適切な対応をしているか			
	㊼	どのような場合にやむを得ず身体拘束を行うかについて、組織的に決定し、子どもや保護者に事前に十分に説明し了解を得た上で、児童発達支援計画に記載しているか			

○この児童発達支援自己評価表は、児童発達支援センター又は児童発達支援事業所の職員の方に、事業所の自己評価をしていただくものです。

「はい」、「いいえ」のどちらかに「○」を記入するとともに、「工夫している点」、「課題や改善すべき点」等について記入してください。

別紙2

保護者等向け　児童発達支援評価表

		チェック項目	はい	どちらともいえない	いいえ	わからない	ご意見
環境・体制整備	①	子どもの活動等のスペースが十分に確保されているか					
	②	職員の配置数や専門性は適切であるか					
	③	生活空間は、本人にわかりやすい構造化された環境[i]になっているか。また、障害の特性に応じ、事業所の設備等は、バリアフリー化や情報伝達等への配慮が適切になされているか					
	④	生活空間は、清潔で、心地よく過ごせる環境になっているか。また、子ども達の活動に合わせた空間となっているか					
適切な支援の提供	⑤	子どもと保護者のニーズや課題が客観的に分析された上で、児童発達支援計画[ii]が作成されているか					
	⑥	児童発達支援計画には、児童発達支援ガイドラインの「児童発達支援の提供すべき支援」の「発達支援（本人支援及び移行支援）」、「家族支援」、「地域支援」で示す支援内容から子どもの支援に必要な項目が適切に選択され、その上で、具体的な支援内容が設定されているか					
	⑦	児童発達支援計画に沿った支援が行われているか					
	⑧	活動プログラム[iii]が固定化しないよう工夫されているか					
	⑨	保育所や認定こども園、幼稚園等との交流や、障害のない子どもと活動する機会があるか					
保護者への説明等	⑩	運営規程、利用者負担等について丁寧な説明がなされたか					
	⑪	児童発達支援ガイドラインの「児童発達支援の提供すべき支援」のねらい及び支援内容と、これに基づき作成された「児童発達支援計画」を示しながら、支援内容の説明がなされたか					
	⑫	保護者に対して家族支援プログラム（ペアレント・トレーニング[iv]等）が行われているか					
	⑬	日頃から子どもの状況を保護者と伝え合い、子どもの健康や発達の状況、課題について共通理解ができているか					
	⑭	定期的に、保護者に対して面談や、育児に関する助言等の支援が行われているか					

	⑮	父母の会の活動の支援や、保護者会等の開催等により保護者同士の連携が支援されているか					
	⑯	子どもや保護者からの相談や申入れについて、対応の体制が整備されているとともに、子どもや保護者に周知・説明され、相談や申入れをした際に迅速かつ適切に対応されているか					
	⑰	子どもや保護者との意思の疎通や情報伝達のための配慮がなされているか					
	⑱	定期的に会報やホームページ等で、活動概要や行事予定、連絡体制等の情報や業務に関する自己評価の結果を子どもや保護者に対して発信されているか					
	⑲	個人情報の取扱いに十分注意されているか					
非常時等の対応	⑳	緊急時対応マニュアル、防犯マニュアル、感染症対応マニュアル等を策定し、保護者に周知・説明されているか。また、発生を想定した訓練が実施されているか					
	㉑	非常災害の発生に備え、定期的に避難、救出、その他必要な訓練が行われているか					
満足度	㉒	子どもは通所を楽しみにしているか					
	㉓	事業所の支援に満足しているか					

（注釈）

i 「本人にわかりやすく構造化された環境」は、この部屋で何をするのかを示せるように、机や本棚の配置など、子ども本人にわかりやすくすることです。

ii 「児童発達支援」は、児童発達支援を利用する個々の子どもについて、その有する能力、置かれている環境や日常生活全般の状況に関するアセスメントを通じて、総合的な支援目標及び達成時期、生活全般の質を向上させるための課題、支援の具体的内容、支援を提供する上での留意事項などを記載する計画のことです。これは、児童発達支援センター又は児童発達支援事業所の児童発達支援管理責任者が作成します。

iii 「活動プログラム」は、事業所の日々の支援の中で、一定の目的を持って行われる個々の活動のことです。子どもの障害の特性や課題等に応じて柔軟に組み合わせて実施されることが想定されていま。

iv 「ペアレント・トレーニング」は、保護者が子どもの行動を観察して障害の特性を理解したり、障害の特性を踏まえた褒め方等を学ぶことにより、子どもが適切な行動を獲得することを目標とします。

（保護者等の皆様へ）

○ この児童発達支援評価表は、児童発達支援センター又は児童発達支援事業所を利用しているお子さんの保護者等の方に、事業所の評価をしていただくものです。

「はい」、「どちらともいえない」、「いいえ」、「わからない」のいずれかに「○」を記入していただくとともに、「ご意見」についてもご記入ください。

別紙3

事業所における自己評価結果（公表）

公表：平成　年　月　日　　　　事業所名

		チェック項目	はい	いいえ	工夫している点	課題や改善すべき点を踏まえた改善内容又は改善目標
環境・体制整備	①	利用定員が指導訓練室等スペースとの関係で適切である				
	②	職員の配置数は適切である				
	③	生活空間は、本人にわかりやすく構造化された環境になっている。また、障害の特性に応じ、事業所の設備等は、バリアフリー化や情報伝達等への配慮が適切になされている				
	④	生活空間は、清潔で、心地よく過ごせる環境になっている。また、子ども達の活動に合わせた空間となっている				
業務改善	⑤	業務改善を進めるためのPDCAサイクル（目標設定と振り返り）に、広く職員が参画している				
	⑥	保護者等向け評価表により、保護者等に対して事業所の評価を実施するとともに、保護者等の意向等を把握し、業務改善につなげている				
	⑦	事業所向け自己評価表及び保護者向け評価表の結果を踏まえ、事業所として自己評価を行うとともに、その結果による支援の質の評価及び改善の内容を、事業所の会報やホームページ等で公開している				
	⑧	第三者による外部評価を行い、評価結果を業務改善につなげている				
	⑨	職員の資質の向上を行うために、研修の機会を確保している				
適切な支援の提供	⑩	アセスメントを適切に行い、子どもと保護者のニーズや課題を客観的に分析した上で、児童発達支援計画を作成している				
	⑪	子どもの適応行動の状況を図るために、標準化されたアセスメントツールを使用している				
	⑫	児童発達支援計画には、児童発達支援ガイドラインの「児童発達支援の提供すべき支援」の「発達支援（本人支援及び移行支援）」、「家族支援」、「地域支援」で示す支援内容から子どもの支援に必要な項目が適切に選択され、その上で、具体的な支援内容が設定されている				

	⑬	児童発達支援計画に沿った支援が行われている				
	⑭	活動プログラムの立案をチームで行っている				
	⑮	活動プログラムが固定化しないよう工夫している				
	⑯	子どもの状況に応じて、個別活動と集団活動を適宜組み合わせて児童発達支援計画を作成している				
	⑰	支援開始前には職員間で必ず打合せをし、その日行われる支援の内容や役割分担について確認している				
	⑱	支援終了後には、職員間で必ず打合せをし、その日行われた支援の振り返りを行い、気付いた点等を共有している				
	⑲	日々の支援に関して記録をとることを徹底し、支援の検証・改善につなげている				
	⑳	定期的にモニタリングを行い、児童発達支援計画の見直しの必要性を判断している				
関係機関や保護者との連携関係機関や保護者との連携	㉑	障害児相談支援事業所のサービス担当者会議にその子どもの状況に精通した最もふさわしい者が参画している				
	㉒	母子保健や子ども・子育て支援等の関係者や関係機関と連携した支援を行っている				
	㉓	（医療的ケアが必要な子どもや重症心身障害のある子ども等を支援している場合） 地域の保健、医療、障害福祉、保育、教育等の関係機関と連携した支援を行っている				
	㉔	（医療的ケアが必要な子どもや重症心身障害のある子ども等を支援している場合） 子どもの主治医や協力医療機関等と連絡体制を整えている				
	㉕	移行支援として、保育所や認定こども園、幼稚園、特別支援学校（幼稚部）等との間で、支援内容等の情報共有と相互理解を図っている				
	㉖	移行支援として、小学校や特別支援学校（小学部）との間で、支援内容等の情報共有と相互理解を図っている				
	㉗	他の児童発達支援センターや児童発達支援事業所、発達障害者支援センター等の専門機関と連携し、助言や研修を受けている				
	㉘	保育所や認定こども園、幼稚園等との交流や、障害のない子どもと活動する機会がある				

	㉙	（自立支援）協議会子ども部会や地域の子ども・子育て会議等へ積極的に参加している				
	㉚	日頃から子どもの状況を保護者と伝え合い、子どもの発達の状況や課題について共通理解を持っている				
	㉛	保護者の対応力の向上を図る観点から、保護者に対して家族支援プログラム（ペアレント・トレーニング等）の支援を行っている				
保護者への説明責任等	㉜	運営規程、利用者負担等について丁寧な説明を行っている				
	㉝	児童発達支援ガイドラインの「児童発達支援の提供すべき支援」のねらい及び支援内容と、これに基づき作成された「児童発達支援計画」を示しながら支援内容の説明を行い、保護者から児童発達支援計画の同意を得ている				
	㉞	定期的に、保護者からの子育ての悩み等に対する相談に適切に応じ、必要な助言と支援を行っている				
	㉟	父母の会の活動を支援したり、保護者会等を開催する等により、保護者同士の連携を支援している				
	㊱	子どもや保護者からの相談や申入れについて、対応の体制を整備するとともに、子どもや保護者に周知し、相談や申入れがあった場合に迅速かつ適切に対応している				
	㊲	定期的に会報等を発行し、活動概要や行事予定、連絡体制等の情報を子どもや保護者に対して発信している				
	㊳	個人情報の取扱いに十分注意している				
	㊴	障害のある子どもや保護者との意思の疎通や情報伝達のための配慮をしている				
	㊵	事業所の行事に地域住民を招待する等地域に開かれた事業運営を図っている				
非常時等の対応	㊶	緊急時対応マニュアル、防犯マニュアル、感染症対応マニュアル等を策定し、職員や保護者に周知するとともに、発生を想定した訓練を実施している				
	㊷	非常災害の発生に備え、定期的に避難、救出その他必要な訓練を行っている				
	㊸	事前に、服薬や予防接種、てんかん発作等のこどもの状況を確認している				

㊹	食物アレルギーのある子どもについて、医師の指示書に基づく対応がされている				
㊺	ヒヤリハット事例集を作成して事業所内で共有している				
㊻	虐待を防止するため、職員の研修機会を確保する等、適切な対応をしている				
㊼	どのような場合にやむを得ず身体拘束を行うかについて、組織的に決定し、子どもや保護者に事前に十分に説明し了解を得た上で、児童発達支援計画に記載している				

○この「事業所における自己評価結果（公表）」は、事業所全体で行った自己評価です。

別紙4

保護者等からの事業所評価の集計結果（公表）

公表：平成　年　月　日

事業所名　　　　　　　　保護者等数（児童数）　回収数　割合　%

		チェック項目	はい	どちらともいえない	いいえ	わからない	ご意見	ご意見を踏まえた対応
環境・体制整備	①	子どもの活動等のスペースが十分に確保されているか						
	②	職員の配置数や専門性は適切であるか						
	③	生活空間は、本人にわかりやすい構造化された環境になっているか。また、障害の特性に応じ、事業所の設備等は、バリアフリー化や情報伝達等への配慮が適切になされているか						
	④	生活空間は、清潔で、心地よく過ごせる環境となっているか。また、子ども達の活動に合わせた空間となっているか						
適切な支援の提供	⑤	子どもと保護者のニーズや課題が客観的に分析された上で、児童発達支援計画が作成されているか						
	⑥	児童発達支援計画には、児童発達支援ガイドラインの「児童発達支援の提供すべき支援」の「発達支援（本人支援及び移行支援）」、「家族支援」、「地域支援」で示す支援内容から子どもの支援に必要な項目が適切に選択され、その上で、具体的な支援内容が設定されているか						
	⑦	児童発達支援計画に沿った支援が行われているか						
	⑧	活動プログラムが固定化しないよう工夫されているか						
	⑨	保育所や認定こども園、幼稚園等との交流や、障害のない子どもと活動する機会があるか						
保護者への説明等	⑩	運営規程、利用者負担等について丁寧な説明がなされたか						
	⑪	児童発達支援ガイドラインの「児童発達支援の提供すべき支援」のねらい及び支援内容と、これに基づき作成された「児童発達支援計画」を示しながら、支援内容の説明がなされたか						
	⑫	保護者に対して家族支援プログラム（ペアレント・トレーニング等）が行われているか						

	⑬	日頃から子どもの状況を保護者と伝え合い、子どもの発達の状況や課題について共通理解ができているか						
	⑭	定期的に、保護者に対して面談や、育児に関する助言等の支援が行われているか						
	⑮	父母の会の活動の支援や、保護者会等の開催等により保護者同士の連携が支援されているか						
	⑯	子どもや保護者からの相談や申入れについて、対応の体制が整備されているとともに、子どもや保護者に周知・説明され、相談や申入れをした際に迅速かつ適切に対応されているか						
	⑰	子どもや保護者との意思の疎通や情報伝達のための配慮がなされているか						
	⑱	定期的に会報やホームページ等で、活動概要や行事予定、連絡体制等の情報や業務に関する自己評価の結果を子どもや保護者に対して発信されているか						
	⑲	個人情報の取扱いに十分注意されているか						
非常時等の対応	⑳	緊急時対応マニュアル、防犯マニュアル、感染症対応マニュアル等を策定し、保護者に周知・説明されているか。また、発生を想定した訓練が実施されているか						
	㉑	非常災害の発生に備え、定期的に避難、救出、その他必要な訓練が行われているか						
満足度	㉒	子どもは通所を楽しみにしているか						
	㉓	事業所の支援に満足しているか						

○この「保護者等からの事業所評価の集計結果（公表）」は、保護者等の皆様に「保護者等向け児童発達支援評価表」により事業所の評価を行っていただき、その結果を集計したものです。

参考資料

児童発達支援計画（ガイドライン項目の記載例）

（注）ガイドラインで示した支援内容の項目の記載例です。個別支援計画の見本ではありません。

子どもの名前　〇〇　さん　　　　**作成年月日：　〇〇年　〇月　〇〇日**

〇目標

長期目標	気持ちをサインやことばで表現し、みんなと一緒の活動を楽しみながら、保育所への移行を準備しよう。
短期目標	食事や着替などがスモールステップを踏んでできるようになり、「できた」という経験を増やしていきましょう。

〇具体的な目標及び支援計画等

項目	具体的な目標	支援内容		支援期間（頻度・時間・期間等）	サービス提供機関（提供者・担当者等）	優先順位
		内容・留意点等	ガイドライン項目			
発達支援【健康・生活】	食事、衣類の着脱などが自分でできるようになり、「できた」という感覚を持ちたい。	お昼時、使いやすい食具を用意し、姿勢を保持しながら食事ができるように支援します。来所・通所時の着替えの際、衣類に前後の目印を付けるなど工夫して、シャツ、ズボンなどの着脱にスモールステップで取り組みます。	本人支援の（ア）健康・生活のb-（d）	3か月（週3日）	担当スタッフ 〇〇 〇〇	1
発達支援【言語・コミュニケーション】	自分の気持ちを、少しずつ言葉やサインで伝えていきたい。	午後の個別活動の際、身振りなどで意思の伝達ができるように支援します。絵カードなどを通して、言葉で伝えることができるようにスモールステップで支援します。	本人支援の（エ）言語・コミュニケーションのb-（b）、（d）、（f）	6か月（週3日）	担当スタッフ 〇〇 〇〇	1
発達支援【人間関係・社会性】	友だちと仲良く遊びながら、みんなで活動を楽しみたい。	午前の集団活動の中で、友だちとのやりとり遊びを設定します。友だちとの手つなぎや役割のある遊びや活動などを通じて、集団を意識できるよう支援します。	本人支援の（オ）人間関係・社会性のb-（d）、（f）	6か月（週3日）	担当スタッフ 〇〇 〇〇	2
移行支援	保育所にも通園して友だちがたくさんできるように、保育所の先生と一緒に話し合います。	併行通園を予定している保育所と、本人の状況や支援内容等の情報を共有します。また、ケース会議やモニタリングの際には、併行通園予定の保育所の先生にも参加いただくことにしています。	移行支援の（イ）-（c）、（d）	6か月	児童発達支援管理責任者、担当スタッフ〇〇、保育所の担当先生	1
家族支援	〇〇さんについて3月に1回、話し合う機会をもちます。	保護者面談の時間を3か月に1回に設け、当所での様子を丁寧に伝えるとともに、家庭での様子を聞き取り、情報を交換するとともに、親御さんの心配ごとへの助言を行います。	家族支援のイ-（ア）、（イ）	6か月	児童発達支援管理責任者、担当スタッフ〇〇、お母さん	3
地域支援	〇〇さんの成長を見据え、顔の見える連携が関係機関で図れるようにします。	地域の保育所、認定こども園、幼稚園との交流をしながら、子どもだけでなく、職員間の連携を図ります。また、（自立支援）協議会に参加し、役割分担をしながら〇〇さんの支援ができるようにします。	地域支援のイ-（ア）-、（a）、（f）	6か月	児童発達支援管理責任者、担当スタッフ〇〇	4

事業所における総合的な支援方針

食事、衣類の着脱などをが自分ででき、「できた」という喜びを味わえるようにします。また、遊びを通した友だちとの交流により、かかわりや表現することの楽しさを味わえるように支援し、通園が楽しみの場になることを目指します。

平成　　年　月　日　保護者氏名＿＿＿＿＿＿＿＿印　　児童発達支援管理責任者＿＿＿＿＿＿＿＿印

資料 3

『放課後等デイサービスガイドライン』

放課後等デイサービスガイドライン

1　総則

（1）ガイドラインの趣旨

放課後等デイサービスは平成２４年４月に児童福祉法（昭和２２年法律第１６４号）に位置づけられた新たな支援であり、その提供が開始されてから間もないこともあって、利用する子どもや保護者のニーズは様々で、提供される支援の内容は多種多様であり、支援の質の観点からも大きな開きがあるとの指摘がなされている状況にある。このような状況を踏まえて、平成２６年７月に取りまとめられた障害児支援の在り方に関する検討会報告書「今後の障害児支援の在り方について」において、「支援の一定の質を担保するための全国共通の枠組みが必要であるため、障害児への支援の基本的事項や職員の専門性の確保等を定めたガイドラインの策定が必要」、「特に、平成２４年度に創設した放課後等デイサービスについては、早期のガイドラインの策定が望まれる」との提言がなされたところである。

現在の放課後等デイサービスの提供形態の多様性に鑑みれば、「放課後等デイサービスはこうあるべき」ということについて、特定の枠にはめるような形で具体性をもって示すことは技術的にも困難であり、支援の多様性自体は否定されるべきものではない。しかしながら、提供される支援の形態は多様であっても、障害のある学齢期の子どもの健全な育成を図るという支援の根幹は共通しているはずであり、したがって、放課後等デイサービスを提供する事業所が、その支援の質の向上のために留意しなければならない基本的事項もまた共通するはずである。

本ガイドラインは、以上のような考えに基づき、放課後等デイサービスを実施するに当たって必要となる基本的事項を示すものであるが、ここに記載されている内容を機械的に実行していけば質の高い支援提供が確保されるというような、手取り足取りの事業マニュアルではない。各事業所は、本ガイドラインの内容を踏まえつつ、各事業所の実情や個々の子どもの状況に応じて不断に創意工夫を図り、提供する支援の質の向上に努めなければならない。

本ガイドライン並びに別添の「事業者向け放課後等デイサービス自己評価表」及び「保護者等向け放課後等デイサービス評価表」は、放課後等デイサービス事業所における自己評価の際に活用されることを想定しており、各事業所は自己評価の結果を踏まえて、事業運営の改善を図るとともに、結果についても利用者や保護者に向けて公表するよう努めなければならない。

また、上述のとおり、放課後等デイサービスは、その提供が開始されてから間もなく、行われている支援の内容は多種多様であり、現在においても日々新たな支援形態が生み出されているものと想像される。このような状況に鑑みれば、本ガイドラインが多くの専門家、関係団体等の協力を得て策定されたものであるにしても、その内容については不断の見直しによる改善が図られるべきものである。各事業所が本ガイドラインを活用して自己評価を実施するに際して、本ガイドライン自体の問題点に気づくことが想定されるところであり、今後、そうした気づき等を丁寧に拾いあげて本ガイドラインを更新していくことが求められる。各事業所の不断の努力による支援の質の向上とあいまって、本ガイドラインの内容もまた向上させていかなければならないものである。

（２）放課後等デイサービスの基本的役割

○子どもの最善の利益の保障

放課後等デイサービスは、児童福祉法第６条の２の２第４項の規定に基づき、学校（幼稚園及び大学を除く。以下同じ。）に就学している障害児に、授業の終了後又は休業日に、生活能力の向上のために必要な訓練、社会との交流の促進その他の便宜を供与することとされている。

放課後等デイサービスは、支援を必要とする障害のある子どもに対して、学校や家庭とは異なる時間、空間、人、体験等を通じて、個々の子どもの状況に応じた発達支援を行うことにより、子どもの最善の利益の保障と健全な育成を図るものである。

○共生社会の実現に向けた後方支援

放課後等デイサービスの提供に当たっては、子どもの地域社会への参加・包容（インクルージョン）を進めるため、他の子どもも含めた集団の中での育ちをできるだけ保障する視点が求められるものであり、放課後等デイサービス事業所においては、放課後児童クラブや児童館等の一般的な子育て支援施策を、専門的な知識・経験に基づきバックアップする「後方支援」としての位置づけも踏まえつつ、必要に応じて放課後児童クラブ等との連携を図りながら、適切な事業運営を行うことが求められる。さらに、一般的な子育て支援施策を利用している障害のある子どもに対して、保育所等訪問支援を積極的に実施する等、地域の障害児支援の専門機関としてふさわしい事業展開が期待されている。

○保護者支援

放課後等デイサービスは、保護者が障害のある子どもを育てることを社会的に支援する側面もあるが、より具体的には、

① 子育ての悩み等に対する相談を行うこと
② 家庭内での養育等についてペアレント・トレーニング等活用しながら子どもの育ちを支える力をつけられるよう支援すること
③ 保護者の時間を保障するために、ケアを一時的に代行する支援を行うこと

により、保護者の支援を図るものであり、これらの支援によって保護者が子どもに向き合うゆとりと自信を回復することも、子どもの発達に好ましい影響を及ぼすものと期待される。

（３）放課後等デイサービスの提供に当たっての基本的姿勢と基本活動

① 基本的姿勢

放課後等デイサービスの提供に際しては、子どもの最善の利益を考慮し、人権に配慮した支援を行うために、子どもの支援に相応しい職業倫理を基盤として職務に当たらなければならない。

放課後等デイサービスの対象は、心身の変化の大きい小学校や特別支援学校の小学部から高等学校等までの子どもであるため、この時期の子どもの発達過程や特性、適応行動の状況[1]を理解した上で、コミュニケーション面で特に配慮が必要な課題等も理解し、一人ひとりの状態に即した放課後等デイサービス計

[1] 適応行動とは、年齢相応の周囲の期待の範囲内の行動（社会的な活動への参加、コミュニケーション、運動など）のこと

画（＝個別支援計画）[2]に沿って発達支援を行う。

放課後等デイサービスでは、子どもの発達過程や障害種別、障害特性を理解している者による発達支援を通じて、子どもが他者との信頼関係の形成を経験できることが必要であり、この経験を起点として、友達とともに過ごすことの心地よさや楽しさを味わうことで、人と関わることへの関心が育ち、コミュニケーションをとることの楽しさを感じることができるように支援する。また、友達と関わることにより、葛藤を調整する力や、主張する力、折り合いをつける力が育つことを期待して支援する。基本活動には、子どもの自己選択や自己決定を促し、それを支援するプロセスを組み込むことが求められる。

また、日常的な子どもとの関わりを通じて、保護者との信頼関係を構築し、保護者が子どもの発達に関して気兼ねなく相談できる場になるよう努める。

放課後等デイサービスは、子どもに必要な支援を行う上で、学校との役割分担を明確にし、学校で作成される個別の教育支援計画[3]等と放課後等デイサービス計画を連携させる等により、学校と連携を積極的に図ることが求められる。また、不登校の子どもについては、学校や教育支援センター、適応指導教室等の関係機関・団体や保護者と連携しつつ、本人の気持ちに寄り添って支援していく必要がある。

② 基本活動

①の基本的姿勢を踏まえ、子ども一人ひとりの放課後等デイサービス計画に沿って、下記の基本活動を複数組み合わせて支援を行うことが求められる。

ア 自立支援と日常生活の充実のための活動

子どもの発達に応じて必要となる基本的日常生活動作や自立生活を支援するための活動を行う。子どもが意欲的に関われるような遊びを通して、成功体験の積み増しを促し、自己肯定感を育めるようにする。将来の自立や地域生活を見据えた活動を行う場合には、子どもが通う学校で行われて

---

2 放課後等デイサービス計画とは、放課後等デイサービスを利用する個々の子どもについて、その有する能力、置かれている環境や日常生活全般の状況に関するアセスメントを通じて、総合的な支援目標及び達成時期、生活全般の質を向上させるための課題、支援の具体的内容、支援を提供する上での留意事項などを記載する計画のこと。放課後等デイサービス事業所の児童発達支援管理責任者が作成する。

3 個別の教育支援計画等とは、障害のある子どもの一人ひとりのニーズを正確に把握し、教育の視点から適切に対応していくという考えの下、長期的な視点で乳幼児期から学校卒業後までを通じて一貫して適確な支援を行うことを目的として策定される計画のこと。

いる教育活動を踏まえ、方針や役割分担等を共有できるように学校との連携を図りながら支援を行う。

イ　創作活動

創作活動では、表現する喜びを体験できるようにする。日頃からできるだけ自然に触れる機会を設け、季節の変化に興味を持てるようにする等、豊かな感性を培う。

ウ　地域交流の機会の提供

障害があるがゆえに子どもの社会生活や経験の範囲が制限されてしまわないように、子どもの社会経験の幅を広げていく。他の社会福祉事業や地域において放課後等に行われている多様な学習・体験・交流活動等との連携、ボランティアの受入れ等により、積極的に地域との交流を図っていく。

エ　余暇の提供

子どもが望む遊びや自分自身をリラックスさせる練習等の諸活動を自己選択して取り組む経験を積んでいくために、多彩な活動プログラム[4]を用意し、ゆったりとした雰囲気の中で行えるように工夫する。

（4）事業所が適切な放課後等デイサービスを提供するために必要な組織運営管理

放課後等デイサービス事業所が適切な支援を安定的に提供することにより、障害のある子どもの健全な育成に貢献するとともに、子どもや保護者の満足感、安心感を高めるためには、組織運営管理を適切に行う必要がある。

①　適切な支援の提供と支援の質の向上

○　事業所の運営方針や、放課後等デイサービス計画、日々の活動に関するタイムテーブル[5]や活動プログラムについて、その Plan（計画）、Do（実行）、Check（評価）、Act（改善）で構成される一連のプロセス（ＰＤＣＡサイクル）を、設置者・管理者、児童発達支援管理責任者、従業者（児童発達支援

[4] 活動プログラムとは、事業所の日々の支援の中で、一定の目的を持って行われる個々の活動のこと。子どもの障害特性や課題、平日／休日／長期休暇の別等に応じて柔軟に組み合わせて実施されることが想定されている。

[5] タイムテーブルとは、１日の時間帯別活動を示す日課表のこと。

管理責任者以外の従業者をいう。以下同じ。)(以下「従業者等」と総称する。)の積極的な関与のもとで繰り返し、事業所が一体となって不断に支援の質の向上を図ることが重要である。

○　適切な支援を安定的に提供するとともに、支援の質を向上させるためには、支援に関わる人材の知識・技術を高めることが必要であり、そのためには様々な研修の機会を確保するとともに、知識・技術の習得意欲を喚起することが重要である。

○　子どもの発達支援には、保護者や学校をはじめとする様々な関係者が関与しており、それらの関係者と密に連携し、情報を共有することにより、子どもに対する理解を深めるとともに、支援の輪の中において放課後等デイサービス事業所に期待される役割を適切に認識することも、適切な支援を提供し、支援の質を高めていく上で重要である。

②　説明責任の履行と、透明性の高い事業運営

○　子どもや保護者の満足感、安心感を高めるためには、提供する支援の内容を保護者とともに考える姿勢を持ち、子どもや保護者に対する丁寧な説明を常に心がけ、子どもや保護者の気持ちに寄り添えるように積極的なコミュニケーションを図ることが重要である。

○　子どもが健全に発達していくためには、地域社会とのふれあいが必要であり、そうした観点からは放課後等デイサービス事業所が地域社会からの信頼を得ることが重要であるが、そのためには地域社会に対して事業に関する情報発信を積極的に行う等、地域に開かれた事業運営を心がけることが求められる。

③　様々なリスクへの備えと法令遵守

○　子どもや保護者が安心して放課後等デイサービス事業所の支援を受け続けられるようにするためには、事業を運営する中で想定される様々なリスク、例えば、子どもの健康状態の急変、非常災害、犯罪、感染症の蔓延等に対する、訓練や対応マニュアルの策定、関係機関・団体との連携等により、日頃から十分に備えることが重要である。

○　子どもの虐待の未然防止や個人情報保護を徹底する等、関係法令を確実に遵守することは、子どもの権利擁護の観点や、子どもや保護者を継続的に支援していく観点からも非常に重要である。

2　設置者・管理者向けガイドライン

設置者・管理者は、放課後等デイサービスの運営状況の全体を把握し、事業を円滑に進める役割、児童発達支援管理責任者及び従業者の意識形成や効率的な配置を行う役割並びに学校や地域の関係機関・団体との連携を図る役割が求められる。

設置者・管理者は、その事業所が提供する放課後等デイサービスの質の評価を行うことはもとより、第三者による外部評価の導入等を通じて、常にその改善を図らなければならない。

（1）子どものニーズに応じた適切な支援の提供と支援の質の向上

①　環境・体制整備

ア　適正な規模の利用定員

○　設備、従業者等の状況を総合的に勘案し、適切な生活環境と事業内容が確保されるよう、子どもの情緒面への配慮や安全性の確保の観点から、適正な利用定員を定めることが必要である。

イ　適切な職員配置

○　放課後等デイサービス事業所においては、指導員又は保育士、児童発達支援管理責任者、機能訓練担当職員（機能訓練を行う場合）の配置が必須であり、重症心身障害児に対して放課後等デイサービスを行う場合は、指導員又は保育士に替えて、児童指導員又は保育士、さらに嘱託医、看護師、機能訓練担当職員の配置を行い、医療的ケア等の体制を整える必要がある。

○　常時見守りが必要な子どもへの支援等のために、必要に応じて指導員又は保育士を人員配置基準を上回って配置することも考慮する必要がある。

○　児童発達支援管理責任者が個々の子どもについて作成する放課後等デイサービス計画に基づき、適切な知識と技術をもって活動等が行われるよう、支援の単位ごとに、従業者を統括する指導的役割の職員が配置されている必要があり、この職員には児童指導員等の資格を保有する者を充てる等、支援の質の確保の視点から、適切な職員配置に留意する必要がある。

○　設置者・管理者は、職員一人ひとりの倫理観及び人間性を把握し、職員としての適性を適確に判断する責任がある。

○　質の高い支援を確保する観点から、従業者等が心身ともに健康で意欲的に支援を提供できるよう、労働環境の整備に努める。

ウ　適切な設備等の整備

○　放課後等デイサービス事業所は、放課後等デイサービスを提供するための設備及び備品を適切に備えた場所である必要がある。様々な障害のある子どもが安全に安心して過ごすことができるようバリアフリー化や情報伝達への配慮等、個々の子どもの態様に応じた工夫が必要である。

○　放課後等デイサービス事業所の指導訓練室については、床面積の基準は定められていないが、児童発達支援センターが児童発達支援事業を行う場合においては子ども一人当たり２．４７㎡の床面積が求められていることを参考としつつ、適切なスペースを確保することが望ましい。

○　子どもが生活する空間については、指導訓練室のほか、おやつや学校休業日に昼食がとれる空間、静かな遊びのできる空間、雨天等に遊びができる空間、子どもが体調の悪い時等に休息できる静養空間、年齢に応じて更衣のできる空間等を工夫して確保することが必要である。

室内のレイアウトや装飾にも心を配り、子どもが心地よく過ごせるように工夫することが望ましい。

○　屋外遊びを豊かにするため、屋外遊技場の設置や、学校と連携して校庭等を利用したり、近隣の児童遊園・公園等を有効に活用することが望ましい。

○　備品については、遊具のほか、障害種別、障害特性及び発達状況に応じた支援ツールを備えることも考慮していくことが必要である。

②　ＰＤＣＡサイクルによる適切な事業所の管理

設置者・管理者は、ＰＤＣＡサイクルを繰り返すことによって、継続的に事業運営を改善する意識を持って、児童発達支援管理責任者及び従業者の管理及び事業の実施状況の把握その他の管理を行わなければならない。

ア　事業運営の理念・方針の設定・見直しと職員への徹底

○　放課後等デイサービス事業所ごとに、運営規程を定めておくとともに、児童発達支援管理責任者及び従業者に運営規程を遵守させておかなければならない。運営規程には以下の重要事項は必ず定めておく必要がある。

【運営規程の重要事項】

・事業の目的及び運営の方針
・従業者の職種、員数及び職務の内容
・営業日及び営業時間
・利用定員
・放課後等デイサービスの内容並びに保護者から受領する費用の種類及びその額
・通常の事業の実施地域
・サービスの利用に当たっての留意事項
・緊急時等における対応方法
・非常災害対策
・事業の主たる対象とする障害の種類を定めた場合には当該障害の種類
・虐待の防止のための措置に関する事項
・その他運営に関する重要事項

○　事業の目的及び運営方針は、本ガイドラインの総則に記載されている放課後等デイサービスの基本的役割、基本的姿勢や、地域での子どもや保護者の置かれた状況、放課後等デイサービス事業が公費により運営される事業であること等を踏まえ、適切に設定する。

○　事業の目的及び運営方針の設定や見直しに当たっては、児童発達支援管理責任者及び従業者が積極的に関与できるように配慮する。

○　児童発達支援管理責任者及び従業者の採用に当たっては、事業所の目的及び運営方針を始めとした運営規程の内容を丁寧に説明するとともに、様々な機会を通じて繰り返しその徹底を図る。

イ　複数のサイクル（年・月等）での目標設定と振り返り

○　ＰＤＣＡサイクルにより不断に業務改善を進めるためには、児童発達支援管理責任者及び従業者が参画して、複数のサイクル（年間のほか月間等）で事業所としての業務改善の目標設定とその振り返りを行うことが望ましい。年間の振り返りに当たっては、本ガイドラインに基づく自己評価を実施し、その結果を事業運営に反映させ、自己評価結果については事業所の会報やホームページ等で公表するよう努めるものとする。

○　可能な限り第三者による外部評価を導入して、事業運営の一層の改善を図る。

ウ　コミュニケーションの活性化等

○　ＰＤＣＡサイクルによる業務改善が適切に効果を上げるには、現状の適切な認識・把握と、事業所内での意思の疎通・情報共有が重要である。

○　サービス提供の日々の記録については、児童発達支援管理責任者が掌握する以外に、従業者同士での情報共有を図ることも支援の質の向上のために有用である。職場での何でも言える雰囲気作りや職員同士のコミュニケーションの活性化も設置者・管理者の役割である。

○　放課後等デイサービス計画の作成・モニタリング・変更の結果について、児童発達支援管理責任者から報告を受ける等、児童発達支援管理責任者や従業者の業務の管理及び必要な指揮命令を行う。

○　支援内容の共有や職員同士のコミュニケーションの活性化が事業所内虐待の防止や保護者による虐待の早期発見に繋がるものであることも認識しておくとともに、設置者・管理者も、適切な支援が提供されているか掌握しておく必要がある。

エ　子どもや保護者の意向等の把握

○　ＰＤＣＡサイクルによる業務改善を進める上で、支援を利用する子ども及び保護者の意向や満足度を把握することが必要であり、例えばアンケート調査を実施して、意向等を把握することが考えられる。

○　子ども及び保護者の意向等を踏まえて行うこととした業務改善への取組については、子ども及び保護者に周知することが望ましい。

オ　支援の継続性

○　放課後等デイサービスは、子どもや保護者への支援の継続性の観点から継続的・安定的に運営することが望ましい。やむを得ず事業を廃止し又は休止しようとする時は、一月前までに都道府県知事等に届け出なければならない。

この場合、子どもや保護者に事業を廃止又は休止しようとする理由を丁寧に説明するとともに、他の放課後等デイサービス事業所等を紹介する等、子どもや保護者への影響が最小限に抑えられるように対応することが必要である。

③　従業者等の知識・技術の向上

ア　従業者等の知識・技術の向上意欲の喚起

○　児童発達支援管理責任者及び従業者の知識・技術の向上は、放課後等デイサービスの提供内容の向上に直結するものであり、児童発達支援管理責任者及び従業者の知識・技術の向上への取組は、設置者・管理者の重要な管理業務の一つである。

○　設置者・管理者は、従業者等の資質の向上の支援に関する計画を策定し、その計画に係る研修の実施又は研修の機会を確保することが望ましい。資質の向上の支援に関する計画の策定に際しては、児童発達支援管理責任者や従業者を積極的に参画させることが望ましい。

○　放課後等デイサービスを適切に提供する上で、放課後等デイサービスに期待される役割、子どもの発達段階ごとの特性、障害種別・障害特性、関連する制度の仕組み、関係機関・団体の役割、児童虐待への対応、障害者の権利に関する条約の内容等を理解することが重要であり、児童発達支援管理責任者及び従業者に対してこうした知識の習得に向けた意欲を喚起する必要がある。

○　障害種別、障害特性に応じた支援や発達段階に応じた支援、家族支援等に係る適切な技術を従業者が習得することが、子どもの発達支援や二次障害の予防、家庭養育を支えるといった視点から重要であり、児童発達支援管理責任者及び従業者に対してこうした技術の習得に向けた意欲を喚起する必要がある。

イ　研修受講機会等の提供

○　設置者・管理者は、従業者等の資質向上を図るため、研修を実施する等の措置を講じなければならない。

具体的には自治体や障害児等関係団体が実施する研修等への児童発達支

援管理責任者及び従業者の参加、事業所における勉強会の開催、事業所に講師を招いての研修会の実施、児童発達支援管理責任者及び従業者を他の事業所等に派遣しての研修、事業所内における児童発達支援管理責任者及び従業者の自己研鑽のための図書の整備等が考えられる。

○　児童発達支援管理責任者は、従業者に対する技術指導及び助言を行うことも業務となっており、設置者・管理者は、事業所内における研修の企画等に当たっては、児童発達支援管理責任者と共同して対応していくことが望まれる。

④　関係機関・団体や保護者との連携

ア　相談支援事業者との連携

○　障害児相談支援事業所が作成する障害児支援利用計画は、相談支援専門員が総合的な援助方針や解決すべき課題を踏まえ最も適切なサービスの組合せ等について検討し、子ども又は保護者の同意のもと作成するものである。

放課後等デイサービス事業所の放課後等デイサービス計画は、児童発達支援管理責任者が、障害児支援利用計画における総合的な援助方針等を踏まえ、当該事業所が提供するサービスの適切な支援内容等について検討し、子ども又は保護者の同意のもと作成するものである。両計画が連動して機能することによって、子どもに対する支援がより良いものとなっていくものであり、設置者・管理者はこの連動の重要性を認識しておく必要がある。

○　障害児相談支援事業所の相談支援専門員が開催するサービス担当者会議の招集に対し、設置者・管理者は従業者あるいは児童発達支援管理責任者のうち、当該子どもの状況に精通した最もふさわしい者を参画させなければならない。

○　サービス担当者会議は、障害児支援利用計画案に位置付けられた福祉サービス等の担当者が、障害児支援利用計画案の内容について、専門的な見地からの意見を述べるものである。

サービス担当者会議に参画する担当者は、障害児支援利用計画案に位置づけられた放課後等デイサービス事業所に期待される役割を確認するとともに、障害のある子どもが、他の子どもや地域社会から安易に切り離されないための配慮等、子どもの最善の利益の観点から意見を述べることが重要である。障害児支援利用計画のモニタリング時には、その時点までの放課後等デイサービスの提供状況を踏まえて、課題への達成度や気づきの点等の情報を積極的に述べることが重要である。

設置者・管理者は担当者をサービス担当者会議に参画させるに当たっては、このような役割を明確に認識しておく必要がある。

イ　学校との連携

○　子どもに必要な支援を行う上で、学校との役割分担を明確にし、連携を積極的に図る必要がある。

○　年間計画や行事予定等の交換、子どもの下校時刻の確認、引継ぎの項目等、学校との間で情報を共有しておく必要がある。

○　送迎を行う場合には、子どもの安全確保に留意することは当然であるが、特に学校の授業終了後の迎えに当たっては、他の事業所の車両の発着も想定されることから、事故等が発生しないよう細心の注意を払う必要がある。

このため、設置者・管理者は、送迎時の対応について学校と事前に調整しておくことが必要である。

○　下校時のトラブルや子どもの病気・事故の際の連絡体制（緊急連絡体制や対応マニュアル等）について、事前に学校と調整し、児童発達支援管理責任者や送迎を担当する従業者に対し徹底しておく必要がある。

○　学校との間で相互の役割の理解を深めるため、

（ア）　保護者の同意を得た上で、学校に配置されている外部との関係機関・団体との調整の役割を担っている特別支援教育コーディネーター等から個別の教育支援計画等についての情報提供を受けるとともに、放課後等デイサービス事業所の放課後等デイサービス計画を特別支援教育コーディネーター等へ提供する。

（イ）　個別の教育支援計画が作成されていない子どもにあっては、保護者の同意を得た上で特別支援教育コーディネーター等とお互いの支援内容等の情報交換の連絡をとれるよう調整しておく。

（ウ）　学校の行事や授業参観に児童発達支援管理責任者と分担して積極的に参加する等の対応をとることが望ましい。

ウ　医療機関や専門機関との連携

○　子どもの事故やケガ、健康状態の急変が生じた場合に備え、近隣の協力医療機関をあらかじめ定めておく必要がある。

○　医療的なケアが必要な子どもを受け入れる場合は、子どもの主治医等との連携体制を整えておく必要がある。

○　障害種別や障害特性の理解や、障害種別や障害特性に応じた活動や支援方法に関すること、支援困難事例等については、児童発達支援センターや発達障害者支援センター等の専門機関から助言や研修を受けること等により連携を図りながら適切な支援を行っていく必要がある。

○　保護者による子ども虐待のケースについては、児童相談所、市区町村の児童虐待対応窓口や保健所等の関係機関・団体と連携して対応を図る必要がある。

エ　保育所・児童発達支援事業所等との連携

○　子どもの発達支援の連続性を保障するため、就学前に利用していた保育所や幼稚園、認定こども園や児童発達支援事業所等と連携し、情報の共有と相互理解に努めることが重要である。

○　放課後等デイサービスで行われていた支援内容等の情報を提供する等、学校卒業後に関わる障害福祉サービス事業所等と連携することが必要である。

オ　他の放課後等デイサービス事業所等との連携

○　発達支援上の必要性により、他の放課後等デイサービス事業所等を併せて利用する子どもについて、支援内容を相互に理解しておくため、保護者の了解を得た上で、当該他の事業所との間で、相互の個別支援計画の内容等について情報共有を図ることが必要である。

カ　放課後児童クラブや自治会等との連携

○　放課後児童クラブの放課後児童支援員等や放課後子供教室関係者等が障害のある子どもへの対応に不安を抱える場合等については、放課後等デイサービスとの併行利用や、保育所等訪問支援等の積極的活用を図る等、放課後児童クラブ等と連携を図りながら、子どもと放課後児童支援員等に対して、適切な支援を行っていくことが重要である。

○　障害のある子どもができるだけ地域や他の子どもから切り離されないよう、地域の放課後児童クラブや放課後子供教室、児童館との交流や他の子どもとの活動を企画することが望ましい。

○　日頃から地域の行事や活動に参加できる環境を作るため、自治会の会合に参加することや、地域のボランティア組織と連絡を密にする等の対応をとることが望ましい。

キ　（地域自立支援）協議会等への参加

○　アからカまでに記載した関係機関・団体との連携を円滑なものとするため、設置者・管理者又は児童発達支援管理責任者は、（地域自立支援）協議会子ども部会等へ積極的に参加すること等により、関係機関・団体との関係性を構築しておく必要がある。

○　虐待等により福祉的介入が必要とされるケースについては、市区町村等が設置する要保護児童対策地域協議会等へ参加する。

ク　保護者との連携

○　学校への子どもの出欠や帰宅の状況について、保護者との連絡により確実に確認することが必要である。

　このため、設置者・管理者は、送迎時の対応について保護者と事前に調整しておくことが必要である。また、下校時のトラブルや子どもの病気・事故の際の連絡体制について、事前に保護者と調整し、児童発達支援管理責任者や送迎を担当する従業者に対し徹底しておく必要がある。

○　日頃から子どもの状況を保護者と伝え合い、子どもの発達の状況や課題について共通理解を持つことが重要である。

○　このため、設置者・管理者は、児童発達支援管理責任者及び従業者が行う保護者への連絡や支援について、随時報告を受けることや記録の確認等により、把握・管理するよう努める必要がある。

○　家庭内での養育について、保護者に対して、子どもの育ちを支える力をつけるためのペアレント・トレーニングや環境整備等の支援を必要に応じて児童発達支援管理責任者や従業者に実施させることが望ましい。

（２）子どもと保護者に対する説明責任等

設置者・管理者は、子どもと保護者が放課後等デイサービスを適切かつ円滑に利用できるよう、説明責任を果たすとともに必要な支援を行う責務がある。

① 運営規程の周知

○ 運営規程については事業所内の見やすい場所に掲示する等によりその周知を図る。

② 子どもと保護者に対する、支援利用申込時の説明

○ 子どもと保護者には、利用申込時において、運営規程や支援の内容を理解しやすいように説明し、特に、利用者負担について丁寧に説明を行う必要があるため、児童発達支援管理責任者にも徹底しておく。

③ 保護者に対する相談支援等

○ 保護者からの相談に適切に応じるとともに、必要な助言と支援を行うことも必要である。

例えば、保護者との定期的な面談（最低限モニタリング時に実施することが望ましい）や訪問相談等を通じて、子育ての悩み等に対する相談を行ったり、子どもの障害について保護者の理解が促されるような支援を行うことが望ましい。

○ 設置者・管理者は、児童発達支援管理責任者及び従業者に対して、保護者との定期的な面談や保護者に対する相談支援について、その適切な実施を促すとともに、随時報告を受けることや記録の確認等により、把握・管理する必要がある。

○ 父母の会の活動を支援したり、保護者会等を開催したりすることにより、保護者同士のつながりを密にして、安心して子育てを行っていけるような支援を行うことも望まれる。家族支援は、保護者に限った支援ではなく、きょうだいや祖父母への支援も含まれる。特にきょうだいは、心的負担等から精神的な問題を抱える場合も少なくないため、例えば、きょうだい向けのイベントを開催する等の対応を行うことが望ましい。

④　苦情解決対応

○　放課後等デイサービスに対する子どもや保護者からの苦情について、迅速かつ適切に対応するために、苦情（虐待に関する相談も含む）を受け付けるための窓口や苦情受付担当者、苦情解決責任者、第三者委員の設置、解決に向けた手順の整理等、迅速かつ適切に解決が図られる仕組みを構築することが求められる。

○　苦情受付窓口については、子どもや保護者に周知するとともに、第三者委員を設置している場合には、その存在についても、子どもや保護者に周知する。

○　設置者・管理者は、苦情解決責任者として、迅速かつ適切に対応する。

⑤　適切な情報伝達手段の確保

○　事業所は定期的に会報等を発行し、活動概要や行事予定、連絡体制等の情報を子どもや保護者に対して発信することが必要である。

○　視覚障害や聴覚障害等の障害種別に応じて、設備・備品への配慮のほか、子どもや保護者との意思の疎通、情報伝達のための手話等による配慮が必要である。

⑥　地域に開かれた事業運営

○　地域住民の事業所に対する理解の増進や地域の子どもとしての温かい見守り、地域住民との交流活動の円滑な実施等の観点から、事業所はホームページや会報等を通じて活動の情報を積極的に発信することや、事業所の行事に地域住民を招待する等地域に開かれた事業運営を図ることが必要である。

○　実習生やボランティアの受入れは、事業所及び実習生やボランティア双方にとって有益であり、積極的に対応することが望ましい。ただし、実習生やボランティアの受入れに当たっては、事故が起きないよう適切な指導を行う等の対応が必要である。また、実習生やボランティアの受入れにあたっては、事業所の理念やプログラム内容及びそれぞれの子どもの支援上の注意事項等を理解させることが必要である。

（3）緊急時の対応と法令遵守等

① 緊急時対応

○ 子どもの事故やケガ、健康状態の急変が生じた場合は、速やかに保護者、協力医療機関及び主治医に連絡を行う等の必要な措置を講じなければならない。

緊急時における対応方法について、「緊急時対応マニュアル」策定と児童発達支援管理責任者及び従業者への周知が必要である。

② 非常災害・防犯対策

○ 設置者・管理者は、非常災害に備えて消火設備等の必要な設備を設けるとともに、非常災害に関する具体的計画を立て、非常災害時の避難方法や、関係機関・団体への通報及び連絡体制を明確にするとともに、それらを定期的に児童発達支援管理責任者及び従業者や保護者に周知しなければならない。

○ 非常災害の発生に備え、定期的に避難、救出その他必要な訓練を行わなければならない。

○ 重大な災害の発生や台風の接近等により危険が見込まれる場合、特に教育委員会や学校が休校や下校時刻を早める等の判断を発表した場合には、子どもの安全確保のために状況に応じて休所とする等適切な対処をするとともに、保護者や学校等関係機関・団体との連絡体制を構築しておく必要がある。

○ 障害種別や障害特性ごとの災害時対応について理解しておき、子どもごとの放課後等デイサービス計画に災害時の対応について記載させることも考慮する。

特に医療的ケアが必要な子どもについては、保護者や主治医等との間で災害発生時の対応について、綿密に意思疎通を図っておくことが重要であり、児童発達支援管理責任者及び従業者に徹底する。

○ 子どもが犯罪に巻き込まれないよう、事業所として防犯マニュアルの策定や、地域の関係機関・団体等と連携しての見守り活動、子ども自身が自らの安全を確保できるような学習支援等の防犯への取組が必要である。

③ 虐待防止の取組

○ 設置者・管理者は、児童発達支援管理責任者及び従業者による子どもに対する虐待を防止するため、虐待防止委員会の設置等、必要な体制の整備が求められる。

虐待防止委員会の責任者は、通常、管理者が担うこととなる。虐待防止委員会を組織的に機能させるために、苦情解決の第三者委員等の外部委員を入れてチェック機能を持たせるとともに、児童発達支援管理責任者等、虐待防止のリーダーとなる職員を虐待防止マネージャーとして配置し、研修や虐待防止チェックリストの実施等、具体的な虐待防止への取組を進める。

○　設置者・管理者は、児童発達支援管理責任者及び従業者に対する虐待防止啓発のための定期的な研修を実施し、又は自治体が実施する研修を受講させるほか、自らが虐待防止のための研修を積極的に受講する等により、児童虐待防止等に関する法律（平成１２年法律第８２号。以下、「児童虐待防止法」という。）及び障害者虐待の防止、障害者の養護者に対する支援等に関する法律（平成２３年法律第７９号。以下「障害者虐待防止法」という。）について理解し、虐待の防止への取組を進める必要がある。特に、「障害者福祉施設・事業所における障害者虐待の防止と対応の手引き」は必ず読むようにする。

各都道府県で実施する虐待防止や権利擁護に関する研修を受講した場合には、放課後等デイサービス事業所で伝達研修を実施することが重要である。

○　児童発達支援管理責任者及び従業者が、虐待を発見しやすい立場にあることを認識し、子どもの状態の変化や保護者の態度等の観察や情報収集により、虐待の早期発見に努めさせる必要がある。

○　従業者等（実習生やボランティアを含む。）からの虐待（特に性的虐待）は、密室化した場所で起こりやすいことから、送迎の車内を含め、密室化した場所を極力作らないよう、常に周囲の目が届く範囲で支援を実施する必要がある。

○　従業者等（実習生やボランティアを含む。）からの虐待を受けたと思われる子どもを発見した場合（相談を受けて虐待と認識した場合を含む。）は、障害者虐待防止法第16条に規定されている通報義務に基づき、通所給付決定をした市区町村の窓口に通報する。この時に、市区町村に通報することなく、事業所の中だけで事実確認を進め、事態を収束させてしまうと通報義務に反することとなるため、必ず市区町村に通報した上で行政と連携して対応を進める必要がある。

○　保護者による虐待については、保護者に対する相談支援やカウンセリング等により未然防止に努めることが重要であることを認識する。

○　保護者による虐待を発見した場合は、児童虐待防止法第６条に規定されている通報義務に基づき、市区町村、都道府県の設置する福祉事務所又は児童相談所等へ速やかに通告するよう徹底する必要がある。虐待等により福祉的介入が必要とされるケースについては、市区町村等が設置する要保護児童対策地域協議会等を活用しながら、児童相談所、市区町村の児童虐待対応窓口や保健所等の関係機関・団体と連携して対応を図っていくことが求められる。

④　身体拘束への対応

○　従業者等（実習生やボランティアを含む。）が自分の体で利用者を押さえつけて行動を制限することや、自分の意思で開けることのできない居室等に隔離すること等は身体拘束に当たり、緊急やむを得ない場合を除き禁止されている。

○　やむを得ず身体拘束を行う場合は、切迫性、非代替性、一時性が要件となるが、身体拘束の検討が必要なケースについては、代替性がないか等について慎重に検討した上で、それでもなお、身体拘束を行わざるを得ない事態が想定される場合には、いかなる場合にどのような形で身体拘束を行うかについて組織的に決定する必要がある。児童発達支援管理責任者に対しては、放課後等デイサービス計画に、身体拘束が必要となる状況、身体拘束の態様・時間等について、子どもや保護者に事前に十分に説明をし、了解を得た上で記載させることが必要である。

○　身体拘束を行った場合には、行った担当者または児童発達支援管理責任者から、その様態及び時間、その際の利用者の心身の状況並びに緊急やむを得ない理由等必要な事項の記録とともに報告を受ける。なお、必要な記録がされていない場合は、運営基準違反となることを認識しておく必要がある。

⑤　衛生・健康管理

○　感染症の予防や健康維持のため、手洗いやうがいの励行、おやつや学校休業日における昼食の提供に係る設備の衛生管理を徹底することが必要である。

○　子どもの来所時の健康チェック等、健康管理に必要となる器械器具の管理を適正に行うことが必要である。

○　感染症又は食中毒の対応や排泄物又は嘔吐物に関する処理方法について、対応マニュアルを策定しておくことが必要である。

○　インフルエンザ等感染症により集団的感染のおそれがある場合、特に教育委員会や学校が休校を発表した場合は、子どもの安全確保のために状況に応じて休所とする等適切に対処するとともに、保護者や学校等関係機関・団体との連絡体制を構築しておく必要がある。

⑥　安全確保

○　サービス提供中に起きる事故やケガを防止するために、室内及び屋外の環境の安全性について毎日点検し必要な補修等を行い、危険を排除するよう必要な措置を講じておく。

○　設置者・管理者は、発生した事故事例や事故につながりそうな事例について、児童発達支援管理責任者と従業者間で共有するため、いわゆる「ヒヤリハット事例集」を作成することが望ましい。

⑦　秘密保持等

○　設置者は、従業者等（実習生やボランティアを含む。）または、管理者及び従業者等（実習生やボランティアを含む。）であった者が、その業務上知り得た秘密を漏らすことがないよう、誓約書の提出や雇用契約に明記する等、必要な措置を講じなければならない。

○　関係機関・団体に子ども又は保護者に関する情報を提供する際は、あらかじめ文書により保護者の同意を得させておかなければならない。また、ホームページや会報等に子ども又は保護者の写真や氏名を掲載する際には、保護者の許諾を得ることが必要である。

○　管理者は、その職を辞した後も含めて、正当な理由がなく業務上知り得た秘密を漏らしてはならない。

3　児童発達支援管理責任者向けガイドライン

児童発達支援管理責任者は、放課後等デイサービスを利用する子どもと保護者のニーズを適切に把握し、放課後等デイサービス計画を作成し、すべての従業者が放課後等デイサービス計画に基づいた支援を行っていけるように調整する。また、提供される支援のプロセスを管理し、客観的な評価等を行う役割がある。

（1）子どものニーズに応じた適切な支援の提供と支援の質の向上

①　放課後等デイサービス計画に基づくＰＤＣＡサイクル等による適切な支援の提供

ア　子どもと保護者及びその置かれている環境に対するアセスメント

○　子どもと保護者及びその置かれている環境を理解するためには、子どもの障害の状態だけでなく、子どもの適応行動の状況（P.3の脚注参照）を、標準化されたアセスメントツール（例えば「Vineland-Ⅱ適応行動評価尺度」の日本版）を使用する等により確認する。

また、子どもの発育状況、自己理解、心理的課題、子どもの興味関心事となっていること、養育環境、これまで受けてきた支援、現在関わっている機関に関すること、地域とのつながり、利用に当たっての希望、将来展望等について必要な情報をとり、子どもと保護者のニーズや課題を客観的に分析する。

○　保護者のニーズと子ども自身のニーズは必ずしも一致するわけではないので、子どものニーズを明確化していくことがまず求められる。また、発達段階にある子どものニーズは変化しやすいため、日頃から状況を適切に把握し対応していく必要がある。

イ　放課後等デイサービス計画の作成

○　障害児相談支援事業所等が作成した障害児支援利用計画や、自らの事業所でアセスメントした情報を課題整理表等を用いて整理した上で、放課後等デイサービス計画を作成する。

○　放課後等デイサービス計画には、子どもと保護者の生活に対する意向、総合的な支援目標とその達成時期、生活全般の質を向上させるための課題、児童発達支援の具体的内容、留意事項を含める。

○　将来に対する見通しを持った上で、障害種別、障害特性や子どもの発達段階を丁寧に把握し、それらに応じた関わり方を考えていく。

○　支援手法については、個別活動と集団活動をその子どもに応じて適宜組み合わせる。

○　平日／休日／長期休暇の別等に応じて、課題をきめ細やかに設定をするように工夫しなければならない。

○　計画の作成に際しては、従業者から放課後等デイサービス計画の原案について意見を聞く等、担当の従業者を積極的に関与させることが望ましい。

ウ　タイムテーブル、活動プログラムの立案

○　放課後等デイサービス事業所における時間をどのようにして過ごすかについて、一人ひとりの放課後等デイサービス計画を考慮し、一日のタイムテーブルを作成する。タイムテーブルは、子どもの生活リズムを大切にし、日常生活動作の習得や、子どもが見通しを持って自発的に活動できるよう促されることが期待される。ただし、提供される活動プログラムを固定化することは、経験が限られてしまうことにもなるため、活動プログラムの組合せについて、創意工夫が求められる。

○　発達支援の時間は十分に確保されなければならず、送迎の都合で発達支援の時間が阻害されることのないようタイムテーブルを設定しなければならない。

○　活動プログラムは、子どもの障害種別、障害特性、発達段階、生活状況や課題、平日／休日／長期休暇の別等に応じた内容を組み立て、従業者も交えながらチームで検討していく。

○　集団活動の場合は、対象児の年齢や障害の状態の幅の広さを考慮しながら、活動プログラムを作成する必要がある。子どもの年齢や発達課題が異なることも多いことから、年齢別又は障害別、発達課題別に支援グループを分けることも考慮する必要がある。

○　活動プログラムの内容は、本ガイドラインの総則に記載されている放課後等デイサービスの基本的役割、基本的姿勢等を十分に踏まえたものでなけれ

ばならない。

エ　日々の適切な支援の提供

○　本ガイドラインの総則に記載されている放課後等デイサービスの基本的役割、基本姿勢等について理解するとともに、従業者にその理解を徹底し、日々の支援を適切に提供する。

○　設備、従業者等の状況を総合的に勘案し、適切な生活環境と事業内容が確保されるよう、子どもの情緒面への配慮や安全性の確保の観点から、利用定員の規模や、室内のレイアウトや装飾等に心を配り、必要に応じて設置者・管理者とも相談し、改善を図る。また、着替えや排泄の介助等については、同性介護を基本とする等、配慮することが求められる。

○　支援開始前には従業者間で必ず打合せを実施し、その日行われる支援の内容や役割分担について把握する。

○　従業者が放課後等デイサービス計画に沿って、それぞれの子どもたちの障害種別、障害特性、発達段階、生活状況や課題に細やかに配慮しながら支援を行えるように注意する。

○　従業者と常に意思の疎通を図り、円滑なコミュニケーションがとれるよう努める。

○　支援終了後の打合せを実施し、従業者にその日の支援の振り返りをさせ、子どもや保護者との関わりで気づいた点や、気になった点について従業者間で共有させる。

○　従業者にその日行った支援に関して正しく記録をとることを徹底させる。従業者が行っている支援が目標や計画に沿って行われているか、記録に基づいて検証し、その改善につなげていく。

オ　放課後等デイサービス計画の実施状況把握（モニタリング）

○　放課後等デイサービス計画は、概ね６ヶ月に１回以上モニタリングを行うことになっているが、子どもの状態や家庭状況等に変化があった場合にはモニタリングを行う必要がある。モニタリングは、目標達成度を評価して支援の効果測定していくためのものであり、単に達成しているか達成していないかを評価するものではなく、提供した支援の客観的評価を行い、放課後等デイサービス計画の見直しの必要性を判断する。

カ　モニタリングに基づく放課後等デイサービス計画の変更

○　モニタリングにより、放課後等デイサービス計画の見直しの必要性が判断された場合は、放課後等デイサービス計画の積極的な見直しを行う。その際、支援目標の設定が高すぎたのか、支援内容があっていなかったのか、別の課題が発生しているのか等の視点で、これまでの支援内容を評価し、今後も支援内容を維持するのか、変更するのかを判断していく。放課後等デイサービスの必要性が低くなった場合は、終結を検討する。なお、支援内容の変更や終結時には、設置者・管理者へ報告する。

○　終結に当たっては、放課後等デイサービスの支援内容等について、関係機関・団体に引き継ぐことが必要である。終結に当たってのモニタリングは、障害児相談支援事業所、学校、子ども、保護者とともに行っていくことが望ましい。

キ　事業所全体の業務改善サイクルへの積極的関与

○　事業所の目的及び運営方針をはじめとした運営規程の内容を十分に理解して職務に従事する。

○　児童発達支援管理責任者は、ＰＤＣＡサイクルによる事業所全体の業務改善の取組に積極的に関与し、事業運営方針の設定や見直し、業務改善の目標設定とその振り返り、本ガイドラインに基づく事業所の自己評価の実施や利用者の意向の把握等について協力・貢献することが求められる。

②　従業者及び自らの知識・技術の向上

○　放課後等デイサービスを適切に提供する上で、放課後等デイサービスが期待される役割、子どもの発達段階ごとの特性、障害種別、障害特性、関連する制度の仕組み、関係機関・団体の役割、児童虐待への対応、障害者の権利に関する条約等を理解することが重要である。

○　障害種別、障害特性に応じた支援や発達段階に応じた支援、家族支援等に係る適切な技術を従業者が習得することが、子どもの発達支援や二次障害の予防、家庭養育を支えるといった視点から重要である。

○　放課後等デイサービスを適切に提供する上で、児童発達支援管理責任者は、放課後等デイサービスの従業者に対して、児童発達支援の提供に関わる技術的な指導や助言を日々行うとともに、設置者・管理者と共同して、従業者に対して知識・技術の習得意欲を喚起し、事業所内における研修の企画等を行うことが望まれる。

○　児童発達支援管理責任者は、自らも知識・技術の習得に努め、自治体等の研修を積極的に受講するよう努めるものとする。

③　関係機関・団体や保護者との連携

ア　障害児相談支援事業者との連携

○　障害児相談支援事業所が作成する障害児支援利用計画は、相談支援専門員が総合的な援助方針や解決すべき課題を踏まえ、最も適切なサービスの組合せ等について検討し、子ども又は保護者の同意のもと作成するものである。

放課後等デイサービス事業所の放課後等デイサービス計画は、児童発達支援管理責任者が、障害児支援利用計画における総合的な援助方針等を踏まえ、当該事業所が提供するサービスの適切な支援内容等について検討し、子ども又は保護者の同意のもと作成するものである。両計画が連動して機能することによって、子どもに対する支援がより良いものとなっていくものであり、この連動の重要性を認識しておく必要がある。

○　サービス担当者会議は、障害児支援利用計画案に位置づけられた福祉サービス等の担当者が、障害児支援利用計画案の内容について、専門的な見地からの意見を述べるものである。

サービス担当者会議に参画する場合においては、障害児支援利用計画案に位置づけられた放課後等デイサービス事業所として期待される役割を確認するとともに、障害のある子どもが、他の子どもや地域社会から安易に切り離されないための配慮等、子どもの最善の利益の観点から意見を述べることが重要である。障害児支援利用計画のモニタリング時には、その時点までの放課後等デイサービスの提供状況を踏まえて課題への達成度や気付きの点等の情報を積極的に述べることが重要である。

イ　学校との連携

○　子どもに必要な支援を行う上で、学校との役割分担を明確にし、連携を積極的に図る必要がある。

○　学校との間で相互の役割の理解を深めるため、

（ア）　保護者の同意を得た上で、学校に配置されている外部との関係機関・団体との調整の役割を担っている特別支援教育コーディネーター等から、個別の教育支援計画等についての情報提供を受けるとともに、放課後等デイサービス事業所の放課後等デイサービス計画を特別支援教育コーディネーター等へ提供する。

（イ）　個別の教育支援計画が作成されていない子どもにあっては、保護者の同意を得た上で特別支援教育コーディネーター等とお互いの支援内容等の情報交換の連絡をとれるよう調整しておく。

（ウ）　学校の行事や授業参観へ設置者・管理者と分担して積極的に参加する等の対応をとることが望ましい。

○　子ども一人ひとりの個別の教育支援計画等を理解するとともに、日々学校で配慮されていること（姿勢保持の椅子等の器具、身体介助方法、声かけの方法、パニック時の対応等）について必要な情報を得て、従業者に対しても理解の徹底を図る。

○　学校関係者がサービス担当者会議に参加できない場合は、障害児相談支援事業者とともに学校との連絡会議を開催する等、何らかの方法で連携する機会を設けることが必要である。

○　年間計画や行事予定等の交換、子どもの下校時刻の確認等、学校との間で共有された情報を従業者と共有しておく必要がある。

○　子どもを送迎する場合は、誰が、どの時間に、どの事業所の送迎車に載せるのかといった送迎リストやルールを作成する等、学校側に送り出しの協力をしてもらう必要があり、送迎時には、身分証明書等を学校側の担当者に見せる等、学校側の確認を取ってから、子どもを事業所に送っていくよう従業者に徹底させる。

○　下校時のトラブルや子どもの病気・事故の際の連絡体制について、事前に把握しておく。

○　医療的ケアの情報や、気になることがあった場合の情報等を、保護者の同意のもと、連絡ノート等を通して、学校との間で共有する。

ウ　医療機関や専門機関との連携

○　障害種別や障害特性の理解、障害種別や障害特性に応じた活動や支援方法に関すること、支援困難事例等については、児童発達支援センターや発達障害者支援センター等の専門機関から助言や研修を受ける等により、連携を図りながら適切な支援を行っていく必要がある。

○　保護者による子ども虐待のケースについては、児童相談所、市区町村の児童虐待対応窓口や保健所等の関係機関・団体と連携して対応を図る必要がある。

エ　保育所・児童発達支援事業所等との連携

○　子どもの発達の連続性を保障するため、就学前に利用していた保育所、幼稚園、認定こども園や児童発達支援事業所等と連携し、保育所等や児童発達支援事業等で行われていた支援内容を把握し、従業者に当該内容を理解させる。

○　放課後等デイサービスで行われていた支援内容等の情報を提供する等、学校卒業後に関わる障害福祉サービス事業所と連携することが必要である。

オ　他の放課後等デイサービス事業所等との連携

○　発達支援上の必要性により、他の放課後等デイサービス事業所等を併せて利用する子どもについて、支援内容等を相互に理解しておくため、保護者の了解を得た上で、当該他の事業所等との間で、相互の個別支援計画の内容等について情報を共有し、従業者への周知を図ることが必要である。

カ　放課後児童クラブや自治会等との連携

○　地域の放課後児童クラブや放課後子供教室と連携し、併行利用している子どもがいる場合は、情報の共有と相互理解を深めるとともに、放課後児童クラブ等で行われている支援内容を把握し、従業者への周知を図る。

○　放課後児童クラブの放課後児童支援員等や放課後子供教室関係者等が障害のある子どもへの対応に不安を抱える場合等については、放課後等デイサービスとの併行利用や、保育所等訪問支援等の積極的活用を図る等、放課後児童クラブ等と連携を図りながら、子どもと放課後児童支援員等に対して適切な支援を行っていくことが重要である。

○　地域に子どもたちの理解者を増やすためにも、日頃から子どもたちが地域の行事に参加したり、日常的に地域住民と同じ経験を共有する機会を積極的に作るようにする。

キ　（地域自立支援）協議会等への参加

○　アからカまでに記載した関係機関・団体との連携を円滑なものとするため、設置者・管理者又は児童発達支援管理責任者は、（地域自立支援）協議会子ども部会等へ積極的に参加する等により、関係機関・団体との関係性を構築しておく必要がある。

○　虐待等により福祉的介入が必要とされるケースについては、市区町村等が設置する要保護児童対策地域協議会等へ参加する。

ク　保護者との連携

○　学校への子どもの出欠や帰宅の状況について、保護者との連絡のもとに確実に確認することが必要である。

○　医療的ケアの情報や、気になることがあった場合の情報等を連絡ノート等を通じて保護者と共有する等、日頃から子どもの状況を保護者と伝えあい、子どもの発達の状況や課題について共通理解を持つように努める。また、必要に応じて、家庭内での養育等についてペアレント・トレーニング等活用しながら、子どもの育ちを支える力をつけられるよう支援したり、環境整備等の支援を行ったりすることが考えられる。

（２）子どもと保護者に対する説明責任等

①　子どもと保護者に対する運営規定や放課後等デイサービス計画の内容についての丁寧な説明

○　申請時に、保護者に対して運営規程の説明を行う。特に、支援の内容、人員体制（資格等）、利用者負担、苦情処理の手順、緊急時の連絡体制等の重要事項については文書化の上、対面で説明する。

○　放課後等デイサービス計画の内容については、その作成時、変更時に子どもと保護者に対して丁寧に説明を行う。

② 保護者に対する相談支援等

○ 保護者が悩み等を自分だけで抱え込まないように、保護者からの相談に応じ、信頼関係を築きながら、保護者の困惑や将来の不安を受け止め、専門的な助言を行うことも必要である。例えば、保護者との定期的な面談（最低限モニタリング時に実施することが望ましい）や訪問相談等を通じて、子育ての悩み等に対する相談を行ったり、子どもの障害について保護者の理解が促されるような支援を行うことが望ましい。

○ 父母の会の活動を支援したり、保護者会等を開催したりすることにより、保護者同士が交流して理解を深め、保護者同士のつながりを密にして、安心して子育てを行っていけるような支援を行うことも望まれる。家族支援は保護者に限った支援ではなく、きょうだいや祖父母等への支援も含まれる。特にきょうだいは、心的負担等から精神的な問題を抱える場合も少なくないため、例えば、きょうだい向けのイベントを開催する等の対応を行うことが望ましい。

③ 苦情解決対応

○ 放課後等デイサービス事業所においては、子どもや保護者からの苦情について、迅速かつ適切に対応するために、苦情（虐待に関する相談も含む）を受け付けるための窓口を設置する等の必要な措置を講じる必要がある。児童発達支援管理責任者は、苦情受付担当者の役割が想定されるところであるが、子どもや保護者からの苦情受付に当たっては、職員の目を気にせず苦情を受付できるよう、苦情受付箱を設置する等、苦情受付担当者として適切にその役割を果たすことが求められる。

④ 適切な情報伝達手段の確保

○ 事業所は定期的に会報等を発行し、活動概要や行事予定、連絡体制の情報を子どもや保護者に対して発信することが必要である。

○ 視覚障害や聴覚障害等障害種別に応じて、設備・備品への配慮のほか、子どもや保護者との意思の疎通、情報伝達のための手話等による配慮が必要である。

（３）緊急時の対応と法令遵守等

①　緊急時対応

○　子どもの事故やケガ、健康状態の急変が生じた場合は、事業所で作成された「緊急時対応マニュアル」に沿って、速やかに保護者、協力医療機関及び主治医への連絡を行う等の必要な措置を講じなければならない。緊急時における対応方法について、児童発達支援管理責任者は熟知しておくとともに従業者に周知徹底しておく必要がある。

○　特に常時、医療的ケアを必要とする子どもに対しては、窒息や気管出血等、生命に関わる事態への対応を熟知しておくとともに、従業者に周知徹底しておく必要がある。

②　非常災害・防犯対応

○　児童発達支援管理責任者は、災害時避難場所や避難経路について等、非常災害に関する具体的計画について十分に熟知し、従業者の理解を徹底しておく必要がある。

○　定期的な避難、救出その他必要な訓練では、従業者とともに訓練に当たり、問題があれば改善を図る。

○　障害種別や障害特性ごとの災害時対応について理解しておき、子どもごとの放課後等デイサービス計画に災害時の対応について記載しておく。特に医療的ケアが必要な子どもについては、保護者や主治医等との間で災害発生時の対応について、綿密に意思疎通を図っておく。

○　子どもが犯罪に巻き込まれないよう、事業所として防犯マニュアルの策定や、地域の関係機関・団体と連携しての見守り活動、子ども自身が自らの安全を確保できるような学習支援等の防犯への取組が必要である。

③　虐待防止の取組

○　児童発達支援管理責任者は、事業所の虐待防止マネージャーとして、研修や虐待防止チェックリストの実施等、具体的な虐待防止への取組を進めるとともに、自ら虐待防止研修を積極的に受講する等により、児童虐待防止法、障害者虐待防止法の趣旨と通報制度等を理解し、虐待の防止への取組を進める必要がある。特に、「障害者福祉施設・事業所における障害者虐待の防止と対応の手引き」は必ず読むようにする。各都道府県で実施する虐待防止や権利擁護に関する研修を受講した場合には、放課後等デイサービス事業所で伝達研修を実施することが重要である。

○　児童発達支援管理責任者及び従業者が、虐待を発見しやすい立場にあることを認識し、子どもの状態の変化や保護者の態度等の観察や情報収集により、虐待の早期発見に努める必要がある。

○　従業者等（実習生やボランティアを含む。）からの虐待（特に性的虐待）は、密室化した場所で起こりやすいことから、送迎の車内を含め、密室化した場所を極力作らないよう、常に周囲の目が届く範囲で支援を実施する必要がある。

○　従業者等（実習生やボランティアを含む。）から虐待を受けたと思われる子どもを発見した場合（相談を受けて虐待と認識した場合を含む。）は、障害者虐待防止法第 16 条に規定されている通報義務に基づき、通所給付決定をした市区町村の窓口に通報する。この時に、市区町村に通報することなく、事業所の中だけで事実確認を進め、事態を収束させてしまうと通報義務に反することとなるため、必ず市区町村に通報した上で行政と連携して対応を進める必要がある。

○　保護者による虐待については、相談支援やカウンセリング等で未然防止に努める必要がある。

○　保護者による虐待を発見した場合は、児童虐待防止法第 6 条に規定されている通報義務に基づき、市区町村、都道府県の設置する福祉事務所又は児童相談所等へ速やかに通告する必要がある。虐待等により福祉的介入が必要とされるケースについては、市区町村等が設置する要保護児童対策地域協議会等を活用しながら、児童相談所、市区町村の児童虐待対応窓口や保健所等の関係機関・団体と連携して対応を図っていくことが求められる。

④　身体拘束への対応

○　従業者等（実習生やボランティアを含む。）が自分の体で利用者を押さえつけて行動を制限することや、自分の意思で開けることのできない居室等に隔離すること等は身体拘束に当たり、緊急やむを得ない場合を除き禁止されている。

○　やむを得ず身体拘束を行う場合は、切迫性、非代替性、一時性が要件となるが、身体拘束の検討が必要なケースについては、代替性がないか等について慎重に検討した上で、それでもなお、身体拘束を行わざるを得ない事態が想定される場合には、いかなる場合にどのような形で身体拘束を行うかについて組織的に決定する必要がある。放課後等デイサービス計画に身体拘束が必要となる状況、身体拘束の態様・時間等について、子どもや保護者に事前に十分に説明をし、了解を得た上で記載することが必要である。

○　身体拘束を行った場合には、その様態及び時間、その際の利用者の心身の状況並びに緊急やむを得ない理由等必要な事項の記録をとることを従業者に指示しなければならない。なお、必要な記録がされていない場合は、運営基準違反となることを認識しておく必要がある。

⑤　衛生・健康管理

○　感染症の予防や健康維持のため、従業者に対し常に清潔を心がけさせ、手洗い、うがい、手指消毒の励行、換気等の衛生管理を徹底することが必要である。

○　感染症又は食中毒が発生した場合や排泄物や嘔吐物等に関する処理方法について対応マニュアルを熟知し、マニュアルに沿って対応する。また、従業者にマニュアルの周知徹底することが必要である。

○　食物アレルギーのある子どもについては、医師の指示書に基づき、食事やおやつ提供する際に、除去食や制限食で対応できる体制を整えることが必要である。

⑥　安全確保

○　サービス提供中に起きる事故やケガを防止するために、室内や屋外の環境の安全性について毎日点検し、必要な補修等を行って、危険を排除することが必要である。

○　児童発達支援管理責任者は、発生した事故事例や、事故につながりそうな事例の情報を収集し、ヒヤリハット事例集を作成し、従業者間で共有することが望ましい。

⑦　秘密保持等

○　従業者（実習生やボランティアを含む。）に対しては、秘密保持等の指導的役割を果たすことが求められる。

○　関係機関・団体に子ども又は保護者に関する情報を提供する際は、あらかじめ文書により保護者の同意を得させておかなければならない。また、ホームページや会報等に子ども又は保護者の写真や氏名を掲載する際には、保護者の許諾を得ることが必要である。

○　児童発達支援管理責任者は、その職を辞した後も含めて、正当な理由がなく業務上知り得た子どもや保護者の秘密を漏らしてはならない。

4　従業者向けガイドライン

従業者は、放課後等デイサービス計画に基づき、子どもの心身の状況に応じて、適切な技術を持って、支援を行う役割がある。

（1）子どものニーズに応じた適切な支援の提供と支援の質の向上

①　放課後等デイサービス計画に基づくＰＤＣＡサイクル等による適切な支援の提供

ア　障害児支援利用計画及び放課後等デイサービス計画の理解

○　障害児相談支援事業所が作成する障害児支援利用計画は、相談支援専門員が総合的な援助方針や解決すべき課題を踏まえ最も適切なサービスの組合せ等について検討し、子ども又は保護者の同意のもと作成するものである。

放課後等デイサービス事業所の放課後等デイサービス計画は、児童発達支援管理責任者が、障害児支援利用計画における総合的な援助方針等を踏まえ、当該事業所が提供するサービスの適切な支援内容等について検討し、子ども又は保護者の同意のもと作成するものである。両計画が連動して機能することによって、子どもに対する支援がより良いものとなっていくものであり、この連動の重要性を認識しておく必要がある。

○　従業者は、放課後等デイサービス計画の作成・モニタリング・変更に際しては積極的に関与するとともに、利用している子どもの障害児支援利用計画と放課後等デイサービス計画の内容について熟知し、日々の支援を行う必要がある。

イ　従業者間での意思の疎通、支援内容の共有

○　支援開始前には従業者間で必ず打合せを実施し、その日行われる支援の内容や、役割分担について把握する。

○　他の従業者と常に意思の疎通を図り、円滑なコミュニケーションがとれるよう努める。

○　支援終了後の打合せを実施し、その日の支援の振り返りを行い、子どもや保護者との関わりで気付いた点や気になったことについて、従業者間で共有する。

ウ　支援提供に際しての工夫

○　従業者は、本ガイドラインの総則に記載されている放課後等デイサービスの基本的役割、基本姿勢等を十分に理解した上で支援を行う。

○　従業者は、子どもの発達と発達支援に関する専門的知識、技術及び判断を持って、子どもの発達支援を行うとともに、保護者に対して発達支援に関するサポートを行う。

○　従業者は、児童発達支援管理責任者が作成するタイムテーブルに沿って、それぞれの子どもたちの障害種別、障害特性、発達段階、生活状況や課題に細やかに配慮しながら支援を行う。

○　従業者は、活動プログラムの作成に積極的に関与する。

○　医療的ケアが必要な子どもに対して、常に体調への配慮を行う。特に重度の障害がある子どもには、活動プログラムごとに休息を交えながら支援していくよう注意する。

○　視覚障害や聴覚障害等の障害種別に応じて、設備・備品への配慮のほか、子どもや保護者との意思の疎通、情報伝達のための手話等による配慮が必要である。

エ　支援提供記録

○　従業者は、その日行った支援の手順、内容、利用者の反応や気付きについて、記録をとらなければならない。支援提供記録を正しくとることを通して、その日行った自らの言動や子どもの様子・反応をふりかえり、放課後等デイサービス計画に沿って支援が行われているか、放課後等デイサービス計画で掲げた目標が達成されつつあるか等について支援提供を検証し、支援の改善や自らのスキルアップにつなげていく。

オ　事業所全体の業務改善サイクルへの積極的関与

○　事業所の目的及び運営方針をはじめとした運営規程の内容を十分に理解して職務に従事する。

○　従業者は、ＰＤＣＡサイクルによる事業所全体の業務改善の取組に積極的に関与し、事業運営方針の設定や見直し、業務改善の目標設定とその振り返り、本ガイドラインに基づく事業所の自己評価の実施や利用者の意向の把握等について協力・貢献することが求められる。

② 研修受講等による知識・技術の向上

○ 放課後等デイサービスを適切に提供する上で、放課後等デイサービスが期待される役割、子どもの発達段階ごとの特性、障害種別・障害特性、関連する制度の仕組み、関係機関・団体の役割、児童虐待への対応、障害者の権利に関する条約等を理解することが重要である。

○ 障害種別や障害特性に応じた支援や発達段階に応じた支援、家族支援等に係る適切な技術を従業者が習得することが、子どもの発達支援や二次障害の予防、子どもの育つ家庭での生活を支える視点から重要である。

○ 従業者の知識・技術の向上は、放課後等デイサービスの提供内容の向上に直結するものであることを理解し、実務能力の向上のために、事業所内で開催される研修等に積極的に受講することが求められる。

○ 知識･技術の習得に関する具体的な計画を立てる等により、将来に対する見通しを持ちながら研修等を受講していくよう心がける。

③ 関係機関・団体や保護者との連携

ア 障害児相談支援事業者等との連携

○ サービス担当者会議に参画する場合においては、障害児支援利用計画案に位置づけられた放課後等デイサービス事業所として期待される役割を確認するとともに、障害のある子どもが、他の子どもや地域社会から安易に隔離されないための配慮等、子どもの最善の利益の観点から意見を述べることが重要である。障害児支援利用計画のモニタリング時には、その時点までの放課後等デイサービスの提供状況を踏まえて、課題への達成度や気づきの点等の情報を積極的に述べることが重要である。

イ 学校との連携

○ 子どもに必要な支援を行う上で、学校との役割分担を明確にし、連携を積極的に図る必要がある。

○ 学校で作成される個別の教育支援計画等の内容を把握しておくとともに、

学校から提供された各種の情報を理解し、本人の状態や支援の方法、留意点、学校の行事予定等について把握しておく。

○ 子どもの学校から事業所への送迎に際しては、送迎リストの内容や送迎時の学校側とのルールを事前に把握し、送迎時には身分証明書を学校側の担当者に見せる等確認を取ってから、子どもを事業所に送っていくことを徹底する。

○ 下校時のトラブルや子どもの病気・事故の際の連絡体制について、事前に把握しておく。

○ 医療的ケアの情報や、気になることがあった場合の情報等を、保護者の同意のもと、連絡ノート等を通して学校との間で共有する。

ウ 保育所・児童発達支援事業所との連携

○ 子どもの発達支援の連続性を保障するため、就学前に利用していた保育所等や児童発達支援事業所等で行われていた支援内容について理解しておくことが望ましい。

エ 他の放課後等デイサービス事業所等との連携

○ 発達支援上の必要性により、他の放課後等デイサービス事業所等を併行利用する子どもについて、支援内容を相互に理解しておくため、保護者の了解を得た上で、当該他の事業所との間で、相互の個別支援計画の内容等を理解しておく。

オ 放課後児童クラブ等との連携

○ 地域の放課後児童クラブや放課後子供教室と連携し、併行利用している子どもがいる場合は、放課後児童クラブ等における支援内容について理解しておく。

カ 保護者との連携

○ 学校への子どもの出欠や帰宅の状況について、保護者との連絡のもとに確実に確認することが必要である。

○ 医療的ケアの情報や、気になることがあった場合の情報等を連絡ノート等を通じて保護者と共有する等、日頃から子どもの状況を保護者と伝えあい、子どもの発達の状況や課題について共通理解を持つように努める。また、必要に応じて、家庭内での養育等について、児童発達支援管理責任者の指導の下、ペアレント・トレーニング等活用しながら、子どもの育ちを支える力をつけられるよう支援したり、環境整備等の支援を行ったりすることが考えられる。

（2）子どもと保護者に対する説明責任等

① 保護者に対する相談支援等

○ 児童発達支援管理責任者の指導の下、保護者が悩み等を自分だけで抱え込まないように、保護者からの相談に応じ、信頼関係を築きながら、保護者の困惑や将来の不安を受け止め、専門的な助言を行うことが必要である。例えば、保護者との定期的な面談（最低限モニタリング時に実施することが望ましい）や訪問相談等を通じて、子育ての悩み等に対する相談を行ったり、子どもの障害について保護者の理解が促されるような支援を行うことが望ましい。

② 苦情解決対応

○ 放課後等デイサービスに対する子どもや保護者からの苦情（虐待に関する相談も含む）については、設置者・管理者と児童発達支援管理責任者の指導の下、適切な対応を図る必要がある。

（3）緊急時の対応と法令遵守等

① 緊急時対応

○ 子どもの事故やケガ、健康状態の急変が生じた場合は、事業所で作成された「緊急事態への対応マニュアル」に沿って、速やかに保護者、協力医療機関及び主治医への連絡を行う等の必要な措置を講じなければならない。緊急時における対応方法については理解し、予め設定された役割を実行できるように訓練しておく。

○ 特に、医療的ケアを必要とする子どもに対しては、窒息や気管出血等、生命に関わる事態への対応を理解し、実践できるようにしておく必要がある。

② 非常災害・防犯対応

○ 従業者は、災害時避難場所や避難経路等、非常災害に関する具体的計画について十分に熟知し、非常災害時に子どもたちを誘導できるよう、定期的に訓練しておく。

○ 障害種別や障害特性ごとの災害時対応について理解しておき、子どもごとの放課後等デイサービス計画に災害時の対応について記載されている内容を理解しておく。特に医療的ケアが必要な子どもについては、保護者や主治医等との間で災害発生時の対応について、綿密に意思疎通を図っておく。

○ 子どもが犯罪に巻き込まれないよう、事業所が策定する防犯マニュアルの内容を理解し、地域の関係機関・団体と連携しての見守り活動、子ども自身が自らの安全を確保できるような学習支援等の防犯への取組に対して児童発達支援管理責任者の指導の下、取り組む必要がある。

③ 虐待防止の取組

○ 事業所内で実施される虐待防止研修や自治体が実施する虐待防止研修等を積極的に受講する、「障害者福祉施設・事業所における障害者虐待の防止と対応の手引き」を必ず読む等により、児童虐待防止法や障害者虐待防止法の趣旨と通報制度等を理解し、発生予防に努める。

○ 各都道府県で実施する虐待防止や権利擁護に関する研修を受講した場合には、放課後等デイサービス事業所で伝達研修を実施することが重要である。

○ 従業者が虐待を発見しやすい立場にあることを認識し、子どもの状態の変化や保護者の態度等の観察や情報収集により、虐待の早期発見に努める必要がある。

○ 従業者等（実習生やボランティアを含む。）からの虐待（特に性的虐待）は密室化した場所で起こりやすいことから、送迎の車内を含め、密室化した場所を極力作らないよう、常に周囲の目が届く範囲で支援を実施する必要がある。

○ 従業者等（実習生やボランティアを含む。）から虐待を受けたと思われる子どもを発見した場合（相談を受けて虐待と認識した場合も含む。）は、障害者虐待防止法第１６条に規定されている通報義務に基づき、支給決定をした市区町村の窓口に通報する。この時に、市区町村に通報することなく、事業所の中だけで事実確認を進め、事態を収束させてしまうと通報義務に反することとなるため、必ず市区町村に通報した上で行政と連携して対応を進める必要がある。

○　保護者による虐待については、相談支援やカウンセリング等で未然防止に努める必要がある。

○　保護者による虐待を発見した場合は、児童虐待防止法第６条に規定されている通報義務に基づき、市区町村、都道府県の設置する福祉事務所又は児童相談所等へ速やかに通告する。虐待等により福祉的介入が必要とされるケースについては、市区町村等が設置する要保護児童対策地域協議会等を活用しながら、児童相談所、市区町村の児童虐待対応窓口や保健所等の関係機関・団体と連携して対応を図っていくことが求められる。

④　身体拘束への対応

○　従業者等（実習生やボランティアを含む。）が自分の体で利用者を押さえつけて行動を制限することや、自分の意思で開けることのできない居室等に隔離すること等は身体拘束に当たり、緊急やむを得ない場合を除き禁止されている。

○　やむを得ず身体拘束を行う場合は、切迫性、非代替性、一時性が要件となるが、身体拘束の検討が必要なケースについては、代替性がないか等について慎重に検討した上で、それでもなお、身体拘束を行わざるを得ない事態が想定される場合には、いかなる場合にどのような形で身体拘束を行うかについて組織的に決定する必要がある。放課後等デイサービス計画に身体拘束が必要となる状況、身体拘束の態様・時間等について、子どもや保護者に事前に十分に説明をし、了解を得た上で記載されていることが必要である。

○　身体拘束を行った場合には、その様態及び時間、その際の利用者の心身の状況並びに緊急やむを得ない理由等必要な事項を記録する。なお、必要な記録を行っていない場合は、運営基準違反となることを認識しておく必要がある。

⑤　衛生管理・健康管理

○　感染症の予防や健康維持のため、常に清潔を心がけ、手洗い、うがい、手指消毒の励行、換気等の衛生管理を徹底することが必要である。

○　感染症又は食中毒が発生した場合や排泄物や嘔吐物等に関する処理方法について対応マニュアルを熟知し、マニュアルに沿って対応する。

○　食物アレルギーのある子どもについては、医師の指示書に基づき、食事やおやつ提供する際に、除去食や制限食で対応する。

⑥　安全確保

○　日常の生活・遊びの中で起きる事故やケガを防止するために、室内や屋外の環境の安全性について、毎日点検し、必要な補修等を行って、危険を排除することが必要である。

○　ヒヤリハット事例集作成に協力し、内容を理解し実施する。

⑦　秘密保持等

○　従業者は、他人が容易に知り得ない個人情報を知りうる立場にあり、個人情報の適正な取扱いが強く求められる。

○　関係機関・団体に子ども又は保護者に関する情報を提供する際は、あらかじめ文書により保護者の同意を得ておかなければならない。また、ホームページや会報等に子ども又は保護者の写真や氏名を掲載する際には、保護者の許諾を得ることが必要である。

○　従業者は、その職を辞した後も含めて、正当な理由がなく業務上知り得た子どもや保護者の秘密を漏らしてはならない。

別添

「事業者向け放課後等デイサービス自己評価表」及び「保護者等向け放課後等デイサービス評価表」について

○ 放課後等デイサービスガイドライン（以下「ガイドライン」）は、放課後等デイサービス事業所における自己評価に活用されることを想定して作成されたものですが、各事業所で簡易に自己評価を行うことができるよう、ガイドラインの内容を踏まえた「事業者向け放課後等デイサービス自己評価表」を作成しました。ただし、この自己評価表を活用してより適切に自己評価を行うために、事業所関係者に対しては、ガイドライン本文を熟読することをお薦めします。

○ さらに、放課後等デイサービスを利用する子どもの保護者等による、ユーザー評価に活用していただくために、より一層簡素な「保護者等向け放課後等デイサービス評価表」も併せて作成しました。

○ 上記の２つの評価表はあくまで「雛型」であり、事業所等でこれに適宜加除修正を行って活用していただくことも可能ですし、どのような形で活用するかも自由ですが、２つの評価表の基本的な活用方法としては、以下の手順を想定しています。

ステップ１ 保護者等による評価	○事業者から保護者等に対して、「保護者等向け評価表」を配布してアンケート調査を行う。保護者等からの回答は集計し、特記事項欄の記述を含めてとりまとめる。
ステップ２ 職員による自己評価	○事業所の職員が「事業者向け放課後等デイサービス自己評価表」を用いて自己評価を行う。その際、「はい」「いいえ」などにチェックするだけでなく、各項目について「課題は何か」「工夫している点は何か」について記入する。
ステップ３ 事業所全体による自己評価	○職員から回収した評価表を集計の上、職員全員で討議し、項目ごとに課題や工夫している点について、認識をすり合わせる。 ○職員間で認識が共有された課題については、改善目標を立てる。討議の結果は書面に記録し、職員間で共有する。 ○討議に際しては、保護者等に対するアンケート調査結果も十分に踏まえ、支援の提供者の認識と保護者等の認識のずれを客観的に分析する。
ステップ４ 自己評価結果の公表	○自己評価結果の公表の仕方については、基本的には「改善目標」や「工夫している点」の主なものについて、できるだけ詳細に発信する（「はい」「いいえ」の数の公表を想定しているものではない）。 ○保護者等のアンケート調査結果は、保護者等にフィードバックする（対外的に公表することまでは前提としない）。
ステップ５ 支援の改善	○立てられた改善目標に沿って、支援を改善していく。

○ 業務改善に真摯に取り組む事業所ほど、公表される自己評価結果には、改善目標に関する記述が多くなされるものと想定しています。

○ また、（地域自立支援）協議会や事業者団体において、これら評価表を使った自己評価結果の事例発表を行う機会を設けるなどにより、自己評価の取組が広がっていくことを期待しています。

事業者向け　放課後等デイサービス自己評価表

		チェック項目	はい	どちらともいえない	いいえ	改善目標、工夫している点など
環境・体制整備	①	利用定員が指導訓練室等スペースとの関係で適切であるか				
	②	職員の配置数は適切であるか				
	③	事業所の設備等について、バリアフリー化の配慮が適切になされているか				
業務改善	④	業務改善を進めるための PDCA サイクル（目標設定と振り返り）に、広く職員が参画しているか				
	⑤	保護者等向け評価表を活用する等によりアンケート調査を実施して保護者等の意向等を把握し、業務改善につなげているか				
	⑥	この自己評価の結果を、事業所の会報やホームページ等で公開しているか				
	⑦	第三者による外部評価を行い、評価結果を業務改善につなげているか				
	⑧	職員の資質の向上を行うために、研修の機会を確保しているか				
適切な支援の提供	⑨	アセスメントを適切に行い、子どもと保護者のニーズや課題を客観的に分析した上で、放課後等デイサービス計画を作成しているか				
	⑩	子どもの適応行動の状況を図るために、標準化されたアセスメントツールを使用しているか				
	⑪	活動プログラムの立案をチームで行っているか				
	⑫	活動プログラムが固定化しないよう工夫しているか				
	⑬	平日、休日、長期休暇に応じて、課題をきめ細やかに設定して支援しているか				
	⑭	子どもの状況に応じて、個別活動と集団活動を適宜組み合わせて放課後等デイサービス計画を作成しているか				
	⑮	支援開始前には職員間で必ず打合せをし、その日行われる支援の内容や役割分担について確認しているか				
	⑯	支援終了後には、職員間で必ず打合せをし、その日行われた支援の振り返りを行い、気付いた点等を共有しているか				
	⑰	日々の支援に関して正しく記録をとることを徹底し、支援の検証・改善につなげているか				

	⑱	定期的にモニタリングを行い、放課後等デイサービス計画の見直しの必要性を判断しているか				
	⑲	ガイドラインの総則の基本活動を複数組み合わせて支援を行っているか				
関係機関や保護者との連携	⑳	障害児相談支援事業所のサービス担当者会議にその子どもの状況に精通した最もふさわしい者が参画しているか				
	㉑	学校との情報共有（年間計画・行事予定等の交換、子どもの下校時刻の確認等）、連絡調整（送迎時の対応、トラブル発生時の連絡）を適切に行っているか				
	㉒	医療的ケアが必要な子どもを受け入れる場合は、子どもの主治医等と連絡体制を整えているか				
	㉓	就学前に利用していた保育所や幼稚園、認定こども園、児童発達支援事業所等との間で情報共有と相互理解に努めているか				
	㉔	学校を卒業し、放課後等デイサービス事業所から障害福祉サービス事業所等へ移行する場合、それまでの支援内容等の情報を提供する等しているか				
	㉕	児童発達支援センターや発達障害者支援センター等の専門機関と連携し、助言や研修を受けているか				
	㉖	放課後児童クラブや児童館との交流や、障害のない子どもと活動する機会があるか				
	㉗	（地域自立支援）協議会等へ積極的に参加しているか				
	㉘	日頃から子どもの状況を保護者と伝え合い、子どもの発達の状況や課題について共通理解を持っているか				
	㉙	保護者の対応力の向上を図る観点から、保護者に対してペアレント・トレーニング等の支援を行っているか				
保護者への説明責任等	㉚	運営規程、支援の内容、利用者負担等について丁寧な説明を行っているか				
	㉛	保護者からの子育ての悩み等に対する相談に適切に応じ、必要な助言と支援を行っているか				
	㉜	父母の会の活動を支援したり、保護者会等を開催する等により、保護者同士の連携を支援しているか				

	㉝	子どもや保護者からの苦情について、対応の体制を整備するとともに、子どもや保護者に周知し、苦情があった場合に迅速かつ適切に対応しているか				
	㉞	定期的に会報等を発行し、活動概要や行事予定、連絡体制等の情報を子どもや保護者に対して発信しているか				
	㉟	個人情報に十分注意しているか				
	㊱	障害のある子どもや保護者との意思の疎通や情報伝達のための配慮をしているか				
	㊲	事業所の行事に地域住民を招待する等地域に開かれた事業運営を図っているか				
非常時等の対応	㊳	緊急時対応マニュアル、防犯マニュアル、感染症対応マニュアルを策定し、職員や保護者に周知しているか				
	㊴	非常災害の発生に備え、定期的に避難、救出その他必要な訓練を行っているか				
	㊵	虐待を防止するため、職員の研修機会を確保する等、適切な対応をしているか				
	㊶	どのような場合にやむを得ず身体拘束を行うかについて、組織的に決定し、子どもや保護者に事前に十分に説明し了解を得た上で、放課後等デイサービス計画に記載しているか				
	㊷	食物アレルギーのある子どもについて、医師の指示書に基づく対応がされているか				
	㊸	ヒヤリハット事例集を作成して事業所内で共有しているか				

保護者等向け　放課後等デイサービス評価表

		チェック項目	はい	どちらともいえない	いいえ	ご意見
環境・体制整備	①	子どもの活動等のスペースが十分に確保されているか				
	②	職員の配置数や専門性は適切であるか				
	③	事業所の設備等は、スロープや手すりの設置などバリアフリー化の配慮が適切になされているか				
適切な支援の提供	④	子どもと保護者のニーズや課題が客観的に分析された上で、放課後等デイサービス計画[i]が作成されているか				
	⑤	活動プログラム[ii]が固定化しないよう工夫されているか				
	⑥	放課後児童クラブや児童館との交流や、障害のない子どもと活動する機会があるか				
保護者への説明等	⑦	支援の内容、利用者負担等について丁寧な説明がなされたか				
	⑧	日頃から子どもの状況を保護者と伝え合い、子どもの発達の状況や課題について共通理解ができているか				
	⑨	保護者に対して面談や、育児に関する助言等の支援が行われているか				
	⑩	父母の会の活動の支援や、保護者会等の開催等により保護者同士の連携が支援されているか				
	⑪	子どもや保護者からの苦情について、対応の体制を整備するとともに、子どもや保護者に周知・説明し、苦情があった場合に迅速かつ適切に対応しているか				
	⑫	子どもや保護者との意思の疎通や情報伝達のための配慮がなされているか				
	⑬	定期的に会報やホームページ等で、活動概要や行事予定、連絡体制等の情報や業務に関する自己評価の結果を子どもや保護者に対して発信しているか				
	⑭	個人情報に十分注意しているか				
非常時等の対応	⑮	緊急時対応マニュアル、防犯マニュアル、感染症対応マニュアルを策定し、保護者に周知・説明されているか				
	⑯	非常災害の発生に備え、定期的に避難、救出、その他必要な訓練が行われているか				

満足度	⑰	子どもは通所を楽しみにしているか				
	⑱	事業所の支援に満足しているか				

---

i　放課後等デイサービスを利用する個々の子どもについて、その有する能力、置かれている環境や日常生活全般の状況に関するアセスメントを通じて、総合的な支援目標及び達成時期、生活全般の質を向上させるための課題、支援の具体的内容、支援を提供する上での留意事項などを記載する計画のこと。放課後等デイサービス事業所の児童発達支援管理責任者が作成する。

ii　事業所の日々の支援の中で、一定の目的を持って行われる個々の活動のこと。子どもの障害特性や課題、平日／休日／長期休暇の別等に応じて柔軟に組み合わせて実施されることが想定されている。

監修者・執筆者一覧

【監修】

大塚　晃　（厚生労働省「児童発達支援に関するガイドライン策定検討会」座長・認定 NPO 法人日本ポーテージ協会理事・前上智大学総合人間科学部教授）

清水直治　（認定 NPO 法人日本ポーテージ協会会長・東洋大学人間科学総合研究所客員研究員・星槎大学共生科学部非常勤講師）

【執筆】

大塚　晃　（前掲）第1章

吉川真知子　（認定 NPO 法人日本ポーテージ協会常務理事／認定スーパーバイザー）第2章（1節～4節）

清水直治　（前掲）第2章（5節）

橋本伸子　（富山・富山市恵光学園園長・認定 NPO 法人日本ポーテージ協会理事／認定スーパーバイザー）
第3章（1節）

重見幸二　（愛媛・社会福祉法人宗友福祉会天使園園長）第3章（2節）

花田栄子　（福岡・北九州市到津ひまわり学園・認定 NPO 法人日本ポーテージ協会認定スーパーバイザー）第3章（3節）

今林和哉　（大阪・前 NPO 法人ほわほわの会副会長・地域福祉創造協会ウインク事務局長・認定 NPO 法人日本ポーテージ協会理事）第3章（4節）

（掲載順）

児童発達支援のための個別支援計画の作成と実践

－『児童発達支援ガイドライン』に沿ったポーテージプログラムの活用－

2021 年 8 月 4 日　初版第 1 刷発行
2022 年 6 月 8 日　初版第 2 刷発行

■監　修　大塚　晃・清水　直治
■発行人　加藤　勝博
■発行所　株式会社 ジアース教育新社
〒 101-0054　東京都千代田区神田錦町 1-23　宗保第 2 ビル
TEL：03-5282-7183　FAX：03-5282-7892
E-mail：info@kyoikushinsha.co.jp
URL：https://www.kyoikushinsha.co.jp/

■表紙デザイン・DTP　土屋図形株式会社
■印刷・製本　三美印刷株式会社
Printed in Japan
ISBN978-4-86371-592-9
定価は表紙に表示してあります。